Studio

Edexcel GCSE (9–1) French
Foundation

Clive Bell, Anneli McLachlan, Gill Ramage

Published by Pearson Education Limited, 80 Strand, London, WC2R 0RL.

www.pearsonschoolsandfecolleges.co.uk

Copies of official specifications for all Edexcel qualifications may be found on the website: www.edexcel.com

Text © Pearson Education Limited 2016

Edited by James Hodgson and Melanie Birdsall

Designed and typeset by Oxford Designers & Illustrators Ltd.

Original illustrations © Pearson Education Limited 2016

Illustrated by Beehive Illustration – Simon Rumble, Andy Keylock, Paul Moran, Peter Lubach, Tamara Joubert, Dusan Pavlic and Adrian Barclay. Oxford Designers & Illustrators Ltd. John Hallett.

Cover © Pearson Education Limited 2016

Cover images: Shutterstock.com/Sergey Kelin

Additional material written by Eleanor Mayes

First published 2016

19 18 17 16

10 9 8 7 6 5 4 3 2

British Library Cataloguing in Publication Data

A catalogue record for this book is available from the British Library

ISBN 978 1 292 11782 9

Printed in the UK by Bell & Bain Ltd, Glasgow

Acknowledgements

We would like to thank Lynn Youdale, Fabienne Tartarin, Isabelle Retailleau, James Hodgson, Melanie Birdsall, Alex Harvey, Charlotte Law, Pete Milwright, Barbara Cooper and her students, Leah Cooper, Sylvie Fauvel, Karen Pearson, Isabelle Porcon, Maela Thomas, Anne Guerniou, Alchemy Soho and Chatterbox Voices, Elliot Mitchell, Mikael Scaramucci, Matthew McNeil, Matthew Lacour, Billie-Jane Bayer-Crier, Celia Landi, Toscanie Hulett, Olivier Deslandes, Caroline Crier, Gemma Etienne and Marie Trinchant for their invaluable help in the development of this course.

The publisher would like to thank the following for their kind permission to reproduce photographs:

(Key: b-bottom; c-centre; l-left; r-right; t-top)

123RF.com: 34 (1-3), 56 (shirt), 76 (1d), 193 (1l), Antonio Diaz 132 (1cl), Antonio Guillem 43, auremar 159 (Esteban), Cathy Yeulet 132 (1tl), Eduard Bonnin Turina 47, Edyta Pawlowska 87, Gabor Kecskemeti 216 (2), Graham Oliver 33 (7-2), Iakov Filimonov 51, Ian Allenden 34 (1-1), Joerg Hackemann 194 (2-3), kk5hy 172, NejroN 93 (6 casino), Olha Shtepa 99 (4-r), wavebreakmediamicro 134 (1-3c); **Alamy Images:** aberCPC 187, age fotostock 155 (1g), André Quillien 186, B.O'Kane 115 (5c), Blend Images 62 (1d), 137 (Antoine), blickwinkel 120 (1c), Bubbles Photolibrary 56 (boy), Catchlight Visual Services 159 (Leila), Chris Hill 103, Christopher Stewart 36c, Cultura Creative (RF) 122 (2-3), David Bagnall 124, dpa picture alliance 138 (1-5), Hangon Media Works Private Limited 138 (3), Hemis 162 (1-bl), Hero Images Inc. 65, Ian Allenden 114, 120 (1r), Image Source Plus 115 (5k), imageBROKER 76tr, incamerastock 72 (1c), John Devlin 81 (1c), Loop Images Ltd 115 (5l), MBI 21, 122 (2-1), 195br, Novarc Images 53 (6-c), Peter Lane 81 (1a), PhotoAlto 195tr, Photononstop 195tl, picturesbyrob 173, Robert Hoetink 116 (1), ROYER Philippe 94 (1-3), Sergio Azenha 123, Shotshop GmbH 177b, simon leigh 115 (5f), Suzanne Porter 155 (1a), Tetra Images 195bl, WeddingSnapper.com.au 62 (2), Xinhua 132 (1cr); **Corbis:** 182, 196 (1-l), Ian Lishman / Juice Images 134 (1-4a); **Fotolia.com:** 7horses 76 (1a), abdrahimmahfar 40 (1-bl), Africa Studio 9, aigarsr 169, ajr_images 29 (5-l), Alen-D 153, alenvl 198, Aliaksei Smalenski 60 (1b), Andy Dean 201, Anibal Trejo 121, AntonioDiaz 126, asife 137 (Cecile), bakharev 33 (7-1), BlueOrange Studio 93 (6 beach), captblack76 76 (1e), celiafoto 93 (6 limo), chrissycopelia 33 (7-3), dpe123 82 (1b), DragonImages 17, dream79 60 (1e), eyetronic 92, fantasticrabbit 119 (c), Fotolia / Hoda Bogdan 33 (7-4), fred34560 76 (1c), Gorilla 107, Igor Mojzes 24, ImageArt 76 (1h), Ivonne Wierink 76 (1f), Jessica B 94 (1-2), Jürgen Fälchle 10cr, Kirsty Pargeter 137 (background), lianxun zhang 115 (5d), lic0001 86, littlehandstocks 58 (1-3), M.studio 58 (1-5), michaeljung 61, micromonkey 53 (6-l), Monkey Business 33 (5-br), 94 (3 receptionist), 117, 194 (1), Nataliia Pyzhova 60 (1a), oksmit 76 (1g), Patryssia 58 (1-6), Pavel Losevsky 120 (1l), photografiero 157 (5 boy), ruslan_100 33 (5-bl), Sergey Nivens 211, the_lightwriter 56 (jacket), vulyboi63 184, Vankad 60 (1f), WavebreakmediaMicro 143; **Getty Images:** AFP 39cr, 96, AFP / Fred Tanneau 163, Alistair Berg 142 (1-6), Andersen Ross 196 (1-r), Anne-Christine Poujoulat 162 (1-cr), Barbara Van Zanten 72 (1b), Ben Pipe Photography 25, Bertrand Rindoff Petroff 39tr, Betsie Van der Meer 62 (1b), 197 (1), Blend Images - Mike Kemp 62 (1c), Bruno Gori 34 (1-4), ESCUDERO Patrick 205, Fiona Jackson-Downes 134 (1-1a), franckreporter 81bc, Fred de Noyelle 134 (1-2c), HeroImages 58 (1-4), 176b, Image Source 41 (5-t), 134 (1-3b), Jean Paul Thomas / Icon Sport 41 (5-b), John Elk III 94 (1-1),

Johner Images 58 (1-1), Juice Images 36l, Jutta Klee 53 (6-r), Kristy Sparow 40 (1-tl), Mark Tipple 55, Maskot 134 (1-1b), Matthew Stockman 197 (3), mediaphotos 10tr, MONTICO Lionel / Hemis.fr 77cr, Patrick Aventurier 155 (1c), Per-Anders Pettersson 33 (5-tr), Rolfo 58 (1-2), 69, Shannon M. Lutman 81tl, Steve Debenport 147, Tetra Images 185, VCL / Alistair Berg 166, Vera Anderson 138 (1-1), Veronica Garbutt 40 (1-tr); **Imagemore Co., Ltd:** 122 (2-2); **Imagestate Media:** Phovoir 132 (1tr); **Lycée Français Charles de Gaulle:** 116 (2); **Masterfile UK Ltd:** 13 (4), 30, photolibrary.com 102 (Diego); **Office de Tourisme Dinan - Vallée de la Rance:** 79; **Oxfam:** Bekki Frost 161 (4-bl); **Pearson Education Ltd:** 216 (1), Gareth Boden 74 (Samuel), 119 (à), 159 (Blanche), Jon Barlow 74 (Charles), Jules Selmes 137 (Gael), 159 (Ethan), 159 (Margot), 164, Studio 8 99 (4-l), 119 (d); **PhotoDisc:** Sami Sarkis 77cl; **Press Association Images:** AP / Jack Plunkett 19 (6), PA Archive 18 (2c); **R. Goscinny et J.-J. Semp:** 64; **Reuters:** Benoit Tessier 18 (2b), Gilbert Tourte 18 (2d), Norsk Telegrambyra AS 19 (5); **Rex Shutterstock:** imageBROKER / Shutterstock 81tc, Shutterstock 19 (7-TL), Shutterstock / David Fisher 19 (7-BR), Startraks Photo / REX Shutterstock 138 (1-4), Sundance Film / Courtesy Everett Collection 39br, Xinhua News Agency / Shutterstock 154, Zelig Shaul / ACE Pictures / REX Shutterstock 138 (1-6); **Shutterstock.com:** 571906 155 (1f), alfa156 72 (1e), Alistair Rennie 84, Amble Design 161 (4-br), AndjeiV 115 (5i), Andrey_Popov 81tr, 142 (1-4), Antonio Guillem 141, AraBus 115 (5a), arek_malang 36r, ARENA Creative 23, Artos 94 (3 phone), aspen rock 134 (1-3a), beboy 157 (5 house), Blend Images 40 (1-br), canadastock 78 (1), CandyBox Images 34 (1-2), Cara-Foto 132 (1bl), Carole Castelli 77tl, Chepe Nicoli 74 (Tatiana), Chones 60 (1d), Christine Langer-Pueschel 12 (1-BL), CREATISTA 12 (1-BR), Cynthia Farmer 129, David Hughes 76 (1b), DavidTB 175b, Debby Wong 138 (1-3), Denis Makarenko 138 (1-2), Diego Cervo 133 (7c), Ditty_about_summer 101, Edyta Pawlowska 127, Elena Schweitzer 176t, espies 59, Featureflash 19 (7-BL), Fedor Selivanov 72 (1a), Francey 155 (1e), Galushko Sergey 56 (shoes), goodluz 133 (7l), 178, Gordon Bell 19 (1r), Halfpoint 119 (b), IAKOBCHUK VIACHESLAV 33 (5-tl), imtmphoto 134 (1-4c), Jackal Yu 155 (1h), John Wollwerth 175t, Jorg Hackemann 102 (Orlando), Joshua Haviv 93 (6 NY), Jstone 191, Karkas 56 (jumper), 56 (Trousers), Karpov Oleg 155 (1d), Karramba Production 100, l i g h t p o e t 142 (1-2), Lewis Tse Pui Lung 102 (Albane), luminaimages 132 (1br), Marek CECH 180, meinzahn 29 (5-r), mertcan 115 (5e), michaeljung 113, 122 (2-4), 134 (1-1c), Mila Supinskaya 161 (4-tc), Milan Ilic Photographer 134 (1-2a), Monkey Business Images 13 (9), 81br, 108, 119 (e), 128, 133 (7r), 146, 165, 177t, Natalia Van Doninck 60 (1c), Nick_Nick 72 (1d), OlegDoroshin 218, Olga Popova 56 (socks), oliveromg 181, Photofollies 56 (belt), Pressmaster 115 (5g), Pyshnyy Maxim Vjacheslavovich 19 (17-TR), Rade Kovac 115 (5b), Radu Razvan 162 (1-tl), Richard Whitcombe 155 (1b), Rob Marmion 74 (Naima), Ruslan Guzov 6, Samuel Borges Photography 44, 102 (Malahat), Shaiith 89, Stanislav Komogorov 134 (1-2b), Subbotina Anna 68, TAGSTOCK1 168, Tyler Olson 93 (6 plane), Vadim Kolobanov 12 (1-TR), Vereshchagin Dmitry 115 (5h), Vincent St. Thomas 115 (5j), vmedia84 81bl, wavebreakmedia 134 (1-4b), 142 (1-1), 142 (1-5), Wessel du Plooy 82 (1d), wizdata 18 (2a), Zoia Kostina 137 (Lena), ZouZou 62 (1a); **SuperStock:** Blend Images 145

All other images © Pearson Education

The publisher would like to thank the following for their kind permission to reproduce copyright material in this book:

p. 21 Kiffe kiffe demain de Faïza Guène © Hachette Littératures 2004 © Librairie Arthème Fayard 2010; p. 42 La fille qui n'aimait pas les fins, Yaël Hassan & Matt7ieu Radenac, Collection «TEMPO» © Editions Syros, 2013; p. 64 R. Goscinny et J.-J. Sempé, extrait de «Mémé», Le Petit Nicolas, c'est Noël, IMAV Éditions, 2013; pp. 78-79 Office de Tourisme de Dinan - Vallée de la Rance (www.dinan-tourisme.com); p. 79 Vedettes Jaman V (www.vedettejamaniv.com); p.105 Bernard Friot, Le cahier de mes vacances nulles… et de gribouillages © Flammarion, 2014; p. 173 Ah, la famille!, de Moka © l'école des loisirs, 1997; p. 179 C'est toujours bien, Milan poche Junior, Tranche de vie, Philippe Delerm © 1998 Éditions Milan; p. 191 © Okapi avril 2005 Bayard Presse Jeunesse; p. 193 Net-Provence, net-provence.com

A note from the publisher

In order to ensure that this resource offers high-quality support for the associated Pearson qualification, it has been through a review process by the awarding body. This process confirms that this resource fully covers the teaching and learning content of the specification or part of a specification at which it is aimed. It also confirms that it demonstrates an appropriate balance between the development of subject skills, knowledge and understanding, in addition to preparation for assessment.

Endorsement does not cover any guidance on assessment activities or processes (e.g. practice questions or advice on how to answer assessment questions), included in the resource nor does it prescribe any particular approach to the teaching or delivery of a related course.

While the publishers have made every attempt to ensure that advice on the qualification and its assessment is accurate, the official specification and associated assessment guidance materials are the only authoritative source of information and should always be referred to for definitive guidance.

Pearson examiners have not contributed to any sections in this resource relevant to examination papers for which they have responsibility.

Examiners will not use endorsed resources as a source of material for any assessment set by Pearson.

Endorsement of a resource does not mean that the resource is required to achieve this Pearson qualification, nor does it mean that it is the only suitable material available to support the qualification, and any resource lists produced by the awarding body shall include this and other appropriate resources.

Table des matières

Table des matières

Module 7 Bon travail! Theme: Future aspirations, study and work

Module 8 Un œil sur le monde Theme: International and global dimension

1 Qui suis-je?

Point de départ 1

 1 Écoutez. Écrivez la bonne lettre pour chaque personne. (1–8)

Tu as des frères ou des sœurs?

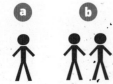    

a   b   c   d   e   f   g   h

 2 Choisissez le bon mot pour compléter chaque phrase.

1. La sœur de ma mère est **ma nièce** / **ma belle-sœur** / **ma tante**.
2. Le fils de mon oncle est **mon cousin** / **ma cousine** / **mon frère**.
3. La fille de mon père et ma belle-mère est **mon demi-frère** / **ma demi-sœur** / **ma sœur**.
4. La femme de mon grand-père est **ma mère** / **ma grand-mère** / **ma fille**.
5. Le mari de ma tante est **mon oncle** / **mon grand-père** / **mon beau-frère**.
6. Le fils de mon fils est **mon fils** / **mon grand-père** / **mon petit-fils**.

> ⭐ Remember, there are three different words for 'my':
>
> *mon* before a masculine person or noun, e.g. ***mon*** *père*
>
> *ma* before a feminine person or noun, e.g. ***ma*** *mère*
>
> *mes* before a plural noun (more than one), e.g. ***mes*** *parents*

3 Écrivez les adjectifs en deux listes: adjectifs positifs et adjectifs négatifs.

bavard   intelligent   méchant   charmant   impoli   arrogant   amusant

agaçant   marrant   indépendant   fort   têtu   impatient   content

4 Écoutez. Bruno décrit sa famille. Identifiez le membre de la famille sur la photo et notez les adjectifs utilisés. (1–7)

Exemple: **1** e: intelligente, marrante

G Adjectival agreement   ⟩ Page 214

Most adjectives work like this:

masculine	feminine	masc plural	fem plural
no ending	add **-e**	add **-s**	add **-es**
e.g. *charmant*	e.g. *charmante*	e.g. *charmants*	e.g. *charmantes*

5 À deux. Choisissez trois adjectifs pour décrire la personnalité des membres de votre famille.

Exemple:

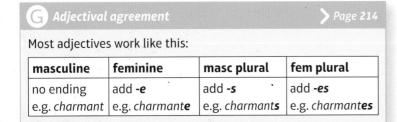 *Ma belle-mère est bavarde, marrante et têtue.*

lire

6 Regardez les images et lisez les phrases. Qui parle?

Exemple: **1** Cécile

1 J'ai les cheveux bouclés et noirs.
2 J'ai les cheveux courts et gris.
3 Je suis petit et gros.
4 J'ai des boutons.
5 J'ai les cheveux blonds et frisés.
6 Je suis grande et mince.
7 J'ai une barbe.
8 J'ai des lunettes.

Mamadou   Cécile   Lucie   Denis

Pronouns

- Use **tu** when talking to a young person or somebody you know well.
- Use **vous** when talking to more than one person or an adult you don't know well.
- **On** and **nous** both mean 'we'. Many French people use *on* instead of *nous*, as it is easier to use.

G *The present tense:* avoir *and* être   **>** *Page 202*

These are the two most useful verbs in French.

avoir	to have	*être*	to be
j'ai	I have	*je suis*	I am
tu as	you have	*tu es*	you are
il/elle/on a	he/she has; we have	*il/elle/on est*	he/she is; we are
nous avons	we have	*nous sommes*	we are
vous avez	you have	*vous êtes*	you are
ils/elles ont	they have	*ils/elles sont*	they are

 lire

7 Copiez et complétez chaque phrase avec *j'ai* ou *je suis*.

1 .... Annabelle Durand.
2 .... française.
3 .... 15 ans.
4 .... petite et mince.

5 .... les cheveux blonds et les yeux bleus.
6 .... des lunettes.
7 .... deux sœurs et un demi-frère.
8 .... polie et contente.

 écouter

8 Vous aidez la police après un incident. Écoutez les descriptions des suspects et notez les détails en anglais. (1–6)

Exemple: **1** Male: tall, fat, short brown hair.

Listen for *il* or *elle* to find out if the suspect is male or female.

 parler

9 À deux. Vous êtes un de ces suspects. Décrivez-vous. Imaginez aussi votre personnalité.

Exemple: **1** J'ai les cheveux courts et bouclés …

J'ai	les cheveux	courts/longs. raides/bouclés/frisés. noirs/bruns/blonds/roux/gris/blancs.
	les yeux	bleus/verts/gris/marron.
	des lunettes/des boutons/une barbe/une moustache.	
Je suis	petit(e)/grand(e)/de taille moyenne/mince/gros(se). bavard(e)/intelligent(e)/arrogant(e).	

1 lire **Regardez le plan du centre-ville. Reliez les images et les mots.**

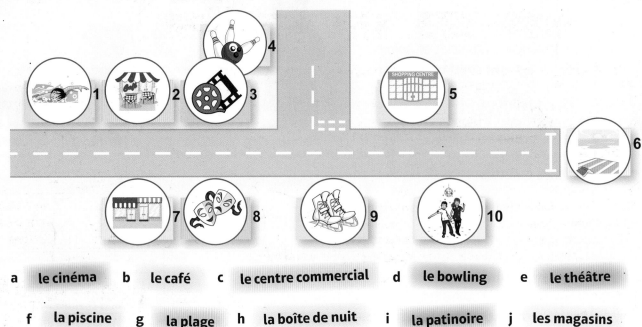

| a | **le cinéma** | b | **le café** | c | **le centre commercial** | d | **le bowling** | e | **le théâtre** |

| f | **la piscine** | g | **la plage** | h | **la boîte de nuit** | i | **la patinoire** | j | **les magasins** |

2 écouter **Écoutez et mettez les images de l'exercice 1 dans le bon ordre.**

Exemple: 4, …

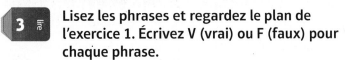

3 lire **Lisez les phrases et regardez le plan de l'exercice 1. Écrivez V (vrai) ou F (faux) pour chaque phrase.**

1 Il y a un bowling derrière le cinéma.
2 Le théâtre est devant la plage.
3 La plage est dans le centre commercial.
4 Le cinéma est devant le bowling.
5 Il y a une patinoire entre le théâtre et la boîte de nuit.
6 Le cinéma est dans le centre commercial.
7 Les magasins sont entre la piscine et le cinéma.

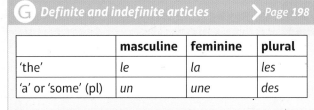

| G Definite and indefinite articles | ❯ Page 198 |

	masculine	feminine	plural
'the'	le	la	les
'a' or 'some' (pl)	un	une	des

If a noun begins with a vowel or *h*, **le** or **la** shortens to **l'**, e.g. **l'église** (the church).

| G Prepositions | ❯ Page 199 |

dans	in
derrière	behind
devant	in front of
entre	between

4 parler **À deux. À tour de rôle, regardez le plan et dites une phrase. Votre partenaire dit 'vrai' ou 'faux'.**

Exemple:
● *Il y a **une** piscine derrière **la** plage.*
■ *Faux!*

When you are speaking or writing, be careful to use 'a' and 'the' correctly.

*Il y a **un** café dans **le** cinéma.* There is **a** cafe in **the** cinema.

5 écrire **Traduisez ces phrases en français.**

1 There is a cafe between the swimming pool and the cinema.
2 The shopping centre is in front of the beach.
3 There is a cinema behind the bowling alley.
4 The theatre is between the shops and the ice rink.
5 There is a night club in front of the beach.
6 There is an ice rink between the theatre and the night club.

6 écouter **Écoutez. Quelle heure est-il? Écrivez la bonne lettre. (1–10)**

a 6.30 b 9.15 c 9.45 d 10.00 e 14.30

f 15.15 g 16.40 h 20.05 i 16.30 j 22.40

7 écouter **Écoutez. Copiez et complétez le tableau en français. (1–6)**

	où?	quand?	à quelle heure?
1	cinéma	ce soir	20h

aujourd'hui	today
demain	tomorrow
ce/demain matin	this/tomorrow morning
cet/demain après-midi	this/tomorrow afternoon
ce/demain soir	this/tomorrow evening
lundi matin/samedi soir	on Monday morning/on Saturday night

> **Il est** huit heures. **It is** 8 o'clock.
> à 8 heures/20 heures **at** 8 o'clock

G **The verb aller** > Page 202

aller (to go)	
je vais	nous allons
tu vas	vous allez
il/elle/on va	ils/elles vont

8 lire **Lisez et traduisez ce texte en anglais.**

Aujourd'hui, c'est mon anniversaire. Ce matin, je vais au bowling avec mon frère. Cet après-midi, je vais au café à seize heures avec ma grand-mère. Le café est dans le centre commercial. Ce soir, je vais à la patinoire à dix-neuf heures et puis je vais au cinéma avec mes parents. Le cinéma est devant le théâtre, entre la piscine et le fast-food.

G **The preposition à** > Page 199

The preposition **à** means 'at' or 'to'.
à + le → **au**, e.g. **au** cinéma (at/to the cinema)
à + les → **aux**, e.g. **aux** magasins (at/to the shops)
à 8 heures/20 heures (at 8 o'clock)

9 parler **À deux. Parlez de vos activités pour aujourd'hui. Utilisez ces notes.**

Exemple: **1**
- Ce matin, à neuf heures quinze, je vais à la patinoire, dans le centre commercial.
- Cet après-midi, à quinze heures, je vais au cinéma avec Alex.
- Ce soir, à vingt heures trente, je vais au théâtre.

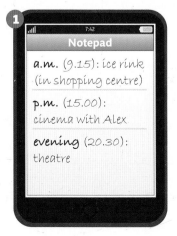

1 Notepad 7:42
a.m. (9.15): ice rink (in shopping centre)
p.m. (15.00): cinema with Alex
evening (20.30): theatre

2 Notepad
a.m. (10.00): swimming pool (behind ice rink)
p.m. (14.30): cafe
evening (20.15): cinema with Kévin

3 Notepad 11:36
a.m. (9.45): shops with Maya
p.m. (16.00): beach
evening (19.30): bowling (between cinema and night club)

● *Talking about friends and what makes a good friend*
● *Using regular -er verbs in the present tense*

1 écouter **Écoutez. Choisissez une phrase de chaque colonne pour chaque personne. (1–5)**

> *Qu'est-ce que tu fais avec tes amis?*

a Le soir, je retrouve mes amis au parc.

f On rigole bien ensemble.

b Le week-end, je traîne en ville avec mes copines.

g On regarde un film ou des clips vidéo.

c Le soir, je tchatte en ligne avec ma meilleure copine.

h On joue au foot ou au basket ensemble.

d Avec mon petit ami, j'écoute de la musique.

i On discute de tout.

e Le week-end, je passe chez ma petite copine.

j On mange ensemble au fast-food.

2 lire **Lisez le texte et choisissez la bonne option.**

Le samedi matin, je reste au lit jusqu'à onze heures. L'après-midi, je traîne en ville avec mes copains et on rigole ensemble. Le samedi soir, je tchatte en ligne avec ma petite amie: on discute de tout ensemble. Le dimanche, je passe chez mon meilleur copain et on joue aux cartes. J'aime ça, c'est cool. **Nicolas**

rester au lit *to stay in bed*

1 Le samedi matin, je reste au lit jusqu'à **onze heures** / **midi**.
2 L'après-midi, je retrouve **ma petite copine** / **mes copains** en ville.
3 Le samedi soir, je discute avec **ma meilleure copine** / **ma petite copine**.
4 Le dimanche, je joue aux cartes avec **mes amis** / **mon meilleur ami**.
5 Je trouve ça **bien** / **nul**.

⭐ There are different words for 'friend'. Use:
- *un ami/copain* for a boy
- *une amie/copine* for a girl
- *des amis/copains* for a mixed group
- *un petit ami/copain* for a boyfriend
- *une petite amie/copine* for a girlfriend.

Meilleur(e) means 'best':
mon meilleur copain
(my best friend).

3 parler **À deux. Utilisez ces images et dites ce que vous faites avec vos amis.**

Exemple:
● *Que fais-tu avec tes amis?*
■ *Je retrouve mes amis au parc. On rigole bien ensemble.*

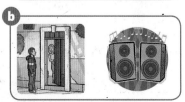

G *The present tense: regular -er verbs* 〉 *Page 200*

Most French verbs are **-er** verbs. To form the present tense, remove the *-er* and add the correct ending, depending on the pronoun. The **je** and **il/elle/on** forms both end in **-e**.

Example: **jouer** (to play)

je jou**e**	nous jou**ons**
tu jou**es**	vous jou**ez**
il/elle/on jou**e**	ils/elles jou**ent**

4 lire   Lisez le forum et identifiez la bonne personne.

C'est quoi un bon ami, pour toi?

 Un bon ami est sympa et gentil, mais aussi modeste. Ma meilleure copine est toujours gentille. Elle aide tout le monde! **Louloute66**

 À mon avis, un bon ami est généreux et sensible. Ma petite amie est très généreuse. Elle accepte aussi mes imperfections. **JeSuisBill**

 Un bon ami est patient et fidèle. Avec un bon ami, on discute de tout. Mon petit ami écoute mes secrets et respecte mes opinions. **Sushi101**

 Pour moi, un bon ami est drôle et amusant. Il ou elle a le sens de l'humour et on rigole ensemble. **An@nas**

 Je pense qu'un bon ami est honnête. Ma meilleure amie écoute mes problèmes et elle est toujours compréhensive. **Mayleen**

 À mon avis, un bon copain est toujours optimiste et cool. On a aussi les mêmes centres d'intérêt. Je trouve ça vraiment important. **Legeek**

Who thinks that a good friend…

1 is faithful?
2 has a sense of humour?
3 is kind but also modest?
4 listens to your problems?
5 is sensitive?
6 is honest and understanding?
7 has the same interests as you?
8 is generous?

G *Adjectival agreement: irregular adjectives* > Page 214

Most adjectives add **-e** when used with feminine nouns. However, some adjectives are different.

Some never change: *un copain* **sympa**/*une copine* **sympa**.
Adjectives that already end in **-e** don't add an extra **-e** for feminine nouns: *un copain* **sensible**/*une copine* **sensible**.

Some change in different ways:
*un copain gent**il*** → *une copine gent**ille***
*un copain compréhens**if*** → *une copine compréhens**ive***
*un copain génér**eux*** → *une copine génér**euse***

5 écouter   Écoutez les descriptions d'un bon ami. Notez en français les adjectifs utilisés par chaque personne. (1–4)

Exemple: **1** généreux, …

6 écouter   Écoutez encore une fois. Notez en anglais les autres aspects de l'amitié qui sont importants pour chaque personne. (1–4)

Exemple: **1** listens to my problems, …

7 parler   À deux. C'est quoi un bon ami, pour vous? Discutez.

8 écrire   Écrivez votre réponse pour le forum «C'est quoi un bon ami, pour toi?».

Je pense qu' Pour moi, À mon avis,	un bon ami **est**	patient/amusant. sympa/cool/drôle. modeste/honnête/fidèle/sensible/ optimiste. généreux/gentil/compréhensif.
Un bon ami		**écoute** mes problèmes/mes secrets. **discute** de tout avec moi. **aide** tout le monde. **accepte** mes imperfections. **respecte** mes opinions. **a** les mêmes centres d'intérêt que moi. **a** le sens de l'humour.

- *Talking about family relationships*
- *Using reflexive verbs in the present tense*

1 lire **Lisez l'article. Dans le texte, cherchez l'équivalent français des verbes en anglais. Ils sont en mauve.**

Exemple: **1** Je m'occupe de …

Les Britanniques adorent *EastEnders*; les Français regardent *Plus belle la vie* ou *Fais pas ci, fais pas ça*. Ici on présente une nouvelle série: *C'est de famille!* La famille Bonnet est une famille importante dans la série.

NOUVELLE SÉRIE:

C'est de famille!

Je m'appelle **Édith Bonnet**.
Je suis travailleuse et dynamique.
Je m'occupe de mes deux enfants.
Mon ex-mari s'appelle Jean-Paul mais il habite maintenant en Angleterre.
Je m'entends bien avec mon fils, Adrien.

Je suis **Pricillia Bonnet**. **Je me chamaille avec** ma mère mais mon grand-père écoute mes problèmes. **Je me dispute avec** mon frère, Adrien, parce qu'il est méchant. Il est égoïste et jaloux.

Je m'appelle **Michel** et je suis le grand-père de la famille Bonnet. Je suis fort, généreux et sympa. Ma femme est morte. **Je m'amuse avec** mes petits-enfants mais quelquefois, je me dispute avec Édith parce qu'elle est têtue.

1 I look after …	**4** I get on well with …
2 I have fun with …	**5** I argue with …
3 My name is …	**6** I bicker with …

2 lire **Lisez les phrases. C'est qui? Écrivez Édith, Pricillia ou Michel.**

1 Elle se dispute avec sa mère.
2 Il se chamaille avec sa belle-fille, Édith.
3 Elle s'occupe de sa famille.
4 Elle se dispute avec son frère.
5 Il s'amuse avec ses petits-enfants.
6 Elle s'entend bien avec son fils.

G Reflexive verbs ❯ *Page 201*

These verbs have a **reflexive pronoun** in front of the verb. The verb is conjugated as usual.
Example: **se** *disputer* (to argue)

je **me** dispute	nous **nous** disputons
tu **te** disputes	vous **vous** disputez
il/elle/on **se** dispute	ils/elles **se** disputent

Watch out for *s'entendre*: it is an **-re** verb.
je m'entends, tu t'entends, il s'entend
(See page 200.)

---

3 écouter **Écoutez. Copiez et complétez le tableau en français. (1–4)**

	personnage	s'entend bien avec …	se dispute avec …
1	Gaspard	sa sœur	

1 Gaspard 2 Agathe 3 Dylan 4 Sara

G Possessive adjectives ❯ *Page 216*

	masc	**fem**	**plural**
my	*mon*	*ma*	*mes*
your	*ton*	*ta*	*tes*
his/her	*son*	*sa*	*ses*

4 | lire | Lisez l'interview. Écrivez V (vrai) ou F (faux) pour chaque phrase.

Q: Tu joues quel rôle dans *C'est de famille!*?

R: Je joue le rôle de Noémie Beregi.

Q: Il y a combien de personnes dans ta famille?

R: Dans ma famille, il y a cinq personnes: ma mère, mon beau-père, ma sœur aînée, mon frère cadet, et moi.

Q: Ta sœur est comment?

R: Ma sœur s'appelle Océane et elle a 16 ans. Elle est grande et assez mince. Elle a les cheveux noirs et les yeux marron. Elle a l'air cool. Quelquefois, Océane semble timide mais elle est bavarde et généreuse.

Q: Tu t'entends bien avec ta famille?

R: Je m'entends bien avec ma sœur parce qu'elle est extrêmement gentille. On a les mêmes centres d'intérêt et elle écoute mes problèmes. Par contre, je me dispute souvent avec mes parents car ils sont agaçants et sévères.

1 Noémie a un frère et deux sœurs.
2 Océane est la sœur cadette de Noémie.
3 Océane est assez petite.
4 Océane semble timide.

5 Noémie et Océane s'entendent bien.
6 Les sœurs ont des centres d'intérêt différents.
7 Noémie se dispute avec ses parents.

5 | lire | Relisez l'interview et trouvez l'équivalent français de ces expressions.

1 in my family there are five people
2 my older sister
3 my younger brother

4 she looks cool
5 sometimes Océane seems …
6 they are annoying and strict

6 | écouter | Écoutez la description de la famille d'Arthur. Dans quel ordre parle-t-il des sujets suivants?

a how many are in his family

b what his mum looks like

c his mum's personality

d who he gets on well with

e who he doesn't get on well with

7 | écouter | Écoutez encore une fois. Notez en anglais des détails pour chaque sujet de l'exercice 6.

Exemple: **a** six people: his …

| **trop** | too |

8 | parler | À deux. Regardez la photo. Vous faites partie de cette famille. Décrivez votre famille.

9 | écrire | Inventez une nouvelle famille pour *C'est de famille!* Écrivez une description de la famille.

Dans ma famille, il y a … personnes:	mon	père/beau-père/frère (aîné/cadet)/demi-frère	et moi.
	ma	mère/belle-mère/sœur (aînée/cadette)/demi-sœur	
Mon père	est	travailleur/fort/têtu/égoïste/méchant/agaçant/sévère.	
Ma mère	semble a l'air	travailleuse/forte/têtue/égoïste/méchante/agaçante/sévère.	
Il/Elle	a	les cheveux bouclés/les yeux bleus/le sens de l'humour.	
Je m'entends bien avec (mon père/ma sœur) parce que …			
Je me dispute avec (mon frère/ma mère) parce que …			

- Making arrangements to go out
- Using the near future tense

1 lire **Lisez les messages. Copiez et complétez le tableau en français.**

	activité proposée	quand?	site web
1	aller à un match	ce soir à 20h	c

1 Ce soir, je vais aller à un match avec ma mère. On va arriver au stade à 20h. Tu veux venir? Regarde ici: ▓▓▓.

2 Demain, je vais faire les magasins en ville à 9h30. Je vais aller ici: ▓▓▓. Tu veux venir?

3 On va faire du patin à glace samedi à 9h. Tu veux venir? C'est ici: ▓▓▓. Après on va manger au fast-food. Ça va être génial.

4 Je vais faire du skate cet après-midi à 15h30. Tu veux venir? Voici le site: ▓▓▓.

5 Dimanche soir à 20h, on va voir un spectacle. Voilà: ▓▓▓. Ce sont des acrobates. Ça va être super. Tu veux venir?

6 Je vais jouer à des jeux vidéo ce soir. Tu veux venir chez moi entre 19h et 19h30? Au fait, tu veux voir mon nouveau portable? Voilà: ▓▓▓.

a CENTRE COMMERCIAL NICÉTOILE

b Ordinateurs portables dernier cri

c L'OGC de Nice

d SKATEPARK DE NICE

e Complexe sportif Jean Bouin

f CIRQUE DU SOLEIL EN FRANCE

2 écouter **Écoutez les messages. Pour chaque message, notez les détails suivants en anglais. (1–6)**

a what they are going to do
b when
c at what time

G The near future tense ❯ Page 207

The near future tense is formed with the verb *aller* followed by an **infinitive**.

je vais	**aller** à un match/au bowling/
tu vas	au cinéma/à la piscine
il/elle/on va	**voir** un spectacle
nous allons	**faire** du patin à glace/du skate/
vous allez	les magasins
ils/elles vont	**jouer** à des jeux vidéo

3 parler **Décrivez vos projets pour le week-end. Utilisez l'agenda.**

Exemple: Vendredi soir, à 20h, je vais aller au bowling. Samedi matin, …

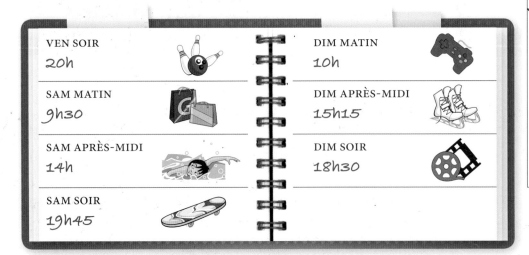

VEN SOIR 20h	DIM MATIN 10h
SAM MATIN 9h30	DIM APRÈS-MIDI 15h15
SAM APRÈS-MIDI 14h	DIM SOIR 18h30
SAM SOIR 19h45	

Point culture

French speakers use the 24-hour clock much more than English speakers, so don't be surprised if you see or hear times like 19h30 (*dix-neuf heures trente*) in conversations. If you have to write a time like 20h30 in English, you can write it as 8.30 p.m. or 20:30.

4 lire · Lisez la conversation et choisissez les bons mots pour remplir les blancs.

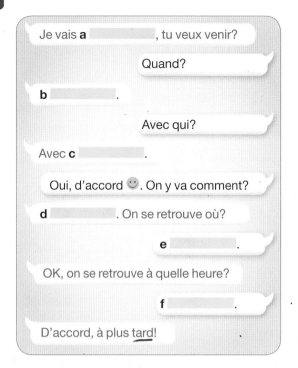

Je vais **a** _____, tu veux venir?

Quand?

b _____.

Avec qui?

Avec **c** _____.

Oui, d'accord 😊. On y va comment?

d _____. On se retrouve où?

e _____.

OK, on se retrouve à quelle heure?

f _____.

D'accord, à plus tard!

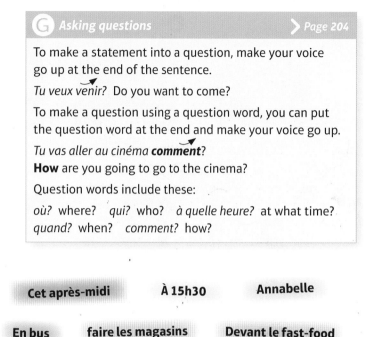

G *Asking questions*   ❯ *Page 204*

To make a statement into a question, make your voice go up at the end of the sentence.

Tu veux venir? Do you want to come?

To make a question using a question word, you can put the question word at the end and make your voice go up.

*Tu vas aller au cinéma **comment**?*
How are you going to go to the cinema?

Question words include these:

où? where?   *qui?* who?   *à quelle heure?* at what time?
quand? when?   *comment?* how?

Cet après-midi   **À 15h30**   **Annabelle**

En bus   **faire les magasins**   **Devant le fast-food**

5 écouter · Écoutez. Notez en français les détails a–f de chaque conversation, comme dans l'exercice 4. (1–4)

Exemple: **1 a** voir un film, **b** …

en métro	*by underground*
à vélo	*by bike*

6 parler · À deux. Utilisez ces détails et le dialogue de l'exercice 4 pour préparer des conversations sur Skype.

1 — 7:42 — Notepad
see a show – tonight –
with Max – by bus
meet in town – 7.15 p.m.

2 — 9:15 — Notepad
go to the beach –
Saturday p.m. –
with my dad – by bike
meet in front of cafe –
3.30 p.m.

3 — 11:36 — Notepad
go to cinema – Friday eve
– with my best friend –
by bike
meet in front of fast-food
restaurant – 6.45 p.m.

7 écrire · Vous allez passer le week-end prochain à Nice avec votre famille. Écrivez ce que vous allez faire. Utilisez les idées de l'exercice 1.

Exemple: Le week-end prochain, je vais visiter Nice avec ma famille.
Vendredi soir, on va …

⭐ Remember to use *je vais* or *on va* + an infinitive to talk about the future.

To say what it is going to be like, use *ça va être* + adjective.
Ça va être super! It's going to be great!

1 Écoutez et mettez les images dans le bon ordre.

a
J'ai discuté avec ma copine.

b
Je suis allée en ville.

c
J'ai mangé un sandwich.

d
J'ai retrouvé ma copine.

e
J'ai raté le bus.

f
J'ai contacté une copine.

g
J'ai écouté de la musique.

h
J'ai acheté des vêtements.

i
J'ai quitté la maison.

j
· C'était super.

G *The perfect tense* ❯ *Pages 208 and 210*

You use the **perfect tense** to talk about what you **did** or **have done**.

For most verbs, you use the *je* form of **avoir** (*j'ai*) followed by a **past participle**.

For *-er* verbs, the past participle has *-é* on the end: *mangé/contacté/discuté*.
j'ai contacté I contacted

The verb *aller* (to go) is different. It uses **être** instead of *avoir*.
je **suis** *allé(e)* I went

Add the extra *-e* if you are a girl.

⭐ *C'était* means 'it was'.

---

2 À deux. À tour de rôle, changez les verbes et dites les phrases comme dans l'exemple.

Exemple: **1** Normalement, <u>je joue</u> au foot mais hier, <u>j'ai joué</u> au rugby.

1 Normalement, (*jouer au foot*) mais hier, (*jouer au rugby*).
2 Normalement, (*manger un sandwich*) mais hier, (*manger une pizza*).
3 Normalement, (*regarder la télé*) mais hier, (*regarder un film*).
4 Normalement, (*tchatter avec ma copine*) mais hier, (*tchatter avec mon cousin*).
5 Normalement, (*traîner en ville*) mais hier, (*traîner au parc*).
6 Normalement, (*aider ma mère*) mais hier, (*aider ma grand-mère*).
7 Normalement, (*écouter de la musique*) mais hier, (*écouter la radio*).
8 Normalement, (*aller au bowling*) mais hier, (*aller à la patinoire*).

💬 Make sure there is a clear difference between the way you pronounce **je** and **j'ai**. Also make sure you pronounce the sound **é** correctly.

⭐ **Normalement + present tense**
Normalement, je joue au foot ... (Normally, I play football ...)

Hier + perfect tense
... mais hier, j'ai joué au rugby. (... but yesterday, I played rugby.)

3 lire   **Lisez le texte. Écrivez V (vrai) ou F (faux) pour chaque phrase.**

Hier, j'ai passé une très bonne journée. D'abord, je suis allé au centre commercial où j'ai acheté un tee-shirt et un jean. Puis j'ai envoyé un texto à mon ami Paul et j'ai retrouvé Paul au centre sportif. J'ai joué au badminton avec Paul mais il a gagné! À 15h30, j'ai quitté le centre sportif et je suis allé au café où j'ai mangé un hamburger avec des copains. Ensuite, j'ai joué à des jeux vidéo dans le café. Le soir, j'ai écouté de la musique dans ma chambre et j'ai aussi tchatté en ligne avec mon correspondant anglais. Après, j'ai aidé ma belle-mère dans la cuisine. Plus tard, j'ai regardé un film à la télé avec mes parents et puis je suis allé au lit à 22h. **Freddie**

1   Hier, Freddie a passé une journée horrible.
2   Il a acheté des vêtements.
3   Il a contacté son ami Paul.
4   Freddie est allé au centre sportif.
5   L'après-midi, il a mangé avec sa belle-mère.
6   Il a écouté de la musique dans le café.
7   Le soir, Freddie a aidé sa belle-mère.
8   Il est allé au lit à 23h30.

> You might not know what the verb *gagner* means. Can you make a guess using the context?

4 lire   **Relisez le texte. Copiez et complétez le tableau avec les mots que vous trouvez dans le texte.**

Read the text again. Copy and complete the table. How many time phrases, sequencers and connectives can you find?

time phrases, sequencers and connectives	
French	**English**
hier	yesterday
d'abord	first of all
où	where

5 écouter   **Écoutez les descriptions. Notez si la journée est positive (P), négative (N) ou positive et négative (PN). Notez aussi les raisons en anglais. (1–4)**

6 écrire   **Traduisez ces phrases en français.**

1   Yesterday morning I contacted my friend Yasmin.
2   I left the house at 10 a.m. but I missed the bus.
3   I met Yasmin in town.
4   I went to the fast-food restaurant, where I ate a hamburger.
5   Afterwards, I bought a pair of jeans.
6   In the evening I helped my brother.
7   Then I watched TV with my family.
8   Later, at 10.30 p.m., I went to bed.

7 parler   **À deux. Décrivez ce que vous avez fait le week-end dernier. Utilisez les images.**

> Remember, each perfect tense verb has two parts:
> *j'ai* or *je suis* + a past participle with *é* on the end.
> Make sure you use both parts!

5 La personne que j'admire

- *Discussing role models*
- *Using the present and perfect tenses together*

1 **écouter** **Écoutez. Quatre jeunes parlent d'une personne qu'ils admirent. Notez le nom de leur modèle et les adjectifs mentionnés. (1–4)**

Exemple: **1** Bradley Wiggins; travailleur, …

2 **lire** **Lisez et identifiez la bonne photo pour chaque description.**

G *The perfect tense* **> Page 208**

Remember, to form the perfect tense of most verbs, you use the correct part of *avoir* + the past participle. So to say what someone else did or has done, use *il a* or *elle a* + the past participle.

elle a termin**é** she finished, she has finished
il a travaill**é** he worked, he has worked

Quelle personne française admires-tu le plus?

Mon modèle s'appelle Olivier Rousteing. Il est jeune, noir et enfant adopté, comme moi. Il crée des vêtements pour une grande maison de mode. Des stars célèbres comme Beyoncé et Rihanna ont porté ses vêtements. Je voudrais être comme lui. **Demba**

Mon héros est le grand auteur de romans Marc Lévy. C'est l'auteur francophone le plus populaire au monde. Je trouve ses livres vraiment fabuleux. J'admire sa créativité et sa détermination. Il a travaillé très dur. **Alison**

| *francophone* | *French-speaking* |
| *le plus populaire* | *the most popular* |

Mon héroïne, c'est ma grande sœur. Elle est travailleuse et intelligente. L'année dernière, elle a terminé ses études à l'université et maintenant elle est professeur. Elle est très forte. C'est bien de suivre l'exemple d'une autre personne. **Annie**

Moi, j'admire Andrée Peel, ou «l'Agent Rose», une héroïne de la Résistance française. Elle a sauvé la vie de 102 jeunes soldats et aviateurs et a aidé plus de 20 000 personnes. Elle était dans un camp de concentration en 1944 mais l'armée américaine a libéré les prisonniers juste avant son exécution. Elle était courageuse face à des dangers terribles. **Markus**

 **a**  **b**  **c**  **d**

3 **lire** **Relisez les descriptions de l'exercice 2. Qui dit ça?**

1 My hero is …
2 My heroine is …
3 My role model is called …
4 Personally, I admire …
5 I would like to be like him.
6 I admire his creativity and his determination.
7 It's good to follow the example of another person.
8 She was brave when faced with terrible dangers.
9 He is young, black and adopted, like me.
10 He has worked very hard.

G *Using a combination of tenses*

Use the **present tense** to talk about what somebody does now, e.g. *il crée des vêtements*.

Use the **perfect tense** to say what somebody did or has done, e.g. *il a travaillé très dur*.

To say what he or she **was like**, use *il/elle était* + an adjective, e.g. *elle était courageuse*.

---

4 **lire** **Choisissez un texte de l'exercice 2. Traduisez le texte en anglais.**

5 lire Reliez les questions et les réponses qui vont ensemble.

1 Comment s'appelle la personne que tu admires?

2 C'est qui?

3 Fais-moi sa description physique.

a Elle a lutté pour le droit des jeunes filles à une éducation. Elle a gagné le prix Nobel de la paix à l'âge de 17 ans.

4 Quelle est sa personnalité?

5 Pourquoi est-ce que tu admires cette personne?

c Malala est une jeune personne de nationalité pakistanaise.

d Elle est courageuse, forte et modeste.

b Elle est assez mince et petite. Elle a les cheveux noirs et les yeux marron. Elle porte le foulard parce qu'elle est musulmane.

e Mon héroïne s'appelle Malala Yousafzai.

lutter to fight   **porter le foulard** to wear a headscarf

6 écouter Écoutez l'interview sur Stromae et notez en anglais les réponses aux cinq questions de l'exercice 5.

son père est mort his father died

Stromae

7 parler À deux. Préparez des réponses aux cinq questions de l'exercice 5 pour une de ces personnes.

Emma Watson

Lewis Hamilton

Stella McCartney

Stephen Hawking

Mon héros/héroïne s'appelle …			
C'est	une actrice/un pilote de Formule 1/ une créatrice de mode/un scientifique		célèbre.
Il/Elle	est	petit(e)/grand(e)/de taille moyenne/gros(se)/ mince/beau(belle).	
	a	les cheveux longs/courts/blonds/noirs/gris/ bouclés. les yeux bleus/marron. des lunettes/une barbe.	
Il	est	travailleur/courageux/généreux/sportif/ créatif/intelligent.	
Elle		travailleuse/courageuse/généreuse/sportive/ créative/intelligente.	
J'admire X car il/elle	a	joué dans beaucoup de films/travaillé très dur/ gagné beaucoup de courses/donné de l'argent aux bonnes œuvres/lutté contre ses problèmes.	

écrire Trouvez une photo d'une personne que vous admirez. Écrivez une description de cette personne.

1 lire **Read what these French teenagers have posted about themselves on a website.**

La première sortie
J'adore discuter avec mes copines et rigoler avec elles. Mais je suis aussi travailleuse car le collège est important. **Lili**
Le soir, mes amis et moi, on se retrouve au centre sportif où on joue au basket ou au hand. **Markus**
Je me dispute souvent avec mes parents. Ma passion, c'est tchatter et jouer à des jeux en ligne avec mes copains. **Éthan**
Je suis plutôt timide. Je préfère regarder des clips vidéo seule dans ma chambre. **Fatou**

Who says what about themselves? Write <u>Lili</u>, <u>Markus</u>, <u>Éthan</u> or <u>Fatou</u>.
You can use each person more than once.

(a) _____ likes to socialise online.
(b) _____ is sporty.
(c) _____ is not very sociable.
(d) _____ works hard at school.
(e) _____ argues with his/her parents.
(f) _____ enjoys a laugh with friends.

> ⭐ Read each forum entry carefully, and don't jump to conclusions. For example, Lili is certainly very sociable, but she doesn't mention anything to do with socialising online.

2 lire **Lis l'e-mail de Léa.**

> Luc est un garçon dans ma classe qui est petit, beau et très gentil. Samedi prochain, je vais sortir avec Luc pour la première fois. S'il ne pleut pas, on va passer la journée à la plage. Le soir, on va aller en ville pour retrouver d'autres copains à la pizzeria près de la gare. Je m'entends très bien avec Luc parce qu'on a les mêmes centres d'intérêt et parce qu'il est très sportif, comme moi. Mes parents pensent que je suis trop jeune pour sortir avec un garçon mais, à mon avis, ils sont trop sévères.

Complète chaque phrase en utilisant un mot de la case.
Attention! Il y a des mots que tu n'utiliseras pas.

sport	~~collège~~	stricts	jeunes	journée	vélo	dimanche
	week-end	manger	mauvais	passer	beau	

Exemple: Léa et Luc sont au <u>collège</u> ensemble.

(a) Le _____ prochain, Léa va sortir avec Luc.
(b) S'il fait _____, ils vont aller à la plage.
(c) Le soir, ils vont _____ près de la gare.
(d) Léa et Luc aiment le _____.
(e) Léa pense que ses parents sont trop _____.

> ⭐ • When you have read through the email, take each gapped sentence in turn. Work out what they mean, using 'beep' in your head for the missing words. Remember, the gapped sentences will be in the order they are in the text. Try to link each one to a specific section of the email.
> • Use your grammatical knowledge for help: is the missing word a noun, an adjective or a verb? This can help you narrow down your options.

3 lire **Read this abridged extract from *Kiffe kiffe demain* by Faïza Guène.**
Doria, the narrator, is talking about a visit to see Zohra.

Vendredi. Maman et moi, on est invitées chez Tante Zohra pour manger son couscous. On a pris le train tôt le matin pour passer toute la journée chez elle.

Tante Zohra, elle a de grands yeux verts et elle rit tout le temps. C'est une Algérienne de l'Ouest. En plus, elle a une histoire marrante, parce qu'elle est née le 5 juillet 1962, le jour de l'indépendance de l'Algérie.

Je l'aime beaucoup, parce que c'est une vraie femme. Une femme forte.

Write down the letter of the correct ending for each sentence.

1 Zohra is the narrator's …
   A mother.   **C** aunt.
   B sister.   **D** grandmother.

2 To get to Zohra's, they travelled …
   A by plane.   **C** by bus.
   B by train.   **D** on foot.

3 Zohra …
   A has green eyes.   **C** argues all the time.
   B is tall.   **D** is French.

4 Zohra was born …
   A in June.   **C** in August.
   B in July.   **D** in September.

5 The narrator's view of Zohra is …
   A positive.   **C** both positive and negative.
   B negative.   **D** neutral.

1 écouter **Your French friends are talking about problems with friends and family. What do they say?**
Listen and match each speaker with one correct statement.

A	I hate my new stepmother.	**D**	My new girlfriend is jealous.
B	My mum and dad are too strict.	**E**	I don't like my dad.
C	I argue with my brother.	**F**	I'm not getting on with my best friend.

1 Sophie   **2** Freddie   **3** Maciej

• Some speakers may mention more than one person, so listen carefully to decide who it is that they are having problems with.
• Some speakers don't use the exact word that you see in the answer options to refer to the person they're having trouble with – they say a word or phrase that means the same thing.

2 écouter **On French radio, a reporter is talking about the findings of a survey into role models.**
Listen and answer the questions in English.

1 Who make the best role models?
2 What other group of people are very popular as role models?
3 Give <u>one</u> example from this group of people that the speaker mentions.
4 What group of people do <u>not</u> make good role models?

In a listening exercise, you may hear words or phrases that you have never heard before and have to work out what you think they might mean. For question 4, you will hear *les stars de télé* … What follows on from *télé* and what English word does this sound like?

A – Role play

1 parler Look at the role play card and prepare what you are going to say for each bullet.

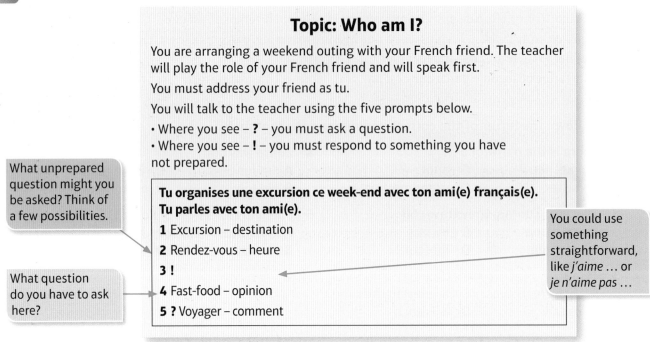

Topic: Who am I?

You are arranging a weekend outing with your French friend. The teacher will play the role of your French friend and will speak first.

You must address your friend as tu.

You will talk to the teacher using the five prompts below.

• Where you see – **?** – you must ask a question.
• Where you see – **!** – you must respond to something you have not prepared.

> What unprepared question might you be asked? Think of a few possibilities.

Tu organises une excursion ce week-end avec ton ami(e) français(e).
Tu parles avec ton ami(e).

1 Excursion – destination

2 Rendez-vous – heure

3 !

4 Fast-food – opinion

5 ? Voyager – comment

> You could use something straightforward, like *j'aime* … or *je n'aime pas* …

> What question do you have to ask here?

2 écouter Practise what you have prepared. Then, using your notes, listen and respond.

3 écouter Now listen to Alice doing the role play and compare her answers with yours.

> ⭐ In every role play, you have to ask a <u>question</u>. Some questions need a question word. The easiest way to ask a question is to make a statement and put the question word at the end, making the tone of your voice go up.
> *On mange à quelle heure?* What time are we eating?

B – Picture-based discussion

1 lire The words and phrases in the grid are useful for describing a photo.
Check that you know what they all mean.

Sur la photo, il y a		un	garçon/homme …
		une	fille/femme/famille …
		des/trois/un groupe de/d'	enfants/jeunes/copains …
Le garçon/La famille/Il/Elle	est	dans	le jardin/une maison …
		en	ville …
Les jeunes/Ils Les enfants	sont	au	parc/café …
		à la	plage …
La famille/Il/Elle	joue au foot/regarde un match …		
Les amis/Ils	rigolent/discutent ensemble …		

Topic: Family

Regarde la photo et prépare des réponses sur les points suivants:

- la description de la photo
- tes rapports avec les membres de ta famille
- tes projets pour ce week-end avec ta famille
- tes activités avec ta famille hier
- ton opinion sur les familles nombreuses

2 **Look at the photo and read the task. Then listen to Bradley's answer to the <u>first</u> bullet point.**

1 Which words or phrases from the grid on page 22 does he use?
2 What extra information does he give?
3 Which two phrases does he use to give his opinion about the people in the photo?

3 **Listen to and read how Bradley answers the <u>second</u> bullet point.**

1 Write down the missing word for each gap.

En général, je m'entends **1** [_____] avec ma famille. Je m'entends **2** [_____] bien avec mes parents parce qu'ils sont amusants et **3** [_____]. Ils ne sont pas **4** [_____] stricts et on rigole ensemble. J'aime **5** [_____] avec mes parents le week-end. Par contre, je pense que ma sœur **6** [_____] est agaçante et égoïste. Elle **7** [_____] vraiment mignonne mais on se dispute tout le temps, surtout **8** [_____] on est dans la voiture ensemble.

2 Find the French for:
   (a) in general   **(b)** on the other hand   **(c)** especially

3 Look at the Answer booster on page 24. Find <u>five</u> examples of things Bradley includes to make his answer a strong one.

4 **Listen to Bradley's answer to the <u>third</u> bullet point. He uses several techniques to expand on his basic answer. Put these techniques into the order you hear Bradley use them.**

A provides extra information like who with/when/how
B gives an opinion and justifies it with two different reasons
C uses two different tenses in the same sentence
D says what he <u>isn't</u> going to do as well as what he is going to do
E gives alternatives using *ou* (or)

5 **Listen to Bradley's answer to the <u>fourth</u> bullet point. Note down the six perfect tense verbs you hear him use.**

6 **Prepare your own answers to the five bullet points on the task card. Then listen and take part in the full picture-based discussion.**

Answer booster	Aiming for a solid answer	Aiming higher	Aiming for the top
Verbs	**Verbs with *je*** **Different time frames:** present, perfect and near future tenses	**Different persons of the verb:** not just *je* but *il/elle/on*	**Reflexive verbs:** *je m'entends bien avec …*
Opinions and reasons	**Basic verbs of opinion:** *j'aime/je n'aime pas/j'adore/je déteste …* **C'est + adjective:** *C'est super!*	**Giving reasons with *car/ parce que*:** *parce qu'il est marrant*	**Opinion phrases:** *Pour moi, …, Je pense que …, À mon avis, …* **Opinions in different tenses:** *Ça va être cool!/C'était top!*
Connectives	*et, mais, ou*	*car, parce que, où*	*cependant, par contre*
Other features	**Basic qualifiers:** *très, assez* **Frequency phrases:** *toujours, parfois* **Negatives:** *ne … pas*	**More interesting qualifiers:** *vraiment, extrêmement, trop* **Time phrases:** *récemment, dans le futur*	**Interesting vocabulary:** *il a l'air …, elle semble … cadet(te), aîné(e) agaçant(e), pessimiste*

A – Picture-based task

1 Look at the task. Which <u>two</u> things are you asked to write about?

> ### Les amis
>
> Tu es en vacances. Tu postes cette photo sur un réseau social.
>
> Écris une description de la photo et exprime ton opinion sur tes amis.
>
> Écris **20–30** mots environ **en français**.

2 Read Emily's response to the task.

1 Write down in English five details that she gives.

2 Look back at the photo-describing grid on page 22. Which words and phrases from the grid does Emily use to help her write her sentences?

> Sur la photo, il y a un groupe de copains. Ils sont à la plage où ils jouent et rigolent ensemble. Je m'entends bien avec mes amis car ils sont généreux et sympa.

> ⭐ Remember, writing about a photo means using the present tense, e.g. 'he is playing', 'they are talking'. When describing a photo with several people in it, you need the *ils/elles* part of the verb.
>
> For *-er* verbs, this ends in *-ent*, e.g. *ils dansent, ils jouent*.
>
> The verbs *être*, *avoir* and *aller* are irregular.
>
> *ils sont* they are   *ils ont* they have   *ils vont* they go

3 écrire Now write your own answer to the following task.

Les amis

Tu es en France. Tu postes cette photo sur un réseau social.

Écris une description de la photo et exprime ton opinion sur ton meilleur ami/ta meilleure amie.

Écris **20–30** mots environ **en français**.

> Always use language that you have learned. For example, you might want to write 'The boys are sitting on a bench', but you can't remember the verb 'to sit' and you don't know the word for 'bench'. Instead, you could write 'The boys are in the park.'

B – Short writing task

1 lire Look at the task and answer the questions below.

Vous allez recevoir un jeune Français chez vous. Vous écrivez à l'organisation qui organise la visite.

Écrivez une lettre avec les informations suivantes:

• combien de personnes il y a dans votre famille

• comment sont les membres de votre famille

• pourquoi vous voulez recevoir un jeune Français

• les activités que vous allez faire avec le jeune Français.

Écrivez **40–50** mots environ **en français**.

1 What kind of text are you being asked to write, and why?
2 What does each bullet point mean?
3 What <u>tense</u> do you need to use for each bullet point?

2 lire Look at Harry's answer. Rearrange the sections into the order of the bullet points in the task.

Monsieur/Madame,

A Pendant la visite, on va aller en ville où on va faire du patin à glace. Ça va être cool.		**C** Je m'entends bien avec ma sœur parce qu'elle est toujours marrante. Mon beau-père semble parfois agaçant mais il a le sens de l'humour.	
B Dans ma famille, il y a trois personnes: mon beau-père, ma sœur cadette et moi.		**D** Je voudrais recevoir un jeune Français parce que j'adore le français au collège.	

Cordialement,
Harry

3 lire Look at the Answer booster. Find <u>six</u> examples of language that Harry uses to write a strong answer.

4 écrire Now write your own answer to the task in exercise 1.

• Look at the Answer booster and Harry's answer for ideas.
• Write your answer, ticking off each bullet as you complete it.

La famille — Family members

les parents	parents	la demi-sœur	half-sister, stepsister
le père	father	le beau-frère	brother-in-law
la mère	mother	la belle-sœur	sister-in-law
le beau-père	stepfather/father-in-law	les grands-parents	grandparents
la belle-mère	stepmother/mother-in-law	le grand-père	grandfather
le mari	husband	la grand-mère	grandmother
la femme	wife	les petits-enfants	grandchildren
les enfants	children	le petit-fils	grandson
le fils	son	la petite-fille	granddaughter
la fille	daughter	l'oncle (m)	uncle
le frère	brother	la tante	aunt
la sœur	sister	le cousin/la cousine	cousin
le demi-frère	half-brother, stepbrother		

Les adjectifs de personnalité — Personality adjectives

Il/Elle est … — He/She is …

agaçant(e)	annoying	impatient(e)	impatient
arrogant(e)	arrogant	impoli(e)	impolite
amusant(e)	amusing, funny	indépendant(e)	independent
bavard(e)	talkative, chatty	intelligent(e)	intelligent
charmant(e)	charming	marrant(e)	funny
content(e)	happy	méchant(e)	nasty/mean
fort(e)	strong	têtu(e)	stubborn, pig-headed

Ma description physique — My physical description

J'ai les cheveux …	I have … hair	J'ai …	I have …
courts/longs	short/long	des lunettes	glasses
raides/bouclés/frisés	straight/curly	des boutons	spots
noirs/bruns/blonds	black/brown/blond	une moustache/une barbe	a moustache/a beard
roux/gris/blancs	red/grey/white	Je suis …	I am …
J'ai les yeux …	I have … eyes	petit(e)/grand(e)	short/tall
bleus/verts	blue/green	de taille moyenne	of average height
gris/marron	grey/brown	mince/gros(se)	thin/fat

En ville — In town

la boîte de nuit	night club	la piscine	swimming pool
le bowling	bowling alley	la plage	beach
le café	cafe	le théâtre	theatre
le centre commercial	shopping centre	dans	in
le cinéma	cinema	derrière	behind
les magasins	shops	devant	in front of
la patinoire	ice rink	entre	between

Quand? — When?

aujourd'hui	today	ce/demain soir	this/tomorrow evening
demain	tomorrow	lundi matin	on Monday morning
ce/demain matin	this/tomorrow morning	samedi soir	on Saturday night
cet/demain après-midi	this/tomorrow afternoon		

Les amis — Friends

l'ami (m)/le copain	(male) friend
l'amie (f)/la copine	(female) friend
le petit ami/le petit copain	boyfriend
la petite amie/la petite copine	girlfriend
Je retrouve mes amis au parc.	I meet up with my friends in the park.
Je traîne en ville avec mes copines.	I hang out in town with my (female) friends.
Je tchatte en ligne avec ma meilleure copine.	I chat online with my best (female) friend.
Avec mon petit ami, j'écoute de la musique.	I listen to music with my boyfriend.
Je passe chez ma petite copine.	I go to my girlfriend's house.
On rigole bien ensemble.	We have a good laugh together.
On regarde un film ou des clips vidéo.	We watch a film or music videos.
On joue au foot ou au basket ensemble.	We play football or basketball together.
On discute de tout.	We talk about everything.
On mange ensemble au fast-food.	We eat together at a fast-food restaurant.

L'amitié — Friendship

Je pense que …	I think that …
Pour moi, …	For me …
À mon avis, …	In my opinion …
Un(e) bon(ne) ami(e) est …	A good friend is …
compréhensif/-ive	understanding
cool	cool
drôle	funny
fidèle	loyal
généreux/-euse	generous
gentil(le)	kind
honnête	honest
modeste	modest
optimiste	optimistic

patient(e)	patient
sensible	sensitive
sympa	nice
Un(e) bon(ne) ami(e) …	A good friend …
écoute mes problèmes/ mes secrets	listens to my problems/secrets
discute de tout avec moi	talks about everything with me
aide tout le monde	helps everyone
accepte mes imperfections	accepts my faults
respecte mes opinions	respects my opinions
a les mêmes centres d'intérêt que moi	has the same interests as me
a le sens de l'humour	has a sense of humour

Les rapports en famille — Family relationships

Je m'entends bien avec …	I get on well with …
Je me dispute avec …	I argue with …
Je me chamaille avec …	I bicker with …
Je m'amuse avec …	I have fun with …
Je m'occupe de …	I look after …
le frère aîné/cadet	older/younger brother
la sœur aînée/cadette	older/younger sister

Il/Elle est/a l'air/semble …	He/She is/looks/seems …
dynamique	lively
égoïste	selfish
jaloux/-ouse	jealous
sévère	strict
timide	shy
travailleur/-euse	hard-working

On va sortir — Going out

Je vais …	I am going …
aller à un match/au bowling	to go to a match/the bowling alley
aller au cinéma/à la piscine	to go to the cinema/the swimming pool

voir un spectacle	to see a show
faire du patin à glace/du skate	to go ice skating/skateboarding
faire les magasins	to go shopping
jouer à des jeux vidéo	to play video games
Tu veux venir?	Do you want to come?

Les questions — Questions

Quand?	When?
Avec qui?	With who(m)?
On y va comment?	How are we getting there?

On se retrouve où?	Where shall we meet?
On se retrouve à quelle heure?	At what time shall we meet?

Une sortie — An outing

J'ai contacté un copain/une copine.	I contacted a friend.
J'ai quitté la maison.	I left the house.
J'ai raté le bus.	I missed the bus.
Je suis allé(e) en ville.	I went into town.
J'ai écouté de la musique.	I listened to music.
J'ai retrouvé mon copain/ma copine.	I met up with my friend.

J'ai discuté avec mon copain/ ma copine.	I talked to my friend.
J'ai mangé un sandwich.	I ate a sandwich.
J'ai acheté des vêtements.	I bought some clothes.
C'était super.	It was great.
J'ai passé une très bonne journée.	I had a very good day.

La personne que j'admire — The person I admire

Comment s'appelle la personne que tu admires?	What is the name of the person you admire?
Mon héros s'appelle …	My hero is called …
Mon héroïne s'appelle …	My heroine is called …
Mon modèle s'appelle …	My role model is called …
C'est qui?	Who is he/she?
C'est un pilote de Formule 1.	He is a Formula 1 driver.
C'est un scientifique.	He is a scientist.
C'est une actrice.	She is an actress.
C'est une créatrice de mode.	She is a fashion designer.
Fais-moi sa description physique.	Describe for me what he/she looks like.
Il/Elle est petit(e)/gros(se), etc.	He/She is … small/fat, etc.
Il/Elle a les cheveux bruns, etc.	He/She has brown hair, etc.
Quelle est sa personnalité?	What is his/her personality?

Il/Elle est …	He/She is …
travailleur/-euse/créatif/-ive, etc.	hard-working/creative, etc.
Pourquoi est-ce que tu admires cette personne?	Why do you admire this person?
J'admire (Stromae/Malala, etc.) car il/elle …	I admire (Stromae/Malala, etc.) because he/she …
a travaillé très dur	worked/has worked very hard
a joué dans beaucoup de films	acted/has acted in lots of films
a gagné beaucoup de courses	won/has won lots of races
a donné de l'argent aux bonnes œuvres	gave/has given money to good causes
a lutté contre ses problèmes	fought/has fought his/ her problems
J'aimerais être comme lui/elle.	I would like to be like him/her.

Les mots essentiels — High-frequency words

très	very
assez	quite
mais	but
ou	or
où	where
hier	yesterday

d'abord	first of all
puis	then
ensuite	next
après	afterwards
plus tard	later
le soir	in the evening

2 Le temps des loisirs
Point de départ 1

• *Revising leisure activities*

1 écrire   **Copiez et complétez chaque phrase avec** *au, à la, à l', aux, du, de la,* **ou** *de l'.*

1 Je joue ⬚⬚⬚ billard (m).

2 Je joue ⬚⬚⬚ pétanque (f).

3 Je joue ⬚⬚⬚ rugby (m).

4 Je joue ⬚⬚⬚ échecs (pl).

5 Je joue ⬚⬚⬚ violon (m).

6 Je joue ⬚⬚⬚ batterie (f).

7 Je joue ⬚⬚⬚ accordéon (m).

8 Je joue ⬚⬚⬚ saxophone (m).

G   *Using* **jouer à** *and* **jouer de**

- When you are talking about playing a sport or a game, use *jouer **à***.
  Remember, *à + le → **au**, à + les → **aux***.

  *Je joue **au** foot. Je joue **à la** pétanque.*
  *Je joue **aux** cartes.*

- When you are talking about playing a musical instrument, use *jouer **de***.
  Remember, *de + le → **du**, de + les → **des***.

  *Je joue **du** piano. Je joue **de la** guitare.*
  *Je joue **de l'**harmonica.*

---

2 écouter   **Écoutez et vérifiez. Ensuite, notez la fréquence en anglais. (1–8)**

Exemple: **1** often

tous les jours	*every day*
tous les soirs	*every evening*
tous les samedis	*every Saturday*
une fois par semaine	*once a week*
deux fois par semaine	*twice a week*
souvent	*often*
de temps en temps	*from time to time*
rarement	*rarely*

3 lire   **Lisez le forum et répondez aux questions.**

> J'aime le tennis. Je joue au tennis deux fois par semaine. Je trouve ça super. **Maxime**
>
> Je n'aime pas le hockey. Je joue rarement au hockey. Je trouve ça ennuyeux. **Caro**
>
> J'aime le foot mais je préfère le basket. Je joue au basket une fois par semaine. Je trouve ça génial. **Élia**
>
> J'adore le badminton. Je joue au badminton tous les soirs. Je trouve ça cool. **Omar**
>
> Je déteste le volley. Je ne joue jamais au volley. Je trouve ça nul. **Hadrien**
>
> J'adore le golf. Je joue au golf tous les samedis. Je trouve ça passionnant. **Yasmina**

1 Who plays a sport the most often?
2 Who plays a sport the least often?
3 Who finds a sport exciting?
4 Who finds a sport boring?
5 Who prefers one sport over another?

⭐ To make a verb negative, put **ne ... pas** around the verb.
*Je n'aime **pas** le foot.* I don't like football.

To say you never do something, put **ne ... jamais** around the verb.
*Je **ne** joue **jamais** au tennis.* I never play tennis.

4 parler **À deux. Demandez l'opinion de votre partenaire sur chaque activité.**

Exemple:

● *Tu aimes <u>le foot</u>?*

■ *Oui, je trouve ça <u>génial</u>. Je joue au foot <u>tous les samedis</u>.*

	🙂	🙁
Je trouve ça	super. génial. passionnant. cool.	ennuyeux. stupide. nul.

5 lire **Lisez les textes et regardez les images. Qui aime chaque activité?
Écrivez M pour Mélanie, H pour Hugo, ou MH pour Mélanie <u>et</u> Hugo.**

Je suis assez créative et j'aime prendre des photos. J'adore aussi la lecture. Je trouve ça génial! Mais ma passion, c'est le cinéma. J'adore regarder des films. Je ne suis pas très sportive mais j'aime jouer au tennis de table et je joue au volley de temps en temps. Par contre, je déteste le rugby! À mon avis, c'est nul. **Mélanie**

Ma passion, c'est la musique. Je joue de la guitare dans un groupe et j'adore écouter du rock. J'écoute du rock tous les jours! Moi aussi, j'adore la photographie mais je n'aime pas lire. C'est ennuyeux. Je préfère la programmation informatique: j'adore programmer. J'adore aussi jouer au rugby. **Hugo**

6 écrire **Traduisez ces phrases en français.**

1 I like to listen to music.
2 I love reading.
3 I like tennis, but I prefer hockey.
4 I don't like playing volleyball.
5 I hate football.
6 I prefer watching films.

7 écouter **Écoutez. Copiez et complétez le tableau en français. (1–4)**

	🙂	🙁
1	le tennis, ...	le golf, ...

> **G** *Using aimer, adorer, préférer and détester* > *Page 212*
>
> You use *aimer, adorer, préférer* and *détester* followed by **a noun** to say what you like or don't like.
>
> You use them followed by **the infinitive of another verb** to say what you like or don't like **doing**.
>
> | j'aime
j'adore
je préfère | le foot
la guitare
la lecture | jouer au foot
jouer de la guitare
lire |
> |---|---|---|
> | je n'aime pas
je déteste | la photographie
la musique | prendre des photos
écouter de la musique |
>
> *J'aime la photographie.* I like photography.
> *J'adore prendre des photos.* I love taking photos.

8 écrire **Écrivez un paragraphe au sujet de vos loisirs.**

J'aime (*le tennis*). Je joue (*au tennis*) (*tous les samedis*). Je trouve ça (*passionnant*). J'aime aussi (*la photographie*) mais je préfère (*jouer de la guitare*). Par contre, je n'aime pas (*lire*). Je trouve ça (*ennuyeux*).

Point de départ 2

1 Écoutez. Notez les lettres des films qui passent au cinéma. (1–5)

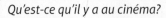
Qu'est-ce qu'il y a au cinéma?   *Il y a …*

un film de gangsters

un film d'action

un film d'arts martiaux

un film d'aventure

un film d'horreur

un film de science-fiction

une comédie

un film fantastique

un western

⭐ To say what type of film is on at the cinema, use *Il y a* **un/une** + singular noun.
Il y a **un** *film fantastique.*

To say what type of films you like or dislike, use *J'aime bien/Je n'aime pas* **les** + plural noun.
Je n'aime pas **les** *films fantastiques.*

Make sure you use the right article.

---

2 Copiez et complétez les phrases avec les bons articles.

1 Je vais aller au cinéma samedi soir. Tu veux venir? Il y a _____ film d'arts martiaux.
2 Il y a un film fantastique ce soir. J'aime bien _____ films fantastiques.
3 Non, merci. Il y a _____ film de gangsters. Je déteste _____ films de gangsters.
4 Il y a _____ d'action. J'aime bien _____ d'action.

3 À deux. À tour de rôle, invitez-vous! Changez les détails <u>soulignés</u>.

● *Je vais aller au cinéma <u>vendredi soir</u>. Tu veux venir?*
■ *Ça dépend. Qu'est-ce qu'il y a?*
● *Il y a <u>le nouveau film de James Bond</u>. C'est <u>un film d'aventure</u>.*
■ *Oui, je veux bien venir! J'aime bien <u>les films d'aventure</u>./*
Non, je ne veux pas venir. Je déteste <u>les films d'aventure</u>.

G The verb vouloir ❯ *Page 212*

Vouloir is an irregular verb.

vouloir (*to want/want to*)
je veux
tu veux
il/elle/on veut
nous voulons
vous voulez
ils/elles veulent

4 lire **Lisez les questions. Copiez et complétez les traductions avec les mots qui manquent.**

1 La séance commence à quelle heure?   At what _____ does the screening start?
2 On se retrouve où?   _____ shall we meet?
3 Ça coûte combien?   _____ does it cost?
4 Qu'est-ce que tu veux voir?   _____ do you want to see?
5 Qu'est-ce qu'il y a, ce soir?   What _____ this evening?

G *Asking questions*   **❯** *Page 204*

- To make a question using a question word, put the question word at the end and make your voice go up.
  *C'est **combien**?* How much is it?
  *Le film commence à **quelle heure**?* At what time does the film start?

- ***Qu'est-ce que** …?* means 'What …?' You put it at the beginning of the question.
  Qu'est-ce que tu veux voir? What do you want to see?

---

5 écouter **Écoutez. Copiez et complétez le tableau en anglais. (1–4)**

	type of film they decide to see	time it starts
1		

> Make notes in words when you are listening for numbers, e.g. *dix-neuf heures vingt*.
> You can convert them to digits afterwards → *19h20* (19.20).

6 lire **Copiez et complétez le dialogue avec les phrases à droite.**

● *Bonsoir, je peux vous aider?*
■ *Bonsoir, je voudrais deux billets pour* Chocolat, *s'il vous plaît.*
● *Bien sûr. Pour quelle séance?*
■ **1** _____, *s'il vous plaît.*
● *D'accord. Vous voulez sélectionner vos places?*
■ **2** _____
■ *Au fond du cinéma, s'il vous plaît.* **3** _____
● *Alors … Le tarif réduit, c'est 14 euros la place.*
■ **4** _____ *Bon film!*

a **Vous préférez être près de l'écran ou au fond du cinéma?**

b **C'est combien?**

c **La séance de 20h10**

d **Voici les billets.**

7 écouter **Écoutez et vérifiez.**

> *Je voudrais* means 'I would like'. This is an extremely useful phrase that you must learn by heart!

8 parler **À deux. Faites un dialogue. Utilisez l'exercice 6 comme modèle.**

l'employé(e) du cinéma
● *Ask if you can help.*
● *Ask for which screening.*
● *Ask if they want to be near the screen or at the back.*
● *Say it costs 16 euros.*

le client/la cliente
■ *Say you would like two tickets to see* The Revenant.
■ *Say the screening at 19.30.*
■ *Say at the back.*
  Then ask how much it costs.

1 Tu es plutôt foot, tennis ou basket?

● *Talking about sport*
● **Using** depuis + *the present tense*

1 Écoutez et lisez. Écrivez la lettre du bon sport pour chaque personne.

Ma famille est très sportive!

Mon frère, Noah, fait de l'escalade depuis deux ans.

Ma petite sœur, Marion, fait de la natation depuis six mois.
Mes parents aussi font beaucoup de sport. **Mon père** fait du
vélo depuis dix ans et **ma mère** fait de la danse depuis huit
mois. Même **ma grand-mère** fait du sport: elle fait de la
boxe depuis un an. Et **mon grand-père** fait des randonnées
depuis quinze ans.

Et moi, je m'appelle Estelle. Je fais de l'équitation depuis six
semaines car j'adore les chevaux!

> **G** **The verb** faire ❯ *Page 202*
>
> This is a key irregular verb.
>
> | **faire** (*to do/make*) |
> | --- |
> | je fais |
> | tu fais |
> | il/elle/on fait |
> | nous faisons |
> | vous faites |
> | ils/elles font |
>
> In French, you often use *faire*
> with a sport where we might use
> 'go' in English.
> *Je fais de la natation.* I go swimming.
> *Je fais du vélo.* I go cycling.

1 Estelle's brother   **2** her sister   **3** her dad

4 her mum   **5** her grandmother   **6** her grandfather   **7** Estelle

2 Lisez le texte encore une fois. Écrivez une phrase **en anglais** pour dire depuis combien de temps chaque personne fait du sport.

Read the text again. Write a sentence in English to say how long each person has been doing their sport.

Exemple: **1** Estelle's brother has been going climbing for two years.

> **G** depuis + *the present tense* ❯ *Page 202*
>
> The word **depuis** is used with the **present tense**
> to say how long something has been happening.
>
> *Je **fais** de l'équitation **depuis** six semaines.*
> I **have been going** horse-riding **for** six weeks.

3 Écoutez. Écrivez V (vrai) ou F (faux) pour chaque phrase. (1–4)

1 Adrien has been swimming for seven years.
2 Éloïse has been boxing for five years.
3 Joseph has been horse-riding for six months.
4 Céline's sister has been cycling for two years.

4 Traduisez ces phrases en français.

1 I go dancing.
2 I play tennis and I go swimming.
3 She does boxing and she plays volleyball.
4 I have been going cycling for three months.
5 He has been playing football for seven years.

> ⭐ Think about the following:
> • For each sport, do you need to use *jouer au/à la/à l'/aux* or *faire du/de la/de l'/des*?
> • Which form of the verb do you need – *je joue/je fais* or *il/elle joue/fait*?
> • Do you need to use *depuis* plus the present tense?

5 écouter Écoutez et lisez. Trouvez dans les textes l'équivalent français des phrases anglaises.

Personnellement, je préfère les sports individuels. Je fais de l'escrime depuis quatre ans. J'aime beaucoup car c'est bon pour le corps et le mental. Ça me fait du bien. **Léa**

Je fais du trampoline depuis deux ans et j'adore ça. C'est rigolo et en plus, c'est facile! Quand je fais du trampoline, j'oublie mes soucis. **Mariam**

Je fais du footing tous les jours depuis un an. Quand je fais du footing, je respire. Ça me détend. Dans le futur, je veux faire le marathon de Paris. **Erwann**

Voici mon équipe. On joue au basket ensemble depuis trois ans. Le basket, c'est un sport rapide! Je préfère les sports d'équipe parce que ça booste le moral. **Arthur**

1 I prefer individual sports
2 it's good for the body and the mind
3 it does me good
4 it relaxes me
5 it's fun
6 I forget my worries
7 I prefer team sports
8 it boosts my/your mood

6 lire Relisez les textes. Répondez aux questions en anglais.

1 What sport does Léa do?
2 How often does Erwann go jogging?
3 What is his ambition for the future?
4 Why does Mariam like trampolining?
5 How long has Arthur been playing with his team?

7 parler À deux. Inventez une présentation pour chaque personne.

Personnellement, je préfère	les sports individuels/les sports d'équipe.
Je fais du/de la/de l'/des … Je joue au/à la/à l'/aux …	depuis x mois/ans.
J'aime beaucoup car	c'est rigolo/facile/rapide.
En plus,	ça me fait du bien/ça me détend/ça booste le moral.
Quand je fais du/de la/de l'/des …, Quand je joue au/à la/à l'/aux …,	je respire/j'oublie mes soucis.

8 écrire Écrivez un paragraphe sur les activités sportives que vous faites.

- *Talking about using technology*
- *Using irregular verbs in the present tense*

1 écouter

Écoutez. Pour chaque personne, notez la lettre de l'activité qui <u>n'est pas</u> mentionnée. (1–4)

> *Que fais-tu sur ton portable ou ta tablette?*

> *Sur mon portable/Sur ma tablette, …*

d Je joue à des jeux en ligne.
e Je fais des recherches pour mes devoirs.
f Je fais des achats.

j Je vais sur des réseaux sociaux.
k Je prends des photos.
l Je mets mes photos sur Instagram ou Snapchat.

a Je crée des playlists.
b Je télécharge de la musique.
c Je regarde des clips vidéo.

g J'écris des messages.
h J'écris des articles pour mon blog.
i Je lis mes e-mails.

G *Irregular verbs in the present tense*   ❯ *Page 202*

Most verbs, like *télécharger*, *jouer*, *regarder* and *créer*, are regular **-er** verbs.

However, not all verbs follow this pattern. You're already familiar with the irregular verbs *avoir*, *être*, *aller* and *faire*. Here are four more that you need to know.

lire (*to read*)	**écrire** (*to write*)	**prendre** (*to take*)	**mettre** (*to put*)
je lis	j'écris	je prends	je mets
tu lis	tu écris	tu prends	tu mets
il/elle/on lit	il/elle/on écrit	il/elle/on prend	il/elle/on met
nous lisons	nous écrivons	nous prenons	nous mettons
vous lisez	vous écrivez	vous prenez	vous mettez
ils/elles lisent	ils/elles écrivent	ils/elles prennent	ils/elles mettent

---

2 lire

Lisez les textes et choisissez la bonne option pour compléter chaque phrase.

Moi, j'adore ma console! Je joue à des jeux vidéo tout le temps. Je suis fan de *Fifa*, bien sûr. **Sam**

Ma meilleure amie prend tout le temps des photos et ensuite, elle met les photos sur Instagram. Elle partage toute sa vie! **Mathilde**

J'ai toujours mon téléphone portable avec moi! Je vais tous les jours sur des réseaux sociaux et je lis les messages de mes amis. **Charlotte**

Je fais des recherches pour mes devoirs tous les soirs mais je fais rarement des achats. Ma mère et ma sœur font ça tout le temps! **Thibault**

1 Sam **regarde des clips vidéo** / **joue à des jeux**.
2 Charlotte **lit** / **écrit** des messages sur des réseaux sociaux.
3 **Mathilde** / **La copine de Mathilde** prend beaucoup de photos.
4 Thibault fait souvent **des recherches** / **des achats**.

> **tout le temps**   *all the time*

3 parler Préparez une présentation sur ce que vous faites avec votre ordinateur, votre téléphone portable ou votre tablette.

J'ai toujours mon portable/ma tablette avec moi.		
Sur mon ordinateur/ mon téléphone portable/ ma tablette,	je joue … / je télécharge … / je regarde … / je crée … / je lis … / j'écris …	tous les jours/soirs. deux fois par semaine. de temps en temps.
En plus,		
À mon avis, c'est génial/très pratique/indispensable.		

4 lire Lisez le forum. Copiez et complétez le tableau en anglais. Utilisez un dictionnaire, si nécessaire.

Internet: Espace ludique ou espace à risque? Votre avis?

 Anis: À mon avis, Internet est très pratique parce qu'il est facile de faire des recherches pour ses devoirs et aussi d'utiliser un dico en ligne. Il est possible d'apprendre beaucoup de choses. Ça m'aide beaucoup.

 Krishna: Avec Internet, il est facile de rester en contact avec ses copains et de partager des photos. Cependant, il est dangereux de passer trop de temps sur Internet. Il est important de faire du sport, de passer du temps avec sa famille et de retrouver ses amis en vrai, au parc ou en ville.

 Malik: Sur Internet, il est possible de jouer à des jeux avec beaucoup de gens en même temps, et aussi de faire des achats. Par contre, il est dangereux de partager ses détails personnels. En plus, il est très dangereux de tchatter en ligne avec des inconnus, par exemple.

it is easy to …	it is possible to …	it is dangerous to …	it is important to …
do research for your homework, use …			

5 écouter Écoutez. Écrivez P (positif), N (négatif) ou PN (positif et négatif) pour l'avis de chaque personne. (1–3)

⭐ Listen out for words that indicate that the speaker may change direction and give another side of the argument, e.g. *cependant* however   *par contre* on the other hand

6 parler À deux. Donnez votre avis sur Internet. Votre partenaire dit s'il/si elle est d'accord ou pas.

- ● *À mon avis, sur Internet, il est facile de parler avec ses copains.*
- ■ *Je suis d'accord./Je ne suis pas d'accord. À mon avis, … / C'est vrai, cependant …*

Sur Internet,	il est facile de il est possible de/d'	rester en contact avec ses amis. parler avec ses copains. faire des recherches pour ses devoirs. utiliser un dico en ligne. partager des photos.
Cependant, Par contre,	il est (très) dangereux de	partager ses détails personnels. passer trop de temps sur Internet. tchatter en ligne avec des inconnus.
	il est important de	faire du sport. passer du temps avec sa famille. retrouver ses amis en vrai.

7 écrire Quel est votre avis sur Internet? Écrivez un paragraphe.

écouter

Écoutez. Pour chaque personne, écrivez la lettre de l'opinion et du genre de livre mentionnés. (1–6)

Exemple: **1** a, l

a ☺ J'apprécie beaucoup les …

b ☺ Je préfère les …

c ☺☺ J'adore les …

d ☺☺ J'ai une passion pour les …

e ☹ Je n'aime pas les …

f ☹☹ J'ai horreur des …

g
romans fantastiques

h
romans d'amour

i
romans policiers

j
BD

k
mangas

l
livres d'épouvante

 parler

À deux. Donnez votre opinion.

Exemple: **1**

- *Quel est ton avis sur les mangas?*
- *J'apprécie beaucoup les mangas.*
- *Moi aussi! J'ai une passion pour les mangas!/*
  Ah bon? Moi, j'ai horreur des mangas!

1   **2**   **3**   **4**

3 **lire**

Lisez les textes. Copiez et complétez les phrases en anglais.

Je lis beaucoup de BD parce que j'aime les illustrations. Par contre, je n'aime pas les romans d'amour. Je trouve ça barbant. Je ne lis pas sur une tablette car je préfère tenir un livre traditionnel dans mes mains. J'aime tourner les pages une à une.
Léopold 16 ans

Moi, j'adore la lecture. J'apprécie beaucoup les romans policiers et je suis fan de romans fantastiques. En ce moment, je lis *La Quête d'Ewilan*. C'est super! Mais je ne lis plus de livres traditionnels. Je préfère lire sur ma tablette parce que c'est pratique et écologique.
Myriam 15 ans

Je ne lis jamais de livres mais je lis beaucoup en ligne. Je lis des blogs, des tweets, le journal, etc. Sur Internet, il est possible de trouver toutes sortes d'informations et je trouve ça génial.
Soraya 14 ans

| *le journal* | newspaper |

1 Léopold doesn't like ▒▒▒▒.
He finds them ▒▒▒▒.

2 Léopold doesn't read on ▒▒▒▒ because he prefers ▒▒▒▒.

3 Myriam likes ▒▒▒▒ and ▒▒▒▒.

4 She no longer reads ▒▒▒▒. She prefers to read ▒▒▒▒ because it's ▒▒▒▒ and ▒▒▒▒.

5 Soraya never reads ▒▒▒▒.

6 She reads a lot ▒▒▒▒.

G Negatives 〉*Page 206*

Negatives come in two parts, which go **around** the French verb.
ne … pas (not) Je **ne** lis **pas** beaucoup.
ne … jamais (never) Elle **ne** lit **jamais**.
ne … plus (no longer/not any more) Je **ne** lis **plus**.

If the negative is followed by a noun, you usually put **de** afterwards.
*Je ne lis pas **de** romans.* I don't read novels.
*Je ne lis jamais **de** mangas.* I never read mangas.

But *aimer* is an exception.
*Je n'aime pas **les** livres d'épouvante.* I don't like horror novels.

4 écrire **Traduisez ces phrases en français.**

1 I never read. **2** I don't read any more. **3** I don't read books any more.
4 I never read romance novels. **5** I don't like mangas.

5 écouter **Écoutez. Copiez et complétez le tableau en anglais. (1–4)**

	type of music they like	type of music they don't like	how they listen to their music	favourite singer	reason
1					

> *Quelle musique aimes-tu?*
> *Quelle musique n'aimes-tu pas?*

> *J'aime*
> *Je n'aime pas …*

le reggae. le jazz. le rap. le rock. la musique pop. la musique classique.

> *Comment écoutes-tu ta musique?*

J'écoute ma musique sur mon téléphone portable avec mes écouteurs.

Normalement, j'écoute ma musique sur mon ordi.

D'habitude, pour écouter ma musique, je regarde des clips vidéo.

En général, j'écoute ma musique sur une tablette.

> *Qui est ton chanteur ou ta chanteuse préféré(e), et pourquoi?*

> *Mon chanteur préféré/Ma chanteuse préférée, c'est …*
> *car …*

 Je t'aiiiiiiime j'aime ses paroles.

 j'aime ses mélodies.

 sa musique me donne envie de danser.

 sa musique me donne envie de chanter.

6 parler **À deux. Posez les questions et répondez à tour de rôle.**

- Quelle musique aimes-tu?
- Quelle musique n'aimes-tu pas?
- Comment écoutes-tu ta musique?

- Qui est ton chanteur/ta chanteuse préféré(e) et pourquoi?

7 lire **Traduisez ce texte en anglais.**

> Try to think about what would sound best in English. We wouldn't say 'I have a passion for …'. We might instead say 'I am …'.

> Although *depuis* is used with the present tense in French, we don't translate it with the present tense in English.

J'ai une passion pour la musique et je joue de la guitare dans un groupe de rock. On joue ensemble depuis deux ans. J'aime aussi créer des playlists avec mes copains. On partage les playlists sur les réseaux sociaux. Ma musique préférée, c'est le rock (évidemment), mais j'apprécie aussi le rap et le reggae.

> This means 'we' here.

8 écrire **Quelle musique écoutez-vous? Écrivez un paragraphe.**
Utilisez le vocabulaire-clé de l'exercice 5.

- *Talking about television programmes*
- *Using the comparative*

---

1 **Lisez puis écoutez et écrivez la bonne lettre. (1–8)**

1

a J'aime les documentaires parce qu'ils sont éducatifs.

b Je n'aime pas les documentaires parce qu'ils sont ennuyeux.

2

a J'adore les jeux télévisés parce qu'ils sont divertissants.

b Je n'aime pas les jeux télévisés parce qu'ils ne sont pas passionnants.

3

a J'aime bien les magazines culturels parce qu'ils sont originaux.

b Je n'aime pas les magazines culturels parce qu'ils ne sont pas intéressants.

4

a J'adore les séries parce qu'elles sont passionnantes.

b Je n'aime pas les séries parce qu'elles ne sont pas éducatives.

5

a J'aime les émissions de musique parce qu'elles sont divertissantes.

b Je n'aime pas les émissions de musique parce qu'elles ne sont pas originales.

6

a J'adore les émissions de télé-réalité parce qu'elles sont amusantes.

b Je déteste les émissions de télé-réalité parce qu'elles ne sont pas sérieuses.

7

a J'aime les émissions de sport parce qu'elles sont intéressantes.

b Je n'aime pas les émissions de sport parce qu'elles sont ennuyeuses.

8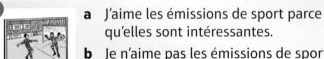

a J'aime les actualités parce qu'elles sont éducatives.

b Je n'aime pas les actualités parce qu'elles sont trop sérieuses.

---

2 **Écoutez les opinions. Copiez et complétez le tableau en anglais. (1–4)**

	🙂	opinion	🙁	opinion
1	documentaries	educational	reality TV shows	not original

amusant(e)(s)	*funny*
divertissant(e)(s)	*entertaining*
intéressant(e)(s)	*interesting*
passionnant(e)(s)	*exciting*
éducatif(-ive)(s)	*educational*
sérieux(-euse)(s)	*serious*
ennuyeux(-euse)(s)	*boring*
original(e), originaux(-ales)	*original*

3 **À deux. Discutez!**

⭐ Make the subject pronouns and the adjectives agree with the nouns.

*J'aime beaucoup **les magazines culturels** parce qu'**ils** sont **sérieux**.*

*Par contre, je n'aime pas **les séries** car **elles** sont **ennuyeuses**.*

1   (m)   (m)

intéressant   ennuyeux

2 (f)   (f)

divertissant   pas éducatif

3 (m)   (f)

amusant   pas original

4 (f)   (f)

passionnant   trop sérieux

4 lire

Lisez les textes. Trouvez l'équivalent français des phrases anglaises.

> Mon émission préférée, c'est *C'est pas sorcier*. C'est un magazine sur la science. Je ne rate jamais cette émission. J'apprends beaucoup! À mon avis, les magazines sur les sciences sont plus intéressants que les émissions de musique. **Yann**

Mon émission préférée s'appelle *Slam*. C'est un jeu télévisé. J'aime bien l'animateur. Je pense que les jeux télévisés sont plus divertissants que les émissions de sport. **Hélio**

Mon émission préférée, c'est une série qui s'appelle *Les Revenants*. Les acteurs sont très doués et le scénario est passionnant. Je regarde cette série en streaming. À mon avis, c'est plus pratique que regarder la télé en direct. Je pense que les émissions de télé-réalité sont moins passionnantes que les séries. **Clémentine**

1 my favourite programme is …
2 I never miss this programme
3 I learn a lot
4 I like the presenter
5 the actors are very talented
6 the plot is exciting
7 I stream this series
8 it's more practical than watching live TV

5 lire

Copiez et complétez les phrases, selon les textes de l'exercice 4.

1 Yann thinks that ▢ are more ▢ than ▢.
2 Hélio thinks that ▢ are more ▢ than ▢.
3 Clémentine thinks that ▢ are less ▢ than ▢.

> **G** *Comparative adjectives* ❯ *Page 215*
>
> You use comparative adjectives to compare things:
> ***plus*** + **adjective** + ***que***   more … than
> ***moins*** + **adjective** + ***que***   less … than
> The adjective needs to agree with the first noun.
> ***Les jeux télévisés*** (m pl) *sont plus amusants que les actualités.*
> ***Les séries*** (f pl) *sont moins intéressantes que les magazines culturels.*

6 écrire

Choisissez la bonne option pour compléter chaque phrase.

1 Les documentaires sont **plus sérieux / plus sérieuses** que les émissions de musique.
2 Les séries sont **plus amusants / plus amusantes** que les émissions de télé-réalité.
3 Les magazines culturels sont **moins éducatifs / moins éducatives** que les actualités.
4 Les émissions de télé-réalité sont **moins originaux / moins originales** que les jeux télévisés.

7 écrire

Écrivez un paragraphe sur vos émissions préférées.

J'aime J'adore Je n'aime pas	les documentaires/les magazines culturels/les jeux télévisés	parce qu'ils sont	amusants/divertissants/intéressants/passionnants/originaux/éducatifs/(trop) sérieux/ennuyeux.
	les séries/les actualités/les émissions de musique/les émissions de sport/les émissions de télé-réalité	parce qu'elles sont	amusantes/divertissantes/intéressantes/passionnantes/originales/éducatives/(trop) sérieuses/ennuyeuses.
Je pense que les (documentaires) sont plus (intéressants) que les …			
Mon émission préférée s'appelle … C'est un jeu télévisé/un magazine culturel/une série/une émission de …			
C'est mon émission préférée parce que		j'aime l'animateur/l'animatrice. les acteurs sont très doués/le scénario est passionnant.	
Je ne rate jamais cette émission!			

5 Une soirée entre amis

1 lire **Lisez les textes. Copiez et complétez le tableau en anglais.**

Vendredi dernier, je suis sortie avec ma sœur. On est allées à un concert de Louane. On a dansé et on a chanté. C'était génial! **Axelle**

Samedi dernier, je suis allé au cinéma avec un copain. On a vu le dernier film de Jamel Debbouze. Malheureusement, c'était lamentable. On est partis avant la fin. **Franck**

Dimanche dernier, je suis sorti avec mes copains. On est allés en ville où on a fait du patin sur glace. C'était très amusant et j'ai pris beaucoup de photos. **Ben**

Le week-end dernier, je suis sortie avec mes copines. On est allées au restaurant. J'ai bu un coca et j'ai mangé un hamburger. C'était délicieux! J'ai mis des photos sur Instagram. **Zeina**

name	when?	who with?	what?	opinion
Axelle				

> ⭐ The verb *aller* means 'to go'.
> The verb *sortir* means 'to go out'.

2 lire **Trouvez dans les textes de l'exercice 1 l'équivalent français des verbes anglais.**

1 I went out
2 we went
3 we danced
4 I went
5 we saw
6 we left
7 we did
8 I took
9 I drank
10 I put

G **The perfect tense** **> Pages 208 and 210**

You use the perfect tense to say what you did in the past. You form it using
avoir or ***être*** plus **a past participle**.
J'ai mangé une pizza. **I ate** a pizza.

Some past participles are irregular:
faire (to do/make) *j'ai* **fait**   *prendre* (to take) *j'ai* **pris**
voir (to see)   *j'ai* **vu**   *mettre* (to put)   *j'ai* **mis**

For verbs that take *être*, like *aller* and *sortir*, the past participle must agree.
je suis sorti(**e**)   **on est** sortis (boys or a mixed group)
tu es sorti(**e**)   **on est** sorties (girls)
il est sorti
elle est sortie

---

3 écouter **Écoutez. Choisissez les <u>deux</u> bonnes images pour chaque personne. (1–4)**

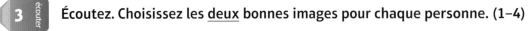

 a
 b
 c
 d
 e
 f
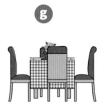 g
 h

4 parler **À deux. Discutez!**

> *Qu'est-ce que tu as fait la semaine dernière?*

Vendredi, Samedi, etc.	je suis sorti(e) avec …	On est allé(e)s … On a fait … On a vu … On a mangé … Ensuite, on …	C'était …

1 vendredi   ma sœur

chouette

2 dimanche   mes copines

génial

3 samedi   mes copains

plein d'action

4 lundi   ma famille

amusant

5 lire **Lisez le texte. Écrivez V (vrai) ou F (faux) pour chaque phrase.**

⚽ BLOG

Samedi, je suis sorti avec mon frère. On est allés au stade pour voir un match de foot: PSG contre Lyon (mon équipe préférée). C'était génial parce que Lyon a gagné!

D'habitude, je regarde les matchs à la télé, mais aller au stade pour voir un match en direct, c'est plus passionnant!

Ensuite, on est allés au fast-food où on a mangé des hamburgers et des frites. C'était délicieux!

Philippe

1 Philippe went to a match with his best friend.
2 His favourite team won.
3 Philippe often goes to watch matches at the stadium.
4 After the match they went to a fast-food restaurant.

6 écrire **Écrivez un texte d'environ 60 mots sur ce que vous avez fait le week-end dernier.**

- Say where you went last weekend.
- Say who you went with and what you did.
- Give an opinion.
- Say what you ate and drank.

Use the French you know to make your work interesting. Look at Philippe's text.

- Use time markers and sequencers like *samedi* and *ensuite*.
- Use expressions of frequency like *d'habitude*.
- Use the perfect tense – *je suis sorti(e)*, *on est allé(e)s*, etc. – but try to include a verb in the present tense, too, e.g. *D'habitude, je regarde les matchs à la télé.*
- Give opinions like *c'était génial!*

1 lire **Read these opinions about reading.**

> J'aime lire les livres d'épouvante mais je n'aime pas les romans policiers. **Magali**
>
> J'adore la lecture. Je ne lis pas sur une tablette car j'aime tourner les pages une à une. **Tabitha**
>
> Je lis des tweets tout le temps. J'aime les blogs sur le foot et sur l'escalade. **Félix**
>
> Je ne lis pas de livres traditionnels, c'est ennuyeux. Lire sur une tablette, c'est plus écologique. **Yves**

Who says what about reading? Write <u>Magali</u>, <u>Tabitha</u>, <u>Félix</u> or <u>Yves</u>.
You can use each person more than once.

(a) _____ likes reading online.
(b) _____ likes reading paper books.
(c) _____ is bored with paper books.
(d) _____ likes horror stories.
(e) _____ thinks reading on a tablet is more environmentally friendly.
(f) _____ is interested in sport.

2 lire **Read this abridged extract from the novel *La fille qui n'aimait pas les fins* by Yaël Hassan et Matt7ieu Radenac. Thomas has just called Maya.**

> – Allô?
> – Allô, Maya? C'est moi, Thomas. Ça te dirait d'aller au ciné?
> – Mais quand?
> – Ben là, à la séance de neuf heures …
> – Juste nous deux?
> – Oui, juste nous deux.
> – Attends, il faut que je demande l'autorisation à ma mère … Bouge pas.
>
> Je me précipite vers le salon où Maman est toujours allongée sur le canapé tandis que Jim regarde un match de foot.
> – Maman, je peux aller au cinéma?

| **le salon** | living room |

Answer the questions in English. You do not need to write in full sentences.

(a) What time does the film start?
(b) Who is going to the cinema?
(c) Why does Maya go into the living room?
(d) What is Jim doing?

3 lire **Translate this passage into English.**

> J'adore la télé. Mon émission préférée, c'est une série. Hier, on a regardé un documentaire en ligne. C'était très sérieux et assez éducatif. Ce soir, on va regarder un jeu télévisé. Ça va être beaucoup plus amusant.

4 lire **Lis ce texte.**

> Samedi dernier, je suis sortie avec mes copains et mon frère. C'était fantastique. Mes copains sont tous gentils mais mon frère est toujours méchant.
>
> Normalement, je vais au restaurant avec ma famille mais samedi dernier, on est allés au cinéma.
>
> On a regardé deux films. D'abord, on a vu un film de science-fiction mais c'était barbant. Après ça, on a vu un film d'horreur et c'était amusant! Ce week-end, je vais aller à un concert de musique pop avec ma sœur. On va beaucoup chanter mais je n'aime pas danser, je ne danse jamais! **Sarah**

Choisis la bonne lettre (A, B, C, ou D) pour compléter chaque phrase.

1 Sarah a …
  A trouvé la soirée très fatigante.
  B trouvé la soirée assez bien.
  C détesté la soirée.
  D adoré la soirée.

2 Tous ses copains sont …
  A bavards.
  B modestes.
  C méchants.
  D sympa.

3 Sarah est allée …
  A au stade.
  B au cinéma.
  C au restaurant.
  D à la piscine.

4 Elle a trouvé le film de science-fiction …
  A moins barbant que le film d'horreur.
  B plus barbant que le film d'horreur.
  C plus amusant que le film d'horreur.
  D plus original que le film d'horreur.

5 Le week-end prochain, elle ne va pas …
  A aller à un concert.
  B chanter.
  C danser.
  D écouter de la musique pop.

> There is a lot to read here, but don't panic. Firstly, read through the text. Then read each question and discount as many multiple choice options as you can. Finally, reread both the relevant part of the text and the remaining options before making your choice.

1 écouter **Your exchange partner and his friends are talking about why they play sport. What do they say? Listen to the recording and match each speaker with one correct reason.**

A	it's healthy	E	it does me good
B	to boost my mood	F	to forget my problems
C	it's fun	G	it relaxes me
D	to spend time with my friends	H	to train for a marathon

1 Maxim **2** Asha **3** Jacques

2 écouter **Samira and Henri are talking about smartphones. What do they say they do with them? Copy and complete the sentences. Use the correct word or phrase from the box.**

(a) Samira: <u>sends text messages</u> and ▭
(b) Henri: ▭ and ▭

> downloads music   reads emails
> ~~sends text messages~~   takes photos
> goes on social media   plays games
> buys things online   chats online with new people

> Listen carefully and watch out for words like negatives. They may be little, but they have a big impact on the meaning of the sentence!

A – Picture-based discussion

Topic: Cultural life

Regarde la photo et prépare des réponses sur les points suivants:

- la description de la photo
- ton sport préféré
- ce que tu as fait comme sport le week-end dernier
- tes projets sportifs pour le futur
- ton opinion sur le sport à la télé

1 écouter **Look at the photo and read the task. Then listen to Maya's answer to the <u>first</u> bullet point.**

1 In which order does Maya mention these things?

   A the age of the girl in the photo
   B what she looks like
   C where she is
   D what she's wearing
   E what she's doing

2 What else does Maya mention?

2 écouter **Listen to and read how Maya answers the <u>second</u> bullet point.**

1 Write down the missing word for each gap.

> Je fais de la natation depuis **1**   ans, c'est ma passion. Je trouve ça **2**   . Je préfère les sports **3**   parce que je n'aime pas la compétition. Quand je nage, je **4**   et j'oublie mes soucis. Je vais à la **5**   trois fois par semaine. Par contre, je ne fais **6**   de natation synchronisée parce que c'est **7**   difficile pour moi!

2 Look at the Answer booster on page 46. Find <u>five</u> examples of things Maya includes to make her answer a strong one.

3 Listen to Maya's answer to the <u>third</u> bullet point. Make a note in English of the details she gives.

> Add details to every answer to make it as interesting as possible. Here, Maya not only says what she did, but also who she did this with, where, why and what she thought of it.

 4 Prepare your own answers to the five bullet points on the task card. Then listen and take part in the full picture-based discussion.

> Note that the fourth bullet point requires you to talk about the future. Make sure you use the correct tense!

B – General conversation

 1 Listen to Luca introducing his chosen topic. Complete the sentences in English.

1 Luca likes … because …
2 He listens to music … and he likes …
3 His favourite singer is Zara Larsson because …
4 He plays the … and every Saturday he plays …
5 He loves … but also likes …

 2 Listen to and read how Luca answers the question, «Est-ce que tu vas regarder la télé ce soir?» Write down the missing word for each gap.

> Je pense que je vais regarder la télé ce soir mais **1** ⬚⬚⬚ , je vais faire mes devoirs. **2** ⬚⬚⬚ , je vais dîner en famille et **3** ⬚⬚⬚ , je vais regarder *Doctor Who*. Ça va être passionnant! C'est une série géniale et c'est mon émission préférée! Le scénario est **4** ⬚⬚⬚ et j'adore aussi les effets spéciaux. J'aime les séries **5** ⬚⬚⬚ je n'aime pas regarder les jeux télévisés parce qu'ils sont **6** ⬚⬚⬚ divertissants que les autres émissions. **7** ⬚⬚⬚ , je regarde la télé en direct mais **8** ⬚⬚⬚ , je regarde des web-séries. À mon avis, c'est plus pratique.

 3 Listen to how Luca answers the next question, «Est-ce que tu aimes la lecture?» Look at the Answer booster on page 46. Write down <u>six</u> examples of what he says to make his answer a strong one.

 4 Prepare answers to these questions. Then practise with a partner.

1 Qu'est-ce que tu aimes comme musique?
2 Est-ce que tu vas regarder la télé ce soir?
3 Est-ce que tu aimes la lecture?
4 Qu'est-ce que tu aimes comme films?
5 Que fais-tu quand tu es connecté(e)?
6 Qu'est-ce que tu as fait la semaine dernière avec tes copains?

Answer booster	Aiming for a solid answer	Aiming higher	Aiming for the top
Verbs	**Verbs with** *je* **Different time frames:** present, perfect and near future tenses	**Different persons of the verb:** not just *je* but *il/elle/ils/elles*	*depuis* **+ the present tense:** *Je joue au foot depuis cinq ans.*
Opinions and reasons	**Basic verbs of opinion:** *J'aime/Je n'aime pas/J'adore/Je déteste …* **Opinion verbs with infinitives:** *Je préfère regarder la télé.* *C'est* **+ adjective:** *C'est écologique.*	**A greater variety of opinion verbs:** *J'apprécie …/J'ai horreur de …/J'ai une passion pour …* **Giving reasons with** *car* **and** *parce que:* *parce que c'est cool*	**Opinion phrases:** *Pour moi, …/ Je pense que …/À mon avis, …/ Je trouve ça …* **Comparative adjectives:** *Les séries sont plus/moins … que …* **Opinions in different tenses:** *Ça va être passionnant./C'était inspirant.*
Connectives	*et, mais, ou*	*car, parce que, où, quand, donc, alors*	*cependant, par contre, en plus*
Other features	**Qualifiers:** *très, assez, vraiment* **Frequency phrases:** *d'habitude, parfois* **Negatives:** *ne … pas*	**More negatives:** *ne … jamais, ne … plus* **Time phrases:** *récemment, dans le futur*	**Interesting vocabulary:** *Ça me détend.* *Sa musique me donne envie de …*

A – Short writing task

 1 Look at the task card. What do you need to write about for each bullet point?

Un magazine français demande comment les jeunes utilisent Internet. Écrivez un e-mail pour répondre. Donnez les informations suivantes:
- vos activités sur Internet
- un avantage
- un danger
- ce que vous allez faire sur Internet dans le futur.

Écrivez **40–50** mots environ **en français**.

> The final bullet point requires you to answer using the near future tense. Make sure you use *je vais* + an infinitive.

 2 Look at Jonah's answer. Rearrange the sections into the order of the bullet points in the task.

A	Par contre, il est dangereux de passer trop de temps sur Internet.	**C**	Sur Internet, je télécharge de la musique et je fais des achats de temps en temps.
B	C'est facile et à mon avis, c'est très pratique.	**D**	Dans le futur, je vais créer un blog. Ça va être très intéressant.

 3 Now write your own answer to the task.

> 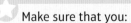 Make sure that you:
> - write a sentence for each bullet point
> - keep your answer quite simple
> - check your work when you've finished.

B – Extended writing task

1 lire **Look at the task. Which bullet point (first, second, third or fourth) asks you to do each of the following?**

1 write about a recent outing with friends   **3** write about what you are going to do tonight
2 give your opinion on TV generally   **4** write about your favourite type of TV programme

Ton/Ta correspondant(e) français(e) te demande ce que tu fais pendant ton temps libre.

Écris une réponse. Tu dois faire référence aux points suivants:

- le genre d'émissions que tu préfères et pourquoi
- pourquoi tu aimes/tu n'aimes pas regarder la télévision
- ce que tu vas faire ce soir
- une soirée récente entre amis.

Écris **80–90** mots environ **en français**.

2 lire **Read Rita's answer and decide if the sentences below are true or false.**

Je préfère les émissions comiques parce qu'elles sont plus divertissantes que les actualités. J'adore regarder *Gogglebox*. Je ne rate jamais cette émission!

Personnellement, j'aime bien regarder la télévision. Cependant, je ne regarde pas la télé tous les jours.
Il est important de faire du sport ou de passer du temps avec ses amis.

Ce soir, je vais aller au restaurant avec ma famille. Je vais manger des spaghettis. Je pense que ça va être sympa!

Hier soir, je suis allée au centre de loisirs avec une amie. On a fait de la musculation. C'était génial!

1 Rita loves news programmes.
2 She never misses *Gogglebox*.
3 She watches TV every day.
4 She thinks it's important to spend time with her friends.
5 This evening she is going to go to a restaurant with her family.
6 Last night she went to the cinema with her friend.
7 She thinks that last night was boring.

3 lire **Look at the Answer booster on page 46. Write down <u>five</u> examples of how Rita writes a strong answer.**

4 écrire **Now write your own answer to the task.**

- Tackle each bullet point in turn.
- Think about the vocabulary and structures you have learned which you can use.
  Use Rita's answer and the Answer booster for help.
- Check your answer carefully for mistakes.

Check verb forms and endings and make sure that your adjectives agree.

Les passe-temps — Hobbies

Les passe-temps	Hobbies		
Je joue …	I play …	aux cartes/aux échecs	cards/chess
au badminton/au basket	badminton/basketball	du piano/du saxophone	the piano/the saxophone
au billard/au foot/au golf	snooker/billiards/football/golf	du violon	the violin
au hockey/au rugby	hockey/rugby	de la batterie/de la guitare	the drums/the guitar
au tennis/au volley	tennis/volleyball	de l'accordéon (m)	the accordion
à la pétanque	French bowls	de l'harmonica (m)	the harmonica

Les expressions de fréquence — Frequency expressions

Les expressions de fréquence	Frequency expressions		
tous les jours	every day	deux fois par semaine	twice a week
tous les soirs	every evening	souvent	often
tous les samedis	every Saturday	de temps en temps	from time to time
une fois par semaine	once a week	rarement	rarely

Les opinions — Opinions

Les opinions	Opinions		
Je trouve ça …	I find that …	ennuyeux/nul	boring/rubbish
cool/génial	cool/great	stupide	stupid
passionnant/super	exciting/super		

J'aime et je n'aime pas … — I like and I don't like …

J'aime et je n'aime pas …	I like and I don't like …		
Ma passion, c'est …	My passion is …	Je n'aime pas/Je déteste …	I don't like/hate …
le cinéma/le sport/la musique	the cinema/sport/music	le foot/jouer au foot	football/playing football
J'aime/J'adore/Je préfère …	I like/love/prefer …	la lecture/lire	reading
		la photographie/prendre des photos	photography/taking photos

Les films — Films

Les films	Films		
une comédie	a comedy	un film d'aventure	an adventure film
un western	a Western	un film d'horreur	a horror film
un film fantastique	a fantasy film	un film de gangsters	a gangster film
un film d'action	an action film	un film de science-fiction	a science-fiction film
un film d'arts martiaux	a martial arts film		

Acheter des billets — Buying tickets

Acheter des billets	Buying tickets		
Qu'est-ce qu'il y a au cinéma?	What's on at the cinema?	Pour quelle séance?	For which screening?
La séance commence à quelle heure?	At what time does the screening start?	Pour la séance de 19 heures.	For the screening at 7 p.m.
		Ça coûte combien?	How much does it cost?
Je peux vous aider?	Can I help you?	Le tarif réduit, c'est 14 euros	The reduced price is 14 euros
Je voudrais deux billets pour …	I would like two tickets for …	la place.	per seat.

Le sport — Sport

Le sport	Sport		
Je fais …	I …	de l'équitation (f)	go horse-riding
du footing	go jogging	de l'escalade (f)	go climbing
du trampoline	do trampolining	de l'escrime (f)	do fencing
du vélo	go cycling	des randonnées (f)	go hiking
de la boxe	do boxing	Je fais ça depuis …	I have been doing that for …
de la danse	go dancing	six mois/deux ans	six months/two years
de la natation	go swimming		

Parler de sport — Talking about sport

Parler de sport	Talking about sport		
Je préfère les sports individuels.	I prefer individual sports.	Ça booste le moral.	It boosts my/your mood.
Je préfère les sports d'équipe.	I prefer team sports.	C'est bon pour le corps et	It's good for the body and
Je trouve ça …	I find it/that …	le mental.	the mind.
rigolo/facile/rapide	fun/easy/fast	Quand je fais ça, …	When I do/I'm doing it, …
Ça me fait du bien.	It does me good.	je respire	I breathe
Ça me détend.	It relaxes me.	j'oublie mes soucis	I forget my worries

Sur mon téléphone portable/ma tablette, … — On my phone/tablet …

Sur mon téléphone portable/ ma tablette, …	On my phone/tablet …		
je crée des playlists	I create playlists	j'écris des articles pour mon blog	I write posts for my blog
je télécharge de la musique	I download music	je lis mes e-mails	I read my emails
je regarde des clips vidéo	I watch music videos	je vais sur des réseaux sociaux	I go onto social media sites
je joue à des jeux	I play games	je prends des photos	I take photos
je fais des recherches pour mes devoirs	I do research for my homework	je mets mes photos sur Instagram ou Snapchat	I put my photos on Instagram or Snapchat
je fais des achats	I buy things	À mon avis, c'est …	In my opinion, it's …
j'écris des messages	I write messages	génial/très pratique/indispensable	great/very practical/essential

Internet / The internet

Il est facile de (d') … — It is easy to …
Il est possible de (d') … — It is possible to …
  rester en contact avec ses amis — stay in contact with your friends
  faire des recherches pour ses devoirs — do research for your homework
  utiliser un dico en ligne — use an online dictionary
  partager des photos — share photos
Il est dangereux de … — It is dangerous to …
  partager ses détails personnels — share your personal details
passer trop de temps sur Internet — spend too much time on the internet
tchatter en ligne avec des inconnus — chat to strangers online
Il est important de … — It is important to …
  faire du sport — do some sport
  passer du temps avec sa famille — spend some time with your family
  retrouver ses amis en vrai — meet up with your friends in real life

La lecture / Reading

J'apprécie beaucoup les … — I really appreciate/like …
Je préfère les … — I prefer …
J'adore les… — I love …
J'ai une passion pour les … — I'm passionate about …
Je n'aime pas les … — I don't like …
J'ai horreur des … — I hate …
  romans fantastiques — fantasy novels
  romans policiers — detective novels
  romans d'amour — romance novels
livres d'épouvante — horror books
BD — comic books/graphic novels
mangas — mangas
J'aime les illustrations/l'humour. — I like the illustrations/humour.
Je ne lis pas sur une tablette. — I don't read on a tablet.
Je préfère tenir un livre traditionnel dans mes mains. — I prefer holding a traditional book in my hands.
Je ne lis plus de livres traditionnels. — I no longer read traditional books.
Je lis beaucoup en ligne. — I read a lot online.

La musique / Music

J'aime …/Je n'aime pas … — I like …/I don't like …
  le jazz/le rap — jazz/rap
  le reggae/le rock — reggae/rock
  la musique classique — classical music
  la musique pop — pop music
J'écoute ma musique … — I listen to my music …
  sur mon téléphone portable avec mes écouteurs — on my phone with my earphones
  sur mon ordi — on my computer
  sur une tablette — on a tablet
Je regarde des clips vidéo pour écouter ma musique. — I watch music videos to listen to my music.
Mon chanteur préféré/Ma chanteuse préférée, c'est … car … — My favourite singer is … because …
  j'aime ses paroles — I like his/her lyrics
  j'aime ses mélodies — I like his/her tunes
  sa musique me donne envie de danser — his/her music makes me want to dance
  sa musique me donne envie de chanter — his/her music makes me want to sing

Les émissions de télé / TV programmes

J'aime/Je n'aime pas … — I like/I don't like …
  les documentaires (m) — documentaries
  les jeux télévisés (m) — game shows
  les magazines culturels (m) — magazine programmes
  les séries (f) — series
  les émissions de sport (f) — sports programmes
  les émissions de musique (f) — music programmes
  les émissions de télé-réalité (f) — reality TV programmes
  les actualités — the news
parce qu'ils/elles sont … — because they are/it is …
  amusant(e)s — funny
  divertissant(e)s — entertaining
  intéressant(e)s — interesting
  passionnant(e)s — exciting
éducatifs/-ives — educational
ennuyeux/-euses — boring
(trop) sérieux/-euses — too serious
originaux/-ales — original
Mon émission préférée s'appelle … — My favourite programme is called …
C'est un jeu télévisé. — It's a game show.
C'est une série. — It's a drama series.
J'aime bien l'animateur(-trice). — I like the presenter.
Les acteurs sont très doués. — The actors are very talented.
Le scénario est passionnant. — The plot is exciting.
J'apprends beaucoup. — I learn a lot.
Je ne rate jamais cette émission! — I never miss this programme!

Une soirée entre amis / An evening with friends

Je suis allé(e) au cinéma. — I went to the cinema.
Je suis sorti(e) avec … — I went out with …
On est allé(e)s à un concert. — We went to a concert.
On a vu un film. — We saw a film.
On est allé(e)s en ville. — We went into town.
On a fait du patin à glace. — We went ice skating.
J'ai pris beaucoup de photos. — I took lots of photos.
J'ai mis les photos sur Instagram. — I put the photos on Instagram.
On est allé(e)s au restaurant. — We went to a restaurant.
J'ai bu un coca. — I drank a cola.
C'était … — It was …
  génial/lamentable — great/pathetic
  amusant/délicieux — fun/funny/delicious

Les mots essentiels / High-frequency words

en plus — what's more
cependant — however
par contre — on the other hand
normalement — normally
d'habitude — usually
en général — in general
Ça dépend. — It depends.

3 Jours ordinaires, jours de fête

Point de départ 1

● *Talking about food and meals*

1 écouter **Écoutez et notez les bonnes lettres pour chaque personne. (1–5)**
Quelles <u>trois</u> choses <u>ne sont pas</u> mentionnées du tout?

a des poires	b du fromage	c du lait	d du pain	e de la confiture	f des bananes
g du yaourt	h des pommes	i du poulet	j des pêches	k de la glace	l des œufs
m de l'eau	n du poisson	o de la viande	p des fraises	q du beurre	r des pommes de terre

---

G Saying 'some' ❯ Page 198

To say 'some' in French, you use **du**, **de la**, **de l'** or **des**.

masculine singular noun	feminine singular noun	in front of a vowel or *h*	plural noun
du pain (some bread)	**de la** glace (some ice cream)	**de l'**eau (some water)	**des** poires (some pears)

In English, we don't always use the word 'some', but in French you have to use it.
*Pour le dîner, je prends **du** poulet et **des** frites.* For dinner, I have (some) chicken and (some) chips.

---

2 lire **Trouvez la fin de chaque phrase puis traduisez les phrases en anglais.**

1 D'habitude, pour le petit-déjeuner, …
2 À midi, normalement, je mange un sandwich …
3 Comme casse-croûte, je mange des chips ou …
4 Le soir, je mange souvent des pâtes avec de la salade. Je bois …
5 Comme dessert, je …

a des biscuits.
b du jus d'orange.
c au fromage ou au jambon.
d mange de la glace au chocolat ou à la fraise.
e je prends des céréales ou du pain grillé.

| **comme casse-croûte** | *as a snack* |
| **des pâtes** | *pasta* |

3 parler **À deux. Posez les questions et répondez à tour de rôle.**

• Qu'est-ce que tu prends pour le petit-déjeuner?
• Qu'est-ce que tu manges à midi?
• Qu'est-ce que tu manges comme casse-croûte?
• Et le soir, qu'est-ce que tu manges?
  Qu'est-ce que tu bois?

To make your answers more interesting, try using:
  Ça dépend. It depends.
d'habitude/normalement usually/normally
parfois/souvent/toujours sometimes/often/always

4 écrire **Copiez et complétez les phrases pour vous.**

1 D'habitude, pour le petit-déjeuner, …
2 À midi, …
3 Comme casse-croûte, …
4 Le soir, …
5 Comme dessert, …

5 écouter **Écoutez et complétez les deux listes de provisions. Il y a deux mots de trop dans l'encadré. (1–2)**

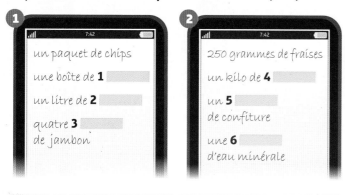

| bouteille | pot | tranches | tomates |
| raisin | petits pois | lait | jus d'orange |

Je n'en ai plus.   I haven't got any left.

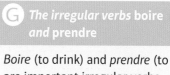

G *The irregular verbs* boire *and* prendre   **> Page 202**

Boire (to drink) and *prendre* (to take*) are important irregular verbs.

They work like this in the present tense:

boire	prendre
je bois	je prends
tu bois	tu prends
il/elle/on boit	il/elle/on prend
nous buvons	nous prenons
vous buvez	vous prenez
ils/elles boivent	ils/elles prennent

*You use *prendre* with food and drink to mean 'have'.
Je prends des céréales. I have cereal.

un kilo de …	a kilo of …
deux cent cinquante grammes de …	250 grams of …
un litre de …	a litre of …
un paquet de …	a packet of …
un pot de …	a jar/pot of …
une boîte de …	a tin/can of …
une bouteille de …	a bottle of …
quatre tranches de …	four slices of …

6 écouter **Écoutez encore et notez le prix total de chaque liste. (1–2)**

7 parler **À deux. Faites ce dialogue. Ensuite, changez de rôle et changez les détails <u>soulignés</u>.**

● *Bonjour. Vous désirez?*
■ *Bonjour. Avez-vous <u>des poires</u>, s'il vous plaît?*
● *Je suis désolé(e). Je n'en ai plus.*
■ *Alors, je voudrais <u>un kilo de pêches</u>, s'il vous plaît.*
● *Et avec ça?*
■ *<u>Un paquet de biscuits</u>, s'il vous plaît.*
● *Bien sûr. Voilà.*
■ *Je prends aussi <u>un pot de yaourt à la fraise</u> et <u>une bouteille de coca</u>.*
● *C'est tout?*
■ *Oui, merci. Ça fait combien?*
● *Ça fait <u>huit</u> euros <u>cinquante</u>.*

★ After containers and quantities, you just use
de (or **d'** in front of a vowel or *h*).
*Un kilo **de** pêches. Une bouteille **d'**eau.*

8 écrire **Écrivez une liste de provisions pour un pique-nique.**

Exemple: deux baguettes, trois paquets de …

Point de départ 2

1 *lire* **Lisez et écrivez le bon prénom pour chaque texte.**

> *Qu'est-ce que tu portes normalement, le week-end?*

1 En été, je porte un polo, un short multicolore, un petit chapeau et des lunettes de soleil.

3 Ça dépend! Je porte souvent une mini-jupe, un blouson en cuir, des bottes et un sac à main.

2 D'habitude, je porte un tee-shirt avec un sweat à capuche, un jean, une casquette et des baskets de marque.

4 En ce moment, il fait froid, alors je porte un manteau, une robe, une écharpe et des gants en laine.

 Roxane

 Maxime

 Nolan

 Léa

2 *écouter* **Écoutez et vérifiez. (1–4)**

3 *lire* **Relisez les textes de l'exercice 1. Trouvez l'équivalent français des mots suivants.**

1 sunglasses	**5** woollen gloves	**9** a dress
2 a leather jacket	**6** a coat	**10** designer trainers
3 a scarf	**7** a little hat	**11** boots
4 a handbag	**8** a baseball cap	**12** a hoody

4 *écouter* **Écoutez les interviews. Notez <u>en anglais</u> les vêtements et les couleurs. (1–3)**

> **aujourd'hui** *today*

G *Adjectives of colour* **❯ Page 214**

In French, colours, like most other adjectives, go <u>after</u> the noun (e.g. *un tee-shirt* **rouge**).
Adjective endings must agree with the noun. The patterns are as follows:

masculine singular	feminine singular	masculine plural	feminine plural
(e.g.) *un chapeau*	(e.g.) *une écharpe*	(e.g.) *des gants*	(e.g.) *des bottes*
bleu/noir/vert	*bleue/noire/verte*	*bleus/noirs/verts*	*bleues/noires/vertes*
rouge/jaune/rose/mauve	*rouge/jaune/rose/mauve*	*rouges/jaunes/roses/mauves*	*rouges/jaunes/roses/mauves*
gris	*grise*	*gris*	*grises*
blanc	*blanche*	*blancs*	*blanches*

Note that *marron* and *orange* are invariable: they never change their ending.

> 💬 The final consonant is usually silent (e.g. *vert*, *gris*, *blanc*).
> But if you add *-e*, you <u>do</u> pronounce the final consonant (*ver**t**e*, *gri**s**e*, *blan**ch**e*).
> The feminine plural endings sound the same as the feminine singular (*ver**t**es*, *gri**s**es*, *blan**ch**es*).

5 lire **Lisez les textes et répondez aux questions en anglais.**

Le week-end, je porte souvent une jupe mauve ou noire avec mon sweat à capuche bleu clair et mes bottes grises. Mais samedi soir, je vais aller à la fête d'anniversaire de ma copine Emma, alors je vais porter une robe verte avec un blouson blanc. Je vais aussi acheter un sac à main blanc pour aller avec! *Lucie*

D'habitude, le week-end, je porte un tee-shirt noir avec un jean moulant et des baskets blanches. Mais samedi prochain, je vais aller au mariage de ma cousine, alors je vais porter mon costume bleu foncé avec une chemise blanche, une cravate rayée bleu et rouge et mes chaussures noires. *Noah*

1 What does Lucie normally wear at the weekend?
2 What is she going to wear for her friend's birthday party?
3 What is she going to buy?
4 What does Noah usually wear at the weekend?
5 Why is he going to wear a suit next Saturday?
6 What is he going to wear with it?

clair(e)	light
le jean moulant	skinny jeans
le costume	suit
foncé(e)	dark
rayé(e)	striped

6 parler **À deux. D'habitude, qu'est-ce que vous portez, le week-end? Et pour les occasions spéciales ci-dessous? Discutez.**

Exemple:
● *D'habitude, qu'est-ce que tu portes, le week-end?*
■ *Normalement, je porte un tee-shirt rouge avec un jean bleu et mes baskets blanches.*
● *Qu'est-ce que tu vas porter pour le barbecue sur la plage?*
■ *Je vais porter une casquette jaune, ...*

Present tense: *je porte*
(I wear/I am wearing)

Near future tense: *je vais porter*
(I am going to wear)

le barbecue sur la plage

le mariage de ton cousin

la fête d'anniversaire de Chloé

7 écrire **Traduisez ces phrases en français.**

1 Usually, I wear a black hoody with blue jeans.
2 In summer, I wear a red cap and white trainers.
3 Next Saturday, I am going to wear a green dress with a brown jacket.
4 For Nathan's birthday party, I am going to wear shorts and sunglasses!

'Jeans', 'shorts' and 'trousers' are plural in English, but singular in French, so use *un*.

'For' is *pour*.

Say 'the birthday party of Nathan' – see the third photo caption in exercise 6.

1 C'est bientôt dimanche?

1 **Écoutez et complétez le texte avec *je dois* ou *je peux*.**

Je m'appelle Olivia et j'ai quinze ans. Je vais au lycée et j'ai cours tous les jours sauf le dimanche.

Les jours d'école, **1** .... me lever tôt. Je prends vite mon petit-déjeuner car **2** .... quitter la maison à sept heures trente!

3 .... aller au lycée en scooter parce qu'en France, on peut rouler en scooter à quatorze ans.

Le mercredi après-midi, je n'ai pas cours, alors **4** .... regarder la télé ou écouter de la musique. Ça me déstresse.

Le samedi matin, j'ai cours mais l'après-midi, je suis libre! Parfois, **5** .... aider mes parents à la maison. Sinon, **6** .... retrouver mes copains en ville.

Le dimanche, c'est mon jour préféré parce que **7** .... rester au lit! Mais l'après-midi, **8** .... ranger ma chambre et faire mes devoirs.

Point culture

Some schools in France have lessons on Saturday mornings. But most have no lessons on Wednesday afternoons. This gives students a mid-week break, as the school day in France is longer than in the UK.

French teenagers can ride a scooter at 14, but they must have the *ASSR* (*Attestation de Sécurité Routière*) school road safety certificate.

le lycée	secondary school from 15 years old
sauf	except

---

2 **Dans le texte de l'exercice 1, trouvez l'équivalent français de ces phrases.**

1 I have to get up early
2 I have to leave the house
3 I have to help my parents
4 I can meet up with my friends
5 I can stay in bed
6 I have to tidy my room

G *The modal verbs* devoir *and* pouvoir ❯ *Page 212*

The verbs *devoir* (to have to/must) and *pouvoir* (to be able to/can) are known as **modal verbs**. They are usually followed by another verb in the infinitive.

devoir	pouvoir
je dois	je peux
tu dois	tu peux
il/elle/on doit	il/elle/on peut
nous devons	nous pouvons
vous devez	vous pouvez
ils/elles doivent	ils/elles peuvent

3 **Relisez le texte de l'exercice 1. Écrivez V (vrai) ou F (faux) pour chaque phrase.**

1 Les jours d'école, Olivia doit se lever à sept heures trente.
2 Elle peut aller au lycée en scooter.
3 Le mercredi matin, elle doit aller au lycée.
4 Le samedi matin, elle peut rester au lit.
5 Le samedi après-midi, elle peut voir ses copains.
6 Le dimanche, elle doit faire ses devoirs.

4 **Écoutez l'interview de Youssef qui habite au Sénégal, en Afrique. Choisissez la bonne fin de chaque phrase.**

1 Youssef goes to school every day except …
   a Sundays.   **b** Saturdays and Sundays.
2 On school days, he has to get up …
   a at six o'clock.   **b** at half past six.
3 He and his sister go to school …
   a by bus.   **b** on foot.
4 In the evenings, he does his homework, then …
   a goes out with his friends.   **b** watches TV.
5 On Saturdays, he …
   a stays in bed.   **b** helps his father.
6 On Sundays, he …
   a plays football.   **b** watches football on TV.

⭐ Listen carefully for negatives like *ne … pas* – they can completely change the meaning of a sentence!

5 **À deux. À tour de rôle, posez les questions de l'exercice 4 et respondez-y.**

In pairs. Take turns to ask and answer the questions from exercise 4.

- Tu as cours quels jours de la semaine?
- Les jours d'école, tu dois te lever à quelle heure?
- Tu vas au collège comment?
- Qu'est-ce que tu fais, le soir?
- Est-ce que ta routine est différente, le week-end?

J'ai cours	tous les jours sauf (le samedi/ le dimanche).
Les jours d'école,	je dois me lever tôt/quitter la maison à …
Je vais au collège	en bus/en voiture/à pied/à vélo.
Le soir,	je dois faire mes devoirs/aider ma mère. je peux regarder un peu la télé.
Le samedi,/ Le dimanche,	je peux rester au lit/retrouver mes copains/copines en ville.
Le samedi/ dimanche après-midi,	je dois ranger ma chambre. je peux écouter de la musique/jouer au foot avec …

6 **Écrivez un court paragraphe sur votre vie quotidienne. Utilisez vos réponses aux questions de l'exercice 5.**

Write a short paragraph about your daily life. Use your answers to the exercise 5 questions.

 Look at how Olivia uses words like *parfois* (sometimes), *car/parce que* (because) and *sinon* (if not) in exercise 1, to create extended sentences. Use some of these in your writing.

2 Vous faites quelle taille?

- *Shopping for clothes*
- *Using* quel(s)/quelle(s) *and* ce/cet/cette/ces

1 écouter   **Écoutez et lisez le dialogue. Complétez les phrases en anglais.**

une veste

un pull

- Bonjour, je peux vous aider?
- *Bonjour. Je voudrais <u>un pantalon</u>, s'il vous plaît.*
- Bien sûr. De quelle couleur?
- *<u>Noir ou marron</u>, s'il vous plaît.*
- Vous faites quelle taille?
- *<u>Trente-huit</u>.*
- Voilà. Quel pantalon préférez-vous?
- *Je préfère <u>le pantalon noir</u>. Où sont les cabines d'essayage, s'il vous plaît?*
- Elles sont là-bas, à gauche.
- *Merci. Je prends aussi <u>des chaussettes</u>, s'il vous plaît.*
- Quelles chaussettes voulez-vous?
- *<u>Des chaussettes bleues</u>, s'il vous plaît.*

une ceinture | un pantalon | des chaussures | des chaussettes | une chemise

1 He wants to buy …
2 His size is …
3 The colour he chooses is …
4 The changing rooms are on the …
5 He also asks for …

G **quel, quelle, quels, quelles**   **> *Page 204***

To ask 'which …?' you use quel, quelle, quels or quelles followed by a noun.

masc singular	fem singular	masc plural	fem plural
quel pull? (which jumper?)	*quelle veste?* (which jacket?)	*quels gants?* (which gloves?)	*quelles chaussures?* (which shoes?)

2 écouter   **Écoutez. Copiez et complétez le tableau en français. (1–4)**

	vêtement	taille/pointure	couleur choisie
1	une veste		

⭐ When referring to shoes, the word for 'size' is *la pointure*.

une taille moyenne   *medium size*

3 parler   **À deux. Adaptez le dialogue de l'exercice 1 en changeant les détails <u>soulignés</u>. Utilisez vos propres idées.**

Exemple:

- *Bonjour, je peux vous aider?*
- *Bonjour. Je voudrais <u>une chemise</u>, s'il vous plaît.*
- *Bien sûr …*

4 lire **Lisez et trouvez la fin de chaque phrase.**

J'ai acheté …

 ce pull,

 cet imperméable,

 cette jupe,

 cette montre,

 ce short,

 ces boucles d'oreille,

mais …

a elle est trop grande.
b il y a un trou.
c elle ne marche pas.

d il y a une tache.
e il est trop petit.
f elles sont cassées.

Il y a un trou.	*There is a hole.*
Il y a une tache.	*There is a stain/mark.*
Il/Elle est trop petit(e)/grand(e).	*It is too small/big.*
Ils/Elles sont trop petit(e)s/grand(e)s.	*They are too small/big.*
Il/Elle est cassé(e).	*It is broken.*
Ils/Elles sont cassé(e)s.	*They are broken.*
Il/Elle ne marche pas.	*It doesn't work.*
Je voudrais échanger le/la/les …	*I'd like to exchange the …*
Je voudrais un remboursement.	*I'd like a refund.*

5 écouter **Écoutez et vérifiez. Notez aussi <u>en anglais</u> la solution au problème. (1–6)**

6 parler **À deux. Faites trois dialogues. Utilisez vos propres idées.**

Exemple:

● *J'ai acheté ce/cet/cette/ces … mais …*
■ *Je suis désolé(e). Que voulez-vous faire?*
● *Je voudrais …, s'il vous plaît.*

G ce, cet, cette, ces ❯ *Page 220*

To say 'this …' or 'these …' you use the following:

masculine singular	masculine singular before a vowel or 'h'	feminine singular	plural
ce *chapeau* (this hat)	***cet*** *imperméable* (this raincoat)	***cette*** *montre* (this watch)	***ces*** *boucles d'oreille* (these earrings)

7 lire **Lisez le texte et répondez aux questions.**

Préférez-vous acheter vos vêtements en ligne ou dans un magasin?

Liliane: J'ai horreur d'aller dans les magasins parce qu'il y a toujours trop de monde. Je préfère faire mes achats en ligne!

Nassim: C'est plus facile et plus rapide d'acheter en ligne. De plus, on peut trouver des vêtements moins chers que dans les magasins.

Ryan: Souvent, quand on achète un vêtement en ligne, il est trop petit ou trop grand. C'est mieux d'essayer les vêtements dans un magasin.

Maryse: Je préfère faire les magasins avec mes copines parce que je peux demander l'opinion de mes amies sur les vêtements que je vais acheter!

Who …

1 likes trying on clothes before buying them?
2 doesn't like crowds of people?
3 likes asking for advice about what to buy?

4 has had problems with clothes bought online?
5 is interested in saving money online?
6 doesn't like going shopping alone?

1 lire Lisez et trouvez la fin de chaque phrase.

LES FÊTES EN FRANCE

 À Noël, …

 À Pâques, …

 À la Chandeleur, …

 Le 6 janvier, …

 À la Saint-Sylvestre, …

 Le 1er avril, …

a on prépare et on mange des crêpes.

b on décore le sapin de Noël et on s'offre des cadeaux.

c on cherche des œufs en chocolat dans le jardin.

d on fête la fin de l'année. Souvent, on boit du champagne.

e on colle un poisson dans le dos de quelqu'un et on dit «Poisson d'avril!»

f on mange un gâteau spécial qui s'appelle une galette des Rois.

2 écouter Écoutez et vérifiez. (1–6)

> As well as meaning 'we', **on** can be used to mean 'people'. It takes the same part of the verb as *il* and *elle*.

3 écouter Écoutez. Qui dit quoi? Pour chaque personne, notez les lettres des <u>deux</u> bonnes phrases. (1–4)

1 Clara **2** Kader **3** Charlotte **4** Théo

a On ne fête pas Noël parce qu'on est juifs mais on fête Hanoukka.

e On allume des bougies et on mange toutes sortes de bonnes choses!

b Chez moi, on fait un grand repas la veille de Noël, c'est-à-dire le 24 décembre.

f Puis comme dessert, on mange une bûche de Noël au chocolat.

c On est musulmans, alors on ne fête pas Noël mais on fête l'Aïd-el-Fitr.

g D'abord, on va à la mosquée et ensuite, on mange des choses sucrées.

d Chez nous, on mange de la dinde rôtie avec des légumes.

h On ouvre les cadeaux et après, on chante des chants traditionnels.

allumer des bougies *to light candles*

> *chez moi* – at my house/in my home
> *chez nous* – at our house/in our home

4 parler

À deux. Interviewez votre partenaire au sujet des fêtes.

Exemple:

● *Est-ce que tu fêtes Noël chez toi?*
■ *Oui, on …/Non, on ne …, mais on …*
● *Comment est-ce que tu fêtes (Noël/Divali …)?*
■ *On …*
● *Qu'est-ce que vous mangez?*
■ *Chez moi, …*

Oui, on fête Noël.
Non, on ne fête pas Noël parce qu'on est hindous/juifs/ musulmans mais on fête Divali/Hanoukka/l'Aïd-el-Fitr.
On décore le sapin de Noël/ouvre les cadeaux/ chante des chants traditionnels/allume des bougies/ va à la mosquée.
Chez moi,/Chez nous, on mange de la dinde rôtie/ toutes sortes de bonnes choses/des choses sucrées.

G *Asking questions using* **est-ce que …?** *and* **qu'est-ce que …?** 〉 *Page 204*

- ***Est-ce que …?*** turns a statement into a question, like 'do' or 'does' in English.
  Tu fêtes Noël. → ***Est-ce que*** *tu fêtes Noël?*
  You celebrate Christmas. → **Do** you celebrate Christmas?
- It is also used with question words.
  Comment *est-ce que tu fêtes Noël?* **How** do you celebrate Christmas?
- ***Qu'est-ce que …?*** means 'What …?'
  Qu'est-ce que *tu manges à Noël?* **What** do you eat at Christmas?

Divali

5 lire

Lisez le texte et les phrases en anglais. Qui dit ça?

Quelle est ta fête préférée et pourquoi?

Alyzée: J'adore fêter mon anniversaire parce que je reçois beaucoup de cadeaux! 😊 De plus, je suis née en août, donc le jour de mon anniversaire, je n'ai pas cours puisque c'est les grandes vacances!

Maëlys: Je suis très romantique 💙, alors une de mes fêtes préférées, c'est la Saint-Valentin. L'année dernière, j'ai reçu trois cartes (anonymes, bien sûr!). Malheureusement, je n'ai pas reçu de fleurs … 😞

Samuel: À part Noël, j'aime la fête des Mères car c'est l'occasion de dire merci à sa maman. On peut lui offrir une carte et des fleurs ou des chocolats. À mon avis, c'est important.

Ronan: J'adore la Saint-Sylvestre parce que j'aime m'habiller bien, sortir avec mes amis et danser toute la soirée. Nous faisons le compte à rebours à minuit puis tout le monde s'embrasse et dit «Bonne année!» C'est génial!

le compte à rebours	countdown
s'embrasser	to kiss (each other)

1 I love receiving presents!
2 I like dressing well and going out to celebrate with my friends.
3 I really enjoy Mother's Day.
4 I was disappointed not to receive any flowers.
5 I don't have to go to school on my birthday!
6 I love dancing all night!

6 lire

Traduisez en anglais les textes de Maëlys et de Ronan de l'exercice 5.

7 écrire

Écrivez un court texte au sujet des fêtes.

Mention:
- what your favourite festival is (*Ma fête préférée est …/ Une de mes fêtes préférées, c'est …*)
- why you like this festival (*J'adore/J'aime cette fête parce que/car/puisque …*)
- how you celebrate it in your home (*Chez moi,/Chez nous, on …*)
- what you eat and drink. (*On mange/On boit …*)

- Borrow or adapt phrases from exercises 1, 3 and 5.
- Use sequencers (*d'abord/ensuite/ puis/après …*) to link together a list of activities.
- Use *donc* or *alors* (so/therefore) to connect some of your sentences.

- *Talking about shopping for a special meal*
- *Using the present and near future tenses*

1 écouter

Écoutez et lisez. Mettez les photos dans le bon ordre.

Jules
Salut, les copains! Vous êtes invités à
fêter le Nouvel An chez moi!
Vous pouvez apporter quelque chose à
manger ou à boire, s'il vous plaît?
Dites-moi ce que vous allez apporter!

Paul: Merci pour l'invitation! Je vais apporter du jambon, du saucisson et du pâté. Ça va aller?

Alima: Génial! Je vais m'occuper du dessert: je vais acheter des mini-gâteaux et une tarte aux fruits. Miam-miam!

Xavier: Merci, je viens! Je vais chercher le pain. Je vais acheter trois ou quatre baguettes. Tu crois que ça suffit?

Mathis: Moi, je vais apporter de la viande! Je vais faire cuire des morceaux de poulet qu'on va manger froids. Ça va être délicieux!

Lola et Sarah: Compte sur nous! On va préparer des salades composées. On va acheter une laitue, des tomates, du concombre, des oignons …

Jade et Malik: Nous, on va acheter à boire! On va apporter quelques grandes bouteilles de coca et de limonade. À bientôt!

a b c d e f

⭐ Remember, you use **aller** + the infinitive to refer to future plans.
*Je **vais** apporter …* (I'm **going to** bring …)
How many other examples can you find in exercise 1 and what do they mean?

le Nouvel An	*New Year*
s'occuper de	*to take care of*
faire cuire	*to cook (something)*

2 écrire

Qui va aller à quel magasin? Écrivez une phrase pour chaque personne de l'exercice 1.

Exemple:
Paul **va** aller à la charcuterie. Lola et Sarah **vont** aller au …

⭐ Remember: à + *le* = **au**

3 parler

Vous allez acheter des provisions pour la fête de votre copain/copine. Laissez-lui un message vocal.

You are going to buy food for your friend's party. Leave him/her a voicemail.

Exemple:
Je vais acheter <u>cinq paquets de chips</u>, <u>une tarte aux fruits</u>, …
D'abord, je vais aller <u>à l'épicerie</u>. Ensuite, je vais aller au/à la … Puis … Après, … Finalement, …

4 lire **Lisez le texte et répondez aux questions en anglais.
Pour vous aider, utilisez un dictionnaire.**

Point culture

In France, 14 July is *la fête nationale*, a national holiday. It is a celebration of the French Revolution and in Paris there are big military parades and fireworks. Many smaller towns and villages also celebrate with fireworks and a local dance.

Le blog de **Najoua**

Pour fêter le 14 juillet, normalement, on mange chez mes grands-parents. Mais cette année, je vais inviter toute ma famille à un barbecue chez nous. La ville où on habite est toute petite, donc je ne peux pas aller au supermarché: je dois acheter les provisions dans des petits magasins indépendants.

À la boucherie-charcuterie, je vais acheter des biftecks et des saucisses que je vais griller sur le barbecue. Avec ça, je vais servir une salade de riz avec des poivrons et des champignons. Comme dessert, je vais préparer une salade de fruits avec des abricots, du raisin et des framboises fraîches. Je vais chercher tous ces ingrédients au marché ou à l'épicerie.

Après le repas, on va aller au bal sur la place principale de la ville et plus tard, on va regarder le feu d'artifice. On va bien s'amuser!

1. This year what is Najoua going to do on 14 July that is different?
2. Why is she not going to go to the supermarket?
3. Name one thing she is going to cook on the barbecue.
4. What is she going to serve with the meat? (Give <u>three</u> details.)
5. Which of the following is she <u>not</u> going to put in the fruit salad: apricots, strawberries, raspberries, grapes?
6. Name <u>two</u> things they are going to do after the meal.

 5 écouter **Écoutez William qui parle du 14 juillet. Notez en anglais:
a) <u>trois</u> choses qu'il fait normalement
et b) <u>trois</u> choses qu'il va faire cette année.**

les défilés *parades*

 6 écrire **Copiez et complétez les phrases en mettant les verbes au bon temps.**

Copy and complete the sentences, using the correct tense of the verb.

1. Normalement, je mange avec ma famille mais cette année, je _____ au restaurant.
2. D'habitude, je prépare une salade mais cette année, je _____ des crêpes.
3. Normalement, on fait un barbecue mais cette année, on _____ un pique-nique.
4. D'habitude, je _____ un jean mais cette année, je vais porter une robe.
5. Normalement, je _____ au supermarché mais cette année, je vais aller au marché.
6. D'habitude, on _____ du coca mais cette année, on va boire de la limonade.

 7 parler **Préparez une courte présentation pour répondre à ces questions. Utilisez votre imagination!**

- Normalement, comment est-ce que tu fêtes le Nouvel An?
- Et cette année, comment est-ce que tu vas fêter le Nouvel An?

Exemple:
Normalement, je fête le Nouvel An avec …
On mange/boit/fait … Mais cette année, je vais aller/faire/inviter/préparer …

G *The present and near future tenses*

Use the **present tense** to say what you **normally or usually do**.	Use the **near future tense** to say what you **are going to do**.
Je mange/danse (etc.)	*Je **vais** manger/danser* (etc.)
On mange/danse (etc.)	*On **va** manger/danser* (etc.)

1 écouter **Écoutez et lisez. Reliez les messages et les photos. Ensuite, pour chaque texte, notez <u>trois</u> détails en anglais. (1–4)**

1 Hier, c'était mon anniversaire. J'ai reçu beaucoup de cadeaux et j'ai mangé trop de gâteau d'anniversaire!

2 Ce matin, ma sœur a eu son premier bébé. Il est né à trois heures du matin et il est adorable!

3 Le week-end dernier, je suis allé au mariage de ma cousine Zohra et son fiancé, Nassim. Il y avait beaucoup d'invités et c'était génial.

4 Avant-hier, je suis allée à la mairie parce que mon frère s'est pacsé avec son compagnon. Félicitations, Nathan et Hugo!

la mairie   town hall
se pacser   to become civil partners

G *The perfect and imperfect tenses*   ❯ *Pages 208 and 217*

• You use the **perfect tense** to describe completed actions in the past.
   – Some verbs have irregular past participles:
     avoir – *j'ai* **eu** (I had)
     boire – *j'ai* **bu** (I drank)
     prendre – *j'ai* **pris** (I took)
     recevoir – *j'ai* **reçu** (I received)

– Some verbs take *être* in the perfect tense:
   aller – *je* **suis** *allé(e)* (I went)
   naître – *je* **suis** *né(e)* (I was born)

• You use the **imperfect tense** to say 'was' or 'were'. The imperfect of *c'est* is **c'était** (it was). The imperfect of *il y a* is **il y avait** (there was/were).

Find examples of both tenses in exercise 1.

---

2 écouter **Écoutez et complétez le texte avec les verbes de l'encadré.**

Samedi dernier, **1** ▭ à la mairie pour le mariage de mon cousin. **2** ▭ une robe bleue avec une veste blanche.

Après la cérémonie, **3** ▭ des photos puis on est allés à l'hôtel pour le vin d'honneur. **4** ▭ du coca, mais mes parents ont bu du champagne. Ensuite, **5** ▭ toutes sortes de bonnes choses. **6** ▭ un gâteau spécial qui s'appelle un croquembouche. **7** ▭ délicieux!

Après le repas, **8** ▭ jusqu'à minuit. C'était une excellente soirée.
Noémie

il y avait   on a mangé   je suis allée   j'ai porté
j'ai pris   c'était   j'ai bu   on a dansé

le vin d'honneur
drinks reception

un croquembouche

3 lire **Lisez le texte et choisissez la bonne fin de chaque phrase.**

L'année dernière, j'ai fêté mon anniversaire avec mes copains. D'habitude, on va au cinéma ou à la piscine. Mais cette fois, on est allés au bowling et ensuite, on a mangé un hamburger-frites au fast-food. Je me suis bien amusé et j'ai reçu beaucoup de cadeaux.

Cette année, je vais avoir seize ans, donc je vais inviter mes amis à une fête chez moi. On va manger des sandwichs, des chips et un gros gâteau au chocolat que ma mère va préparer. Après le repas, on va écouter mes chansons préférées et on va danser.
Gabriel

1 Last year, on his birthday, Gabriel and his friends went …
   a to the cinema. **b** swimming. **c** bowling. **d** to a party.
2 They ate …
   a burgers and chips. **b** sandwiches. **c** crisps.
   d chocolate cake.
3 This year, Gabriel is going to …
   a go to a cafe. **b** have a party. **c** go to a night club.
   d stay at home with his mother.
4 One of the things he and his friends are going to do is …
   a download music. **b** dance. **c** watch his favourite film.
   d go to an amusement park.

- Look closely at verbs to distinguish between past, present and future: *on a mangé/on mange/on va manger*.
- Sometimes, time expressions can give you a clue. For example, which time frame does *l'année dernière* refer to?
- However, time expressions are not always helpful! *Cette année* (this year) could refer to the past, the present or the future.

4 écouter **Écoutez. Copiez et complétez le tableau en anglais. (1–5)**

	what special occasion?	past, present or future?	two details (activities, food, etc.)
1			

5 parler **À deux. Posez les questions et répondez à tour de rôle.**

- *D'habitude, comment est-ce que tu fêtes ton anniversaire?*
- *D'habitude, je fête … avec … Je vais/Je mange …*
- *L'année dernière, comment as-tu fêté ton anniversaire?*
- *L'année dernière, je suis allé(e)/j'ai reçu/j'ai mangé …*
- *Comment vas-tu fêter ton prochain anniversaire?*
- *Je vais faire/aller/manger/danser …*

6 écrire **Traduisez ces phrases en français.**

Which tense do you need in this sentence, to go with 'usually'?

1 <u>Usually</u>, I go to the cinema with my family, then we eat a big cake.
2 Last year, <u>I invited</u> my friends to a party and <u>we danced</u>. It was great!
3 This year, I am going to stay at home and watch my favourite film.
4 Normally, <u>I wear</u> jeans and trainers, but next Saturday <u>I am going to go</u> to a wedding, so <u>I have bought</u> a <u>blue</u> shirt and <u>black</u> trousers.

Do you need the perfect or imperfect tense here?

You need three different tenses for this sentence!

Don't forget to make the colour adjectives agree correctly!

Module 3 Contrôle de lecture et d'écoute

1 *lire* **Read the opinions about the French national holiday on a website.**

La fête nationale
Enzo: Le mieux c'est que le 14 juillet, c'est un jour férié. Donc je n'ai pas cours et je peux rester au lit!
Samira: Le soir, j'aime aller sur la place de la ville pour regarder le feu d'artifice. Ensuite, mes amis et moi allons au bal.
Caspar: Moi, j'aime préparer toutes sortes de bonnes choses pour faire un grand pique-nique avec ma famille.
Julie: D'habitude, on regarde les défilés militaires à la télé. Ensuite, on passe l'après-midi chez ma tante et mon oncle.

Who says what? Write <u>Enzo</u>, <u>Samira</u>, <u>Caspar</u> or <u>Julie</u>. You can use each person more than once.

- **(a)** _____ enjoys cooking.
- **(b)** _____ likes having a day off school.
- **(c)** _____ enjoys the evening entertainment.
- **(d)** _____ has a family meal outdoors.
- **(e)** _____ goes dancing.
- **(f)** _____ visits family members.

> Don't jump to conclusions because you see words like *famille*! Read the text <u>and</u> the questions very carefully for <u>detail</u>.
>
> Also remember that the text may not use exactly the same wording as the questions. For example, the word *collège* does not appear in the text even though one of the questions is about having a day off school, but can you spot any other school-related words?

2 *lire* **Translate this passage into English.**

> D'habitude, le week-end, j'aime porter un tee-shirt, un jean et des baskets blanches. Mais samedi dernier, je suis allée au mariage de mon oncle donc j'ai porté une robe jaune. Demain, je vais acheter une cravate pour mon père.

3 *lire* **Read this abridged extract from *Le Petit Nicolas, c'est Noël!* by Jean-Jacques Sempé and René Goscinny. Answer the questions <u>in English</u>.**

> Il y avait un tas de bonbons dans le sac de mémé, des en chocolat et des en caramel. Elle est vraiment chouette, mémé. J'aime bien papa et maman, mais ils ne me donnent jamais autant de bonbons. […]
>
> Comme c'était l'heure du dîner, papa est redescendu dans le salon. Moi, j'avais fini les bonbons, et, c'est drôle, […] j'avais la bouche toute sucrée et un peu mal au ventre. […]
>
> Nous nous sommes mis à table dans la salle à manger. […] Mais là, je ne sais pas pourquoi, je n'avais plus faim. […]
>
> Quand le dîner s'est terminé, maman m'a envoyé me coucher tout de suite, et j'ai été très malade. Très, très malade.

© IMAV éditions / Goscinny-Sempé

mémé	granny

- **(a)** What is in Nicolas's granny's bag?
- **(b)** What does Nicolas think of his granny?
- **(c)** Why does Nicolas not feel hungry at dinner?
- **(d)** What does Nicolas's mother do at the end of the meal?

> Don't worry if you don't understand every word – you don't need to. Start by reading the questions. They will help give you an idea of what the text is about.

1 écouter **Your French friends are talking about Christmas. What do they say? Listen and write the letter of the correct statement for each name.**

A	I always go to church.	**E**	I go Christmas shopping.
B	I watch a lot of TV.	**F**	I like opening presents.
C	I decorate the tree.	**G**	I enjoy the food.
D	I like Christmas songs.	**H**	I see family members.

1 Alexia   **2** Hugo   **3** Myriam

☆ Listen for clue words. For example, you may not hear the word *manger*, so you need to listen for words associated with eating, such as items of food.

2 écouter **Noah and Olivia are talking about shopping. What do they say about online shopping or going to the shops? Copy and complete the sentences. Use the correct word or phrase from the box.**

cheaper   easier   faster   slower   more boring
more difficult   more expensive   more fun

(a) Noah says internet shopping is ▢▢▢▢ and ▢▢▢▢ than going to the shops.
(b) Olivia says going to the shops is ▢▢▢▢ and it is ▢▢▢▢ when you are buying clothes.

3 écouter **You hear these announcements in a French supermarket. Listen and choose the correct letter to complete each sentence.**

1 There is a special offer on …
   A fruit.
   B jam.
   C bread.
   D salad.

2 They also sell the ingredients for making …
   A pancakes.
   B sandwiches.
   C cakes.
   D pizzas.

3 They are advertising gifts for …
   A Easter.
   B Christmas.
   C Valentine's Day.
   D Mother's Day.

4 In the cafeteria, there is a big selection of …
   A snacks.
   B hot drinks.
   C cold drinks.
   D desserts.

☆ Multiple-choice tasks will usually include distractors. In each question, you may hear words associated with more than one answer option. So you need to listen carefully for detail to choose the correct answer.

A – Role play

1 *parler*   Look at the role play card and prepare what you are going to say.

Topic: Daily life

You are shopping for clothes in France. The teacher will play the part of the sales assistant and will speak first.

You must address the sales assistant as *vous*.

You will talk to the teacher using the prompts below.

When you see this – **?** – you must ask a question.

When you see this – **!** – you must respond to something you have not prepared.

> **Dans un magasin de vêtements. Vous voulez acheter un vêtement.**
> 1 Vêtement désiré
> 2 Couleur
> 3 !
> 4 Vêtement – opinion
> 5 ? Cabines d'essayage

You could start with 'I would like …', or 'I am looking for …'

Listen carefully. What sort of thing might the assistant ask you?

You could say 'I like this (shirt)' – use the correct word for 'this' (look back at page 57) and then give a reason. If you want to say 'because it is (pretty, great, etc.)', use the correct word for 'it' (*il* for a masculine singular noun, *elle* for a feminine singular noun).

How do you say 'Where are …?' Look back at page 56.

Remember to be polite! Use *s'il vous plaît* and *merci*.

2 *parler*   With a partner, practise what you have prepared. Give each other feedback on pronunciation, intonation and clarity.

> • **Pronunciation**: How French does your partner sound? Are there any words he/she is not pronouncing correctly?
> • **Intonation**: Do your partner's questions sound like questions? Remember, his/her voice should rise at the end of a question.
> • **Clarity**: How clearly does your partner get across the message? If you were a French person, how easily would you understand him/her?

3 *écouter*   Using your notes, listen and respond to what the teacher says or asks.

4 *écouter*   Now listen to Julie doing the role play and compare her answers with yours. Is there anything you could do differently to improve your performance?

B – General conversation

1 Listen to Sayed introducing his chosen topic and correct the mistake in each of these sentences.

A At the weekend Sayed likes wearing skinny jeans with a red or brown hoody.
B He likes wearing this because it's trendy.
C On Saturday evening he is going to go to his friend's wedding.
D He is going to put on a light blue polo shirt and a black jumper.
E To go to school he has to wear a white shirt with a red and green striped tie.
F He hates this because it's boring.

> ⭐ Always try to give as much information as possible and use a variety of tenses and structures. How does Sayed show that he can use more than one tense?

2 The teacher then says to Sayed, «Parle-moi de ta vie quotidienne.»
Listen and note down the order in which he mentions the following things.

A what he has for breakfast
B having a lie-in at weekends
C meeting his friends in town
D how he travels to school
E tidying his room and doing homework
F what time he gets up on school days

> ⭐ Add variety to what you say by using a range of verbs. Sayed uses some verbs on their own (e.g. *je mange*), as well as *je dois* and *je peux* + an infinitive. How many different verb forms can you spot in Sayed's answer?

3 Listen to and look at how Sayed answers the next question: «Comment as-tu fêté ton dernier anniversaire?» Write down the missing word(s) for each gap. Then look at the Answer booster on page 68 and write down <u>five</u> examples of what he says to make his answer a strong one.

Je fête **1** _____ mon anniversaire avec mes copains parce que c'est marrant. D'habitude, on va au cinéma ou **2** _____ au bowling et on s'amuse bien. Mais **3** _____, on est allés à un centre de loisirs où on a fait de l'escalade. C'était génial! Ensuite, on a mangé un hamburger-frites à la cafétéria et j'ai **4** _____ mes cadeaux. Le soir, mon père a **5** _____ un super gâteau au chocolat **6** _____ j'adore le chocolat. Cette année, je vais avoir seize ans donc je **7** _____ mes amis à une fête chez moi.

4 Prepare answers to the following questions. Then practise with your partner.

1 Quels vêtements aimes-tu porter?
2 Parle-moi de ta vie quotidienne.
3 Comment as-tu fêté ton dernier anniversaire?
4 Qu'est-ce que tu vas manger ce soir?
5 Décris-moi une occasion spéciale que tu as fêtée récemment.
6 Préfères-tu acheter en ligne ou dans un magasin? Pourquoi?

Answer booster	Aiming for a solid answer	Aiming higher	Aiming for the top
Verbs	**Verbs with *je*** **Different time frames:** present, perfect and near future tenses	**Different persons of the verb:** *il/elle/on …* **Modal verbs:** *Je peux/Je dois +* infinitive	**The imperfect and perfect tenses together:** *Je suis allé(e) … C'était … Il y avait …*
Opinions and reasons	**Basic verbs of opinion:** *J'aime/J'adore … parce que c'est …*	**Different opinions with reasons:** *Mon/Ma … préféré(e), c'est … car …* *Un(e) de mes … préféré(e)s, c'est …*	**Add more variety:** *À mon avis, …/Je crois que …* **Opinions in different tenses:** *C'était …/Ça va être …*
Connectives	*et, mais, aussi, ou, parce que*	*où, car, quand, donc, alors*	*sauf, sinon*
Other features	**Sequencers:** *d'abord, ensuite, puis, après* **Time and frequency phrases:** *normalement, d'habitude, tous les jours, souvent, le week-end, hier*	**More time and frequency phrases:** *parfois, toujours, avant-hier, les jours d'école, cette année*	**Chez:** *Chez moi/Chez nous, …* **Interesting structures and vocabulary:** *Ça dépend. Comme casse-croûte, …*

A – Picture-based task

 1 Look at the photo and the task. Write your answer, then check carefully what you have written.

Les sorties en famille

Tu es en vacances en France. Tu postes cette photo sur Facebook pour tes amis.

Écris une description de la photo **et** exprime ton opinion sur les sorties en famille. Écris 20–30 mots environ **en français**.

- Say who the people in the photo are and what they are doing. You will need to use the *il/elle* or *ils/elles* parts of the verb:

  La famille / Le garçon (etc.) est / fait / mange / boit … Or: *ils font / mangent / boivent …*

- Remember, you also have to give your opinion of family outings. Keep it simple, but try to add a reason.

B – Translation

 1 Traduis les phrases suivantes **en français**.

Remember to use a definite article before the noun: *le, la, l'* or *les*?

Which verb could you use here for 'have'? Look back at page 51.

(a) I like strawberries.
(b) My birthday is in June.
(c) For breakfast I have cereal.
(d) On Sunday evening I have to do my homework.
(e) Yesterday I wore a white shirt, but normally I wear a black jumper.

You don't need a word for 'on'. Just say 'Sunday evening …'

Use the perfect tense.

Remember to make adjectives agree. In French, do colour adjectives go before or after the noun? Look back at page 52.

C – Extended writing task

1 *lire* **Look at the task. Which bullet (first, second, third or fourth) asks you to do each of the following?**

1 write about a past event?
2 give your opinion?

3 write about future plans?
4 write about a favourite celebration?

Les fêtes

Un site web français pour les jeunes demande ton opinion sur les fêtes.

Écris à ce site web.

Tu **dois** faire référence aux points suivants:
• ta fête préférée
• une occasion spéciale que tu as célébrée récemment.
• pourquoi il est important ou pas de célébrer des fêtes en famille
• tes projets pour une autre occasion spéciale.

Écris 80–90 mots environ **en français**.

> In the extended writing task, you will always be required to refer to the present, past and future. Look for words like *récemment* and *projets*, which point you towards a particular time frame. Which tense(s) will you use for each? You will also be required to give <u>opinions</u>.

2 *lire* **Look at the verbs and other phrases below. Which could you use to cover each of the bullets in the task?**

Example: first bullet: E, …

A Hier, je suis allé(e) …
B La semaine prochaine, je vais fêter …
C Chez moi, on mange … et on boit …
D J'adore … avec ma famille mais je n'aime pas …

E Une de mes fêtes préférées, c'est …
F Le week-end dernier, on a fêté …
G Cette année, on va faire …

3 *lire* **Read Nathan's answer and work with a partner to answer the questions below.**

1 How has Nathan covered each of the bullets in the task?
2 Look at the Answer booster and find <u>five</u> examples of how Nathan has given a strong answer.

Une de mes fêtes préférées, c'est Pâques parce que j'aime chercher des œufs en chocolat dans le jardin. À mon avis, c'est très amusant.

Le week-end dernier, je suis allé au mariage de ma cousine. Après la cérémonie, il y avait un gâteau délicieux, puis tout le monde a dansé. C'était une très belle occasion.

Je crois qu'il est important de célébrer Noël en famille, mais je préfère fêter mon anniversaire avec mes copains car c'est plus marrant. D'habitude, on va au cinéma ou à la patinoire et on s'amuse bien.

Samedi prochain, on va aller au restaurant pour fêter l'anniversaire de mon grand-père. Ça va être génial!

4 *écrire* **Now write your own answer to the task. Borrow or adapt ideas from Nathan's answer and use the Answer booster to aim as high as possible.**

> When you have finished, go back and check what you have written for accuracy, e.g. have you used the correct auxiliary verb (*j'ai* or *je suis*) in the perfect tense?

La nourriture et les boissons — Food and drink

du beurre/du fromage	butter/cheese	de la viande	meat
du lait/du pain	milk/bread	de l'eau (f)	water
du poisson/du poulet	fish/chicken	des bananes/des fraises	bananas/strawberries
du yaourt	yoghurt	des œufs/des pêches	eggs/peaches
de la confiture	jam	des poires/des pommes	pears/apples
de la glace	ice cream	des pommes de terre	potatoes

Les repas — Meals

Qu'est-ce que tu prends pour le petit-déjeuner?	What do you have for breakfast?	Comme dessert, …	For dessert …
Qu'est-ce que tu manges à midi?	What do you eat at lunchtime?	Je prends/je mange …	I have/I eat …
Qu'est-ce que tu manges comme casse-croûte?	What do you have as a snack?	des céréales	cereal
		du pain grillé	toast
		un sandwich	a sandwich
Qu'est-ce que tu manges le soir?	What do you eat in the evening?	des chips/des biscuits	crisps/biscuits
Qu'est-ce que tu bois?	What do you drink?	des pâtes	pasta
Pour le petit-déjeuner, …	For breakfast …	de la salade	salad
À midi, …	At lunchtime …	de la glace au chocolat	chocolate ice cream
Comme casse-croûte, …	As a snack …	Je bois du jus d'orange.	I drink orange juice.
Le soir, …	In the evening …		

Les quantités — Quantities

un kilo de …	a kilo of …	un pot de …	a jar/pot of …
deux cent cinquante grammes de …	250 grams of …	une boîte de …	a tin/can of …
un litre de …	a litre of …	une bouteille de …	a bottle of …
un paquet de …	a packet of …	quatre tranches de …	four slices of …

Les vêtements — Clothes

Je porte …	I wear/am wearing …	une chemise/une écharpe	a shirt/a scarf
un blouson/un chapeau	a jacket/a hat	une mini-jupe/une montre	a mini-skirt/a watch
un costume	a suit	une robe/une veste	a dress/a jacket
un imperméable	a raincoat	des baskets (de marque)	(designer) trainers
un jean (moulant)	(a pair of) (skinny) jeans	des boucles d'oreille	earrings
un manteau/un pantalon	a coat/(a pair of) trousers	des bottes	boots
un polo/un pull	a polo shirt/a jumper	des chaussettes	socks
un sac à main/un short	a handbag/(a pair of) shorts	des chaussures	shoes
un sweat à capuche	a hoody	des gants	gloves
un tee-shirt	a T-shirt	des lunettes de soleil	sunglasses
une casquette	a cap	en laine/en cuir	woollen/leather
une ceinture	a belt	rayé(e)(s)	striped

Les couleurs — Colours

blanc(he)(s)	white	orange	orange
bleu(e)(s)	blue	rose(s)	pink
gris(e)(s)	grey	rouge(s)	red
jaune(s)	yellow	vert(e)(s)	green
marron	brown	clair	light
mauve(s)	purple	foncé	dark
noir(e)(s)	black	multicolore(s)	multi-coloured

La vie quotidienne — Daily life

J'ai cours tous les jours sauf …	I have lessons every day except …	Le samedi,/Le dimanche, …	On Saturdays/Sundays …
Les jours d'école, …	On school days …	je peux rester au lit	I can stay in bed
je dois me lever tôt	I have to get up early	je peux retrouver mes copains/copines en ville	I can meet up with my friends in town
je dois quitter la maison à (7h30)	I have to leave the house at (7.30)		
Le soir, …	In the evening …	je dois ranger ma chambre	I have to tidy my room
je dois faire mes devoirs	I have to do my homework	je peux écouter de la musique	I can listen to music
je dois aider ma mère	I have to help my mother		
je peux regarder un peu la télé	I can watch a bit of TV		

Au magasin de vêtements — In the clothes shop

la taille	size	trop grand(e)(s)	too big
la pointure	shoe size	cassé(e)(s)	broken
les cabines d'essayage	changing rooms	Il/Elle ne marche pas.	It is not working/doesn't work.
une taille moyenne	medium size	Je voudrais …	I would like …
Il y a un trou.	There's a hole (in it).	échanger (la jupe/le pantalon, etc.)	to exchange (the skirt/trousers, etc.)
Il y a une tache.	There's a stain (on it).		
Il/Elle est/Ils/Elles sont …	It is/They are …	un remboursement	a refund
trop petit(e)(s)	too small		

Faire les magasins ou faire du shopping en ligne?

Go to the shops or shop online?

Je préfère … — I prefer …
   faire les magasins — to go to the shops
   faire mes achats en ligne — to make my purchases online
parce que/qu' … — because …
   c'est mieux d'essayer les vêtements dans un magasin — it's better to try clothes on in a shop
je peux demander l'opinion de mes ami(e)s — I can ask
il y a trop de monde dans les magasins — there are too many people the shops
on peut trouver des vêtements moins chers — you can find cheaper clothes
c'est plus facile/plus rapide — it's easier/faster

Les fêtes

Festivals

Noël — Christmas
la veille de Noël — Christmas Eve
Pâques — Easter
Divali — Diwali
Hanouka — Hanukkah
Aïd-el-Fitr — Eid al-Fitr
le 6 janvier/la fête des Rois — Epiphany
le premier avril — April Fool's Day
la Chandeleur — Candlemas
le Nouvel An — New Year
la Saint-Sylvestre — New Year's Eve
la Saint-Valentin — Valentine's Day
la fête des Mères — Mother's Day
le 14 juillet/la fête nationale française — Bastille Day, 14 July
On est chrétiens. — We are Christian.
On est juifs. — We are Jewish.
On est musulmans. — We are Muslim.

Chez moi,/nous, … — At my/our house …
   on fête (Noël/Divali, etc.) — we celebrate (Christmas/Diwali, etc.)
   on boit du champagne — we drink champagne
   on décore le sapin de Noël — we decorate the Christmas tree
   on s'offre des cadeaux — we give each other presents
   on ouvre les cadeaux — we open the presents
   on chante des chants traditionnels — we sing traditional songs
   on allume des bougies — we light candles
   on cherche des œufs dans le jardin — we look for eggs in the garden
On prépare/mange … — We prepare/eat …
   de la dinde rôtie — roast turkey
   des légumes — vegetables
   une bûche de Noël au chocolat — a chocolate Yule log
   des crêpes — crêpes
   une galette des Rois — tart eaten for Epiphany
   toutes sortes de bonnes choses — all sorts of good things
   des choses sucrées — sweet things

Un repas spécial

A special meal

Je vais/On va apporter … — I am/We are going to bring …
   du jambon/du pâté — ham/pâté
   du saucisson — salami
   des baguettes — baguettes
   des biftecks — steaks
   des saucisses — sausages
   des salades composées — mixed salads
   une salade de riz — a rice salad
   du concombre — cucumber
   une laitue — a lettuce
   des tomates/des oignons — tomatoes/onions
   des poivrons — peppers
   des champignons — mushrooms
   des abricots — apricots
   des framboises — raspberries
   du raisin — grapes
   des mini-gâteaux — mini-cakes
   une tarte aux fruits — a fruit tart

Les magasins

Shops

le marché/le supermarché — market/supermarket
la boucherie — butcher's
la boulangerie — bakery/baker's
la charcuterie — pork butcher's/delicatessen
la pâtisserie — cake shop/pastry shop
l'épicerie (f) — greengrocer's

Fêter le 14 juillet

Celebrating Bastille Day

On va aller au bal. — We're going to go to the dance.
On va regarder le feu d'artifice. — We're going to watch the fireworks.
On va s'amuser. — We're going to have fun.
On va inviter … — We're going to invite …

Félicitations!

Congratulations!

l'anniversaire (m) — birthday
le mariage — wedding/marriage
la fête — party
C'était mon anniversaire. — It was my birthday.
J'ai reçu beaucoup de cadeaux. — I received lots of presents.
Ma sœur a eu son premier bébé. — My sister had her first baby.
Je suis allé(e) au mariage de (ma cousine). — I went to (my cousin)'s wedding.
Mon frère s'est pacsé avec son compagnon. — My brother entered into a civil partnership with his partner.
Il y avait … — There was/were …
   beaucoup d'invités — lots of guests
   un gâteau spécial — a special cake
C'était … — It was …
   génial — great

Les mots essentiels

High-frequency words

avec — with
pour — for
donc, alors — so, therefore
car/parce que — for/because
malheureusement — unfortunately
sinon — if not, otherwise
parfois — sometimes
quelque(s) — some/a few
beaucoup de — lots of
en ce moment — at the moment
en été — in summer
avant-hier — the day before yesterday
il y a (trois) jours — (three) days ago
Je suis désolé(e). — I'm sorry.
bien sûr — of course
quel/quelle/quels/quelles …? — which …?
ce/cet/cette/ces — this/these

la ville à la campagne

nt de départ 1

• Talking about where you live and what you can do there

1 écouter **Où habitent-ils? Écoutez et écrivez la lettre de la bonne photo. (1–5)**

J'habite (I live)	**dans** une ville/un village (in a town/village).
On habite (We live)	**au** centre-ville (in the town centre).
Ma famille et moi habitons	**au** bord de la mer (at the seaside).
(My family and I live)	**à la** campagne/montagne (in the countryside/mountains).
	en ville (in town).

⭐ In French, there are several different words for 'in'. Make sure you use the correct one.

2 écouter **Écoutez encore. Écrivez P (positif), N (négatif) ou PN (positif et négatif) pour l'avis de chaque personne. Notez aussi la raison en anglais. (1–5)**

se baigner	to swim, bathe
tranquille	quiet, peaceful

3 lire **Reliez les phrases. Ensuite, traduisez-les en anglais.**

1 J'habite dans une jolie ville au bord de la mer.
2 J'habite dans un petit village à la campagne.
3 On habite dans une grande ville historique.
4 Nous habitons à la montagne.
5 Ma famille et moi habitons au centre-ville.

a On peut faire du ski ou du snowboard.
b On peut se baigner dans la mer ou se détendre sur la plage.
c On peut faire les magasins ou aller au cinéma.
d On peut visiter le château et les musées.
e On peut faire des promenades ou faire du cheval.

se détendre to relax

G On peut + *infinitive* 〉 Page 212

On peut means 'you can'. It comes from the verb *pouvoir* (to be able to, can). It is usually followed by the infinitive of another verb.

On peut aller à un match de foot. **You can go** to a football match.
On peut visiter le château. **You can visit** the castle.

4 écouter

Écoutez. Copiez et complétez le tableau en anglais. (1–5)

	city	location	what you can do there (3 things)
1	Leeds	north of England	

J'habite		
à Londres/Manchester/Paris, etc.		
dans le nord/le sud/ l'est/l'ouest **dans** le centre	**de l'**	Angleterre/Écosse/Irlande (du Nord).
	de la	France.
	du	Canada/pays de Galles.

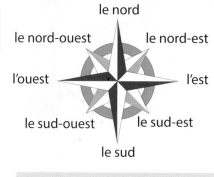

le nord
le nord-ouest   le nord-est
l'ouest   l'est
le sud-ouest   le sud-est
le sud

faire de l'escalade   *to go climbing*

 5 parler

À deux. Faites quatre dialogues en utilisant les images.

Exemple: **a**

● *Où habites-tu?*
■ *J'habite à Bordeaux, dans le sud-ouest de la France.*

● *Qu'est-ce qu'on peut faire à Bordeaux?*
■ *On peut …*

a Bordeaux
south-west of France

b York
north of England

c Swansea
south of Wales

d Strasbourg
east of France

 6 lire

Lisez. Copiez et complétez les textes avec les bons mots de l'encadré.

J'habite à Dieppe, **1** _____ le nord-ouest de la France. C'est une assez grande ville au **2** _____ de la mer. En été, on peut se baigner dans la **3** _____ ou faire du vélo.

Moi, j'habite dans le **4** _____ du Canada. J'habite dans un petit **5** _____ à la montagne. En hiver, c'est génial parce qu'on **6** _____ faire du ski ou de la luge.

Ma famille et moi habitons à Londres, la capitale de l'**7** _____ ! Ici, c'est super parce qu'il y a beaucoup de choses à faire. **8** _____ peut faire les magasins, visiter les musées et les monuments ou **9** _____ au théâtre.

aller		sud		dans
	Angleterre		bord	
mer			peut	village
		on		

 7 écrire

Écrivez un court texte sur la ville ou le village où vous habitez.

Say:

- whether you live in a town, in a village, by the sea, etc.
- where it is (in the north/south, etc. of England/Scotland, etc.)
- what you can do there (two or three things)
- what you think about where you live.

⭐ UK town names are the same in French, except:

London – *Londres*
Dover – *Douvres*
Edinburgh – *Édimbourg*

● *Revising places in a town and asking the way*

1 écouter **Écoutez et regardez les images. Qui parle? Écrivez le bon prénom. (1–4)**

Samuel Tatiana Naima Charles

Qu'est-ce qu'il y a dans ta ville/ton village?

Dans ma ville/mon village, il y a …		
un bureau de poste/une poste (*a post office*) un centre de loisirs (*a leisure centre*) un château (*a castle*) un marché (*a market*) un musée (*a museum*) un parc/jardin public (*a park*) un stade (*a stadium*) un supermarché (*a supermarket*)	une bibliothèque (*a library*) une église (*a church*) une gare (SNCF) (*a railway station*) une mosquée (*a mosque*)	des hôtels (*some hotels*) des restaurants (*some restaurants*)

2 écrire **Écrivez des phrases pour chaque personne de l'exercice 1.**

Exemple: **Samuel**
Dans ma ville, il y a une mosquée, un …
et un … Il n'y a pas de …

3 parler **À deux. Parlez de chaque ville en utilisant les idées de chaque encadré.**

Exemple: **a**

● *Qu'est-ce qu'il y a dans ta ville ou ton village?*

■ *Dans ma ville, il y a un/une/des … et … mais il n'y a pas de …*

il y a … means 'there is …' or 'there are …'.
  Il y a un *stade.*   There is a stadium.
Il y a des magasins. There are some shops.

Il n'y a pas de/d' … means 'there isn't a …'
or 'there aren't any …'.
Il n'y a pas de gare. There isn't a station.
Il n'y a pas d'hôtels. There aren't any hotels.

Note: after the negative *il n'y a pas de* …, you do
not need *un, une* or *des.*

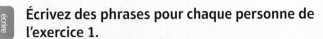

a
train station ✓
post office ✓
park ✓
museum ✗

b
supermarket ✓
library ✓
restaurants ✓
mosque ✗

c
church ✓
castle ✓
market ✓
leisure centre ✗

4 lire **Lisez et trouvez le bon plan pour chaque message.**

1 Allez tout droit, traversez la place et tournez à droite.
2 Prends la première rue à droite puis tourne à gauche.
3 Descendez la rue puis prenez la deuxième rue à droite.
4 Traverse le pont, va tout droit et prends la troisième rue à gauche.

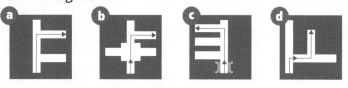

Va/Allez tout droit. *(Go straight on.)*
Tourne/Tournez à gauche/droite. *(Turn left/right.)*
Prends/Prenez la première/deuxième/troisième rue à gauche/droite. *(Take the first/second/third street on the left/right.)*
Traverse/Traversez le pont/la place. *(Cross the bridge/square.)*
Descends/Descendez la rue. *(Go down the street.)*
C'est près/loin? *(Is it near/far?)*
C'est tout près/assez loin. *(It's very near/quite far.)*

G *The imperative*

You use the **imperative** to give instructions. Take the *tu* or *vous* form of the verb (minus the word *tu* or *vous*):

Tu prends (You take)   → **Prends** … (Take …)
Vous prenez (You take) → **Prenez** … (Take …)

Drop the final 's' from -er verbs in the *tu* form:
Tu vas (You go)   → **Va** … (Go …)
Tu tournes (You turn) → **Tourne** … (Turn …)

• Use *tu* with <u>one person you know well</u>.
• Use *vous* <u>to be polite</u> (e.g. with an adult you don't know).
• Also use *vous* when speaking to <u>more than one person</u>.

Which messages in exercise 4 use the *tu* form and which use the *vous* form?

5 écouter **Écoutez. Copiez et complétez le tableau en anglais. (1–4)**

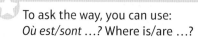

	where they want to go	directions	near or far?
1	station	go straight on, …	

6 parler **À deux. Faites quatre dialogues en utilisant le plan. Changez les détails <u>soulignés</u>.**

Exemple:
● *Pardon. Pour aller <u>au musée</u>, s'il vous plaît?*
▪ *<u>Traversez la place et prenez la première rue à droite, puis allez tout droit.</u>*
● *C'est loin?*
▪ *<u>Non, c'est tout près.</u>*
● *Merci beaucoup.*
▪ *De rien.*

⭐ To ask the way, you can use:
Où est/sont …? Where is/are …?
*Où est **le** marché? Où est **la** piscine?*
*Où est **l'**église? Où sont **les** toilettes?*

Or you can use: *Pour aller au/à la/à l'/aux …?*
How do I get to the …?

*Pour aller **au** marché? Pour aller **à la** piscine?*
*Pour aller **à l'**église? Pour aller **aux** toilettes?*

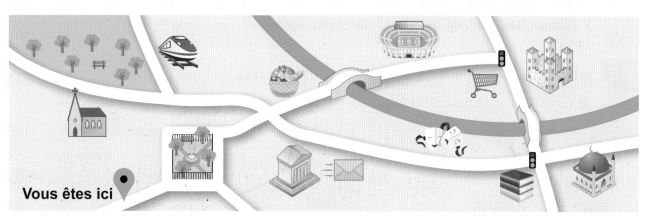

Vous êtes ici

1 Ma région est top!

1 écouter **Écoutez et écrivez les <u>deux</u> bonnes lettres pour chaque personne. (1–4)**

> Qu'est-ce qu'il y a dans ta région?

> Dans ma région, il y a …

a
des vignobles

b
des collines

c
un port de pêche

d
des forêts

e
un lac

f
des fermes et des champs

g
des stations de ski

h
une rivière/un fleuve

2 lire **Lisez le texte puis copiez et complétez la fiche en anglais.**

> **Enzo** Ma famille va déménager en Bretagne! Qu'est-ce qu'il y a là-bas?

> **Chloé** Il y a des villes historiques comme Saint-Malo, avec de vieilles maisons et un vieux port de pêche.

> **Thomas** Il y a un beau château qui s'appelle le château de Pontivy. Il y a aussi une belle cathédrale à Quimper.

> **Enzo** Les vieux bâtiments ne m'intéressent pas beaucoup. Qu'est-ce qu'on peut faire comme activités sportives?

> **Yasmine** Il y a de belles plages et on peut faire de la voile!

> **Mathis** Il y a aussi de grandes forêts et de beaux champs où on peut faire des randonnées à vélo.

> **Enzo** Ça, c'est plus intéressant! Merci à tous!

Name of region: Bretagne (Brittany)
Places of historical interest: …
Geographical features: …
Sporting activities: …

> ***déménager*** *to move (home)*

G *Irregular adjectives* ❯ *Page 214*

The following adjectives are irregular:

masc sg	fem sg	masc pl	fem pl
beau	belle	beaux	belles
vieux	vieille	vieux	vieilles

- Most adjectives go <u>after</u> the noun, e.g. *une ville **intéressante***.
- But some go <u>before</u> the noun, e.g. *un **grand** château, un **petit** village, une **belle** plage, de **vieux** bâtiments, de **jolies** maisons*.
- NB *des* changes to *de* when the adjective comes before the noun.

3 parler **À deux. Faites des conversations en utilisant les images.**

● *Qu'est-ce qu'il y a dans ta région?*   ■ *Dans ma région, il y a <u>un grand lac</u> et …*

a (big) (old)

b (beautiful) (pretty)

c (old) (big)

d (interesting) (beautiful)

4 lire **Lisez et faites le quiz. Devinez les réponses ou faites des recherches!**

LA FRANCE DES RECORDS

QUE SAVEZ-VOUS DE LA FRANCE? FAITES NOTRE QUIZ!

1 Le plus long fleuve de France est …
a la Loire.   **b** la Seine.

2 La plus haute tour de France est …
a la tour Eiffel.   **b** la tour First, à Paris.

3 Le monument le plus populaire de France est …
a la cathédrale Notre-Dame de Paris.
b la tour Eiffel.

4 La plus haute montagne de France (et d'Europe) est …
a le mont Blanc, dans les Alpes.
b le Pic du Midi, dans les Pyrénées.

5 Le plus grand château de France (et du monde) est …
a le château de Chenonceau.
b le château de Versailles.

5 écouter **Écoutez et vérifiez.**

6 écouter **Quelle est la meilleure région de France? Pourquoi? Écoutez et notez les <u>deux</u> bonnes lettres pour chaque région. (1–4)**

1 la Provence   **2** l'Alsace   **3** la Bretagne   **4** la région parisienne   ***célèbre*** *famous*

a le meilleur climat

b la meilleure équipe de football

c les stations de ski les plus populaires

d le plus beau paysage

e les plus belles plages

f les monuments les plus célèbres

g la région la plus historique

h la plus longue piste de ski

> **G** *The superlative*   ❯ *Page 215*
>
> You use the **superlative** to say 'the biggest', 'the longest', 'the most popular', etc. To form the superlative, put **le/la/les + plus** before an adjective. The adjective must agree with the noun.
> **le plus long** *fleuve*   the longest river
> **la plus haute** *tour*   the highest tower
> **les plus belles** *plages*   the most beautiful beaches
> If the adjective goes after the noun, so does the superlative:
> *le musée **le plus populaire***   the most popular museum
> To say 'the best …' use **le/la/les meilleur(e)(s) …**

7 écrire **À votre avis, quelle est la meilleure région de votre pays? Écrivez un court paragraphe.**

Exemple:
À mon avis, la meilleure région d'<u>Angleterre</u> est <u>le Devon</u> parce que nous avons <u>le plus beau paysage</u>. Il y a <u>de grandes forêts</u> où on peut …

> Look back at exercises 2 and 6 for useful words and phrases. Use a variety of adjectives and superlatives. Position them correctly and make them 'agree'.

1 lire **Lisez et trouvez la fin de chaque phrase.**

Je voudrais/J'aimerais + infinitive
I would like to

1 *Je voudrais visiter …*

4 *J'aimerais faire …*

2 *Je voudrais louer …*

5 *J'aimerais monter …*

3 *Je voudrais voir …*

6 *Je ne voudrais pas rater …*

a une promenade en bateau sur le canal.	**d** l'aquarium pour voir les requins.
b le spectacle son et lumière au château.	**e** des vélos pour faire une randonnée à la campagne.
c l'exposition sur les navettes spatiales.	**f** à la Tour de l'Horloge pour voir le panorama.

2 écrire **Copiez les phrases complètes de l'exercice 1 et traduisez-les en anglais.**

pour means 'to' or 'in order to'. It is followed by the infinitive:
pour voir *le panorama* (in order) to see the view

3 écouter **Écoutez. Baptiste et sa famille sont en vacances à Dinan. Qui dit quoi? Pour chaque phrase de l'exercice 2, écrivez B (Baptiste), P (son papa), M (sa maman) ou S (sa sœur).**

Exemple: **1** S

DINAN, EN BRETAGNE

4 parler **À deux. Qu'est-ce que vous voudriez faire à Dinan? Discutez.**

Exemple:

● *Qu'est-ce que tu voudrais faire à Dinan?*
■ *Je voudrais (faire/voir/visiter …). Mais je ne voudrais pas … Et toi?*

5 écouter **Écoutez la conversation à l'office de tourisme. Mettez les questions dans le bon ordre.**

Exemple: **f**, …

a	Est-ce qu'il y a un restaurant à l'aquarium?	**e**	Où est-ce qu'on peut acheter des billets?
b	C'est combien, l'entrée?	**f**	Avez-vous un dépliant, s'il vous plaît?
c	Avez-vous un plan de la ville, s'il vous plaît?	**g**	C'est ouvert quels jours de la semaine?
d	Quels sont les horaires d'ouverture?		

le dépliant   leaflet

6 écouter

Écoutez encore. Écrivez V (vrai) ou F (faux) pour chaque phrase.

1 L'aquarium et ouvert tous les jours.
2 C'est ouvert de 9h00 à 21h00.
3 Ça coûte 12€ pour les adultes.
4 On peut acheter des billets en ligne.
5 À l'aquarium, il y a un restaurant.
6 On peut imprimer un plan de la ville à partir du site web.

 Asking questions > *Page 204*

- To ask <u>for</u> something (e.g. a map), use *Avez-vous …?*
- To ask whether <u>there is</u> something (e.g. a restaurant), use *Est-ce qu'il y a un/une …?*
- For other types of information, use question words like *combien?, à quelle heure?, où?*
- *Quel/quelle/quels/quelles …?* ('which …?' or 'what …?') is an adjective and must agree with the noun.

Quels sont **les horaires** *d'ouverture?*
What are the opening hours?

7 lire

Lisez la publicité et répondez aux questions en anglais.

Jaman V
Promenades en bateau

Promenade commentée

Durée: 1 heure environ
Accessible aux personnes handicapées
Du 2 avril au 30 septembre
Départs tous les jours sauf le lundi
• 11h • 14h30 • 16h • 17h30

Tarifs
Adulte: 13€
Enfant (-12 ans): 3,50€
Gratuit enfants de -2 ans
Nos amis les chiens sont acceptés.

1 How long does the boat trip last?
2 During which months of the year can you <u>not</u> do the boat trip?
3 On which days of the week does the boat trip take place?
4 How much does the trip cost for a ten-year-old child?
5 Who can go on the boat trip free of charge?
6 True or false? You cannot take dogs on the boat trip.

 Small words are key to understanding the advert and answering the questions correctly. What do these mean?

durée   *du … au …*   *sauf*   *gratuit*

 8 parler

À deux et à tour de rôle. Faites deux dialogues en utilisant les détails dans les encadrés.

Exemple:
● *Le <u>château</u> est ouvert quels jours de la semaine?*
■ *C'est ouvert tous les jours sauf …*
● *Quels sont les horaires d'ouverture?*
■ *C'est ouvert de … à …*
● *C'est combien, l'entrée?*
■ *Ça coûte … pour les adultes et … pour les enfants.*
● *Est-ce qu'il y a un restaurant ou une cafétéria?*
■ *Oui, il y a …*
● *Merci.*

Tous les jours ✗ le dimanche
9h00–17h30
Adultes: 10€   Enfants: 8€
restaurant

Tous les jours ✗ le mardi
10h30–19h00
Adultes: 15€   Enfants: gratuit
cafétéria

● *Discussing plans and the weather*
● *Using si clauses*

1 écouter **Écoutez et regardez la carte météo. Chaque personne qui parle habite où? Écrivez le nom de la bonne ville. (1–4)**

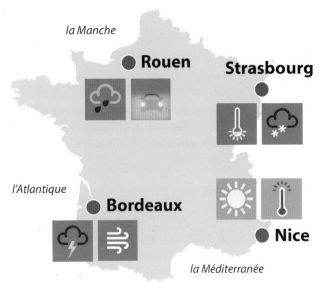

la Manche

Rouen

Strasbourg

l'Atlantique

Bordeaux

Nice

la Méditerranée

Quel temps fait-il?

Il fait beau.

Il fait mauvais.

Il fait chaud.

Il fait froid.

Il y a du soleil.

Il y a du brouillard.

Il y a du vent.

Il y a un orage.

Il pleut.

Il neige.

2 lire **Lisez et regardez la carte de l'exercice 1. Corrigez les <u>deux</u> erreurs dans chaque phrase.**

1 Dans le nord de la France, près de la Manche, il fait mauvais. Il neige et il y a du soleil.
2 Dans l'est de la France, il pleut et il fait très chaud.
3 Dans le sud-ouest de la France, sur la côte atlantique, il y a du soleil et il y a du brouillard.
4 Dans le sud de la France, sur la côte méditerranéenne, il fait très beau. Il y a du vent et il fait froid.

3 lire **Lisez le message. Copiez et complétez les phrases en anglais.**

> Salut, William.
> Voici une liste d'activités pour ta visite la semaine prochaine:
> Lundi, s'il fait chaud, on va aller à la plage. Mardi, s'il fait beau, on va faire une randonnée à vélo. Mercredi, s'il ne pleut pas, on va faire un barbecue dans le jardin. Jeudi, s'il y a du soleil, on va aller à la pêche. Vendredi, s'il fait mauvais, on va jouer à des jeux vidéo. D'accord?
> Antoine

aller à la pêche   *to go fishing*

1 On Monday, if it's ▭, they are going to go ▭.
2 On Tuesday, if the weather is ▭, they are going to ▭.
3 On Wednesday, if it doesn't ▭, they are going to ▭.
4 On Thursday, if it's ▭, they are going to ▭.
5 On Friday, if the weather is ▭, they are going to ▭.

G **Si** *clauses*

Si (*s'* before the vowel *i*) means 'if'. Use *si* + a weather phrase + the near future tense to describe future plans.

S'il pleut, on va aller au cinéma.
If it rains, we're going to go to the cinema.

écouter

6 Écoutez encore. Écrivez V (vrai) ou F (faux) pour chaque phrase.

1 L'aquarium et ouvert tous les jours.
2 C'est ouvert de 9h00 à 21h00.
3 Ça coûte 12€ pour les adultes.
4 On peut acheter des billets en ligne.
5 À l'aquarium, il y a un restaurant.
6 On peut imprimer un plan de la ville à partir du site web.

G **Asking questions** **> Page 204**

- To ask <u>for</u> something (e.g. a map), use *Avez-vous …?*
- To ask whether <u>there is</u> something (e.g. a restaurant), use *Est-ce qu'il y a un/une …?*
- For other types of information, use question words like *combien?, à quelle heure?, où?*
- *Quel/quelle/quels/quelles …?* ('which …?' or 'what …?') is an adjective and must agree with the noun.

Quels sont **les horaires** *d'ouverture?*
What are the opening hours?

7 **lire** Lisez la publicité et répondez aux questions en anglais.

Jaman V
Promenades en bateau

Promenade commentée
Durée: 1 heure environ
Accessible aux personnes handicapées
Du 2 avril au 30 septembre
Départs tous les jours sauf le lundi
• 11h • 14h30 • 16h • 17h30

Tarifs
Adulte: 13€
Enfant (-12 ans): 3,50€
Gratuit enfants de -2 ans
Nos amis les chiens sont acceptés.

1 How long does the boat trip last?
2 During which months of the year can you <u>not</u> do the boat trip?
3 On which days of the week does the boat trip take place?
4 How much does the trip cost for a ten-year-old child?
5 Who can go on the boat trip free of charge?
6 True or false? You cannot take dogs on the boat trip.

⭐ Small words are key to understanding the advert and answering the questions correctly.
What do these mean?
durée   du … au …   sauf   gratuit

8 **parler** À deux et à tour de rôle. Faites deux dialogues en utilisant les détails dans les encadrés.

Exemple:
● *Le château est ouvert quels jours de la semaine?*
■ *C'est ouvert tous les jours sauf …*
● *Quels sont les horaires d'ouverture?*
■ *C'est ouvert de … à …*
● *C'est combien, l'entrée?*
■ *Ça coûte … pour les adultes et … pour les enfants.*
● *Est-ce qu'il y a un restaurant ou une cafétéria?*
■ *Oui, il y a …*
● *Merci.*

Tous les jours ✗ le dimanche
9h00–17h30
Adultes: 10€   Enfants: 8€
restaurant

Tous les jours ✗ le mardi
10h30–19h00
Adultes: 15€   Enfants: gratuit
cafétéria

3 S'il fait beau …

• *Discussing plans and the weather*
• *Using si clauses*

1 écouter **Écoutez et regardez la carte météo. Chaque personne qui parle habite où? Écrivez le nom de la bonne ville. (1–4)**

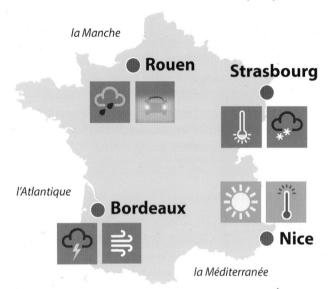

la Manche

Rouen

Strasbourg

l'Atlantique

Bordeaux

Nice

la Méditerranée

Quel temps fait-il?

Il fait beau.

Il fait mauvais.

Il fait chaud.

Il fait froid.

Il y a du soleil.

Il y a du brouillard.

Il y a du vent.

Il y a un orage.

Il pleut.

Il neige.

2 lire **Lisez et regardez la carte de l'exercice 1. Corrigez les <u>deux</u> erreurs dans chaque phrase.**

1 Dans le nord de la France, près de la Manche, il fait mauvais. Il neige et il y a du soleil.
2 Dans l'est de la France, il pleut et il fait très chaud.
3 Dans le sud-ouest de la France, sur la côte atlantique, il y a du soleil et il y a du brouillard.
4 Dans le sud de la France, sur la côte méditerranéenne, il fait très beau. Il y a du vent et il fait froid.

3 lire **Lisez le message. Copiez et complétez les phrases en anglais.**

Salut, William.

Voici une liste d'activités pour ta visite la semaine prochaine:

Lundi, s'il fait chaud, on va aller à la plage. Mardi, s'il fait beau, on va faire une randonnée à vélo. Mercredi, s'il ne pleut pas, on va faire un barbecue dans le jardin. Jeudi, s'il y a du soleil, on va aller à la pêche. Vendredi, s'il fait mauvais, on va jouer à des jeux vidéo. D'accord?

Antoine

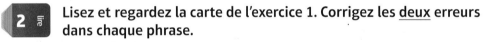
aller à la pêche *to go fishing*

1 On Monday, if it's ▭, they are going to go ▭.
2 On Tuesday, if the weather is ▭, they are going to ▭.
3 On Wednesday, if it doesn't ▭, they are going to ▭.
4 On Thursday, if it's ▭, they are going to ▭.
5 On Friday, if the weather is ▭, they are going to ▭.

G *Si clauses*

Si (*s'* before the vowel *i*) means 'if'. Use *si* + a weather phrase + the near future tense to describe future plans.

S'il pleut, on va aller au cinéma. If it rains, we're going to go to the cinema.

4 **Écoutez. Copiez et complétez le tableau en anglais. (1–5)**

	when?	weather	activity
1	Saturday		

faire de la luge to go tobogganing

aujourd'hui	today
demain	tomorrow
après-demain	the day after tomorrow
ce week-end	this weekend
cette semaine	this week

 5 **À deux. Parlez de la météo et des activités que vous allez faire. Utilisez les idées ci-dessous.**

Exemple:
- ● *Qu'est-ce qu'on va faire <u>aujourd'hui</u>?*
- ■ *<u>Aujourd'hui</u>, <u>s'il y a du soleil</u>, on va <u>aller à la plage</u>. D'accord?*
- ● *D'accord./Bonne idée!/Génial!/Oui, je veux bien!*

 aujourd'hui

 demain

 après-demain

 samedi

 dimanche

S'il pleut/fait beau (etc.), S'il y a du soleil (etc.),	on va	aller au cinéma/à la pêche/à la plage/à la piscine (en plein air). faire un barbecue/un pique-nique/du ski/de la luge. jouer au foot/au tennis/à des jeux vidéo. rester à la maison/regarder la télé.

 6 **Faites des projets ridicules! Copiez et complétez les phrases en utilisant vos propres idées.**

Exemple: **1** Demain, s'il neige, <u>on va faire un pique-nique sur la plage!</u>

1 Demain, s'il neige, …
2 Le week-end prochain, s'il fait chaud, …
3 Aujourd'hui, s'il pleut, …

4 Cette semaine, s'il y a un orage, …
5 Pendant les vacances, s'il y a du brouillard, …

 7 **Préparez un message vidéo pour un(e) ami(e) français(e) qui va vous rendre visite. Adaptez le message de l'exercice 3.**

Exemple:
Salut! Voici une liste d'activités pour ta visite la semaine prochaine. Lundi, s'il fait beau, on va …

 8 **À deux. Enregistrez votre message. Votre partenaire écoute et note les détails.**

1 lire **Lisez les tweets. Reliez les tweets et les photos.**

Votre ville ou village est parfait(e) ou nul(le)? Il/Elle mérite combien d'étoiles? Dites-nous pourquoi!

① ★★☆☆☆ Mon village est tout petit et c'est trop tranquille. Il y a seulement des maisons et une église. Il n'y a rien pour les jeunes.

② ★★★★☆ Ma ville est très animée. Il y a un centre commercial, un centre de loisirs et un bowling mais il y a trop de circulation et il n'y a pas de zone piétonne.

③ ★☆☆☆☆ Mon quartier n'est jamais propre. Il y a toujours des déchets par terre. De plus, il y a trop de bruit à cause de la boîte de nuit en face de chez moi.

④ ★★★☆☆ J'habite en banlieue et il y a de bons transports en commun mais il n'y a pas grand-chose à faire. Il n'y a plus de cinéma: il est fermé depuis deux ans.

animé(e)	*lively*
le quartier	*neighbourhood*
en banlieue	*in the suburbs*

2 lire **Relisez les tweets. Trouvez l'équivalent français des phrases anglaises. Utilisez un dictionnaire, si nécessaire.**

1 It's too quiet.
2 There's too much traffic.
3 There's always rubbish on the ground.
4 There's too much noise.
5 There's good public transport.
6 There's nothing for young people.
7 There isn't a pedestrian precinct.
8 My neighbourhood is never clean.
9 There's not much to do.
10 There's no longer a cinema.

> ⭐ • *trop* means 'too', e.g. *trop tranquille* (too quiet)
> • *trop* **de** means 'too much' or 'too many', e.g. *trop de bruit* (too much noise)

3 écouter **Écoutez et notez <u>en anglais</u> le problème dans chaque ville, village ou quartier. (1–5)**

> **G** **Negatives** > *Page 206*
>
> Most negative expressions work like *ne … pas* (not). They are in two parts and go <u>around</u> the verb:
> *ne … rien* (nothing)
> *ne … jamais* (never)
> *ne … plus* (no longer, not any more)
> With *il y a* (there is/are), negatives go around the *y a* and *ne* shortens to *n'*:
>
> | | |
> |---|---|
> | *Il **n'**y a **rien** à faire.* | There's nothing to do. |
> | *Il **n'**y a **jamais** de bus.* | There are never any buses. |
> | *Il **n'**y a **plus** de magasins.* | There are no longer any shops. |

parler

À deux. Regardez les images et parlez des problèmes dans chaque ville.

Exemple: **a** Ma ville n'est jamais propre. Il y a trop de … et …

 lire

Lisez et trouvez la deuxième partie de chaque texte. Puis traduisez les deux parties des textes 1 et 2 en anglais.

1 Avant, dans ma ville, il y avait un centre de loisirs et un club pour les jeunes.
2 Avant, au centre-ville, il y avait trop de circulation, donc c'était dangereux et pollué.
3 Avant, mon village était sale: il n'y avait pas de poubelles et il y avait toujours des déchets par terre.
4 Avant, dans mon quartier, les transports en commun étaient bons.

a Mais maintenant, il n'y a plus de voitures parce qu'il y a une zone piétonne. C'est beaucoup mieux.
b Mais maintenant, il y a seulement un bus par jour pour aller en ville. C'est complètement nul.
c Mais maintenant, ils sont fermés et il n'y a rien pour les jeunes. C'est vraiment triste.
d Mais maintenant, il y a beaucoup de poubelles, donc c'est plus propre.

sale	*dirty*
la poubelle	*bin*
mieux	*better*

Ⓖ *Using the present tense and the imperfect tense together*

- You use the **imperfect tense** to say how things <u>used to be</u>.
- You use the **present tense** to say how things are <u>now</u>.

*Avant, **c'était** sale. Maintenant, **c'est** plus propre.*   Before, **it was** dirty. Now, **it is** cleaner.
*Avant, **il y avait** un cinéma. Maintenant, **il n'y a** rien.*   Before, **there was** a cinema. Now, **there is** nothing.

 écouter

Écoutez Malik. Choisissez la bonne fin de chaque phrase.

1 La ville de Malik … **a** est propre. **b** n'est pas propre.
2 Dans sa ville, … **a** il y a trop de bruit. **b** il n'y a pas trop de bruit.
3 Avant, les transports en commun étaient … **a** bons. **b** nuls.
4 Maintenant, … **a** il y a trop de circulation. **b** il n'y a pas trop de circulation.

Pay close attention to:
- **tenses and time markers** like *avant* and *maintenant* – they will tell you whether a sentence refers to the past or the present
- **negatives** – they can completely change the meaning.

 écrire

Traduisez ces phrases en français.

trop, or *trop **de**?*   Use *ne … pas de* (you don't need a word for 'a').

1 In my town, there is a shopping centre, but <u>there isn't a</u> cinema.
2 My neighbourhood is <u>too</u> quiet and there is nothing for young people.
3 There is no longer a leisure centre, so there isn't much to do.
4 Before, <u>there was</u> too much traffic, but now <u>it's</u> better, because <u>there is</u> a pedestrian precinct.

Use the imperfect tense in the first half of the sentence and the present tense in the second.

1 *lire* **(a) Read this blog by Amir in which he describes what is important to him about the town where he lives.**

Ma ville
Hier, j'ai répondu à un sondage en ligne sur les aspects de la ville où j'habite qui sont les plus importants pour moi.
L'essentiel pour moi est d'habiter dans une ville où il y a beaucoup de choses à faire.
Cependant, il faut aussi avoir de bons transports en commun. Comme ça, je peux sortir avec mes amis ou faire les magasins.
En plus, je veux habiter un endroit propre, sans pollution et sans déchets par terre.

Answer the following questions in English. You do not need to write in full sentences.

1 What is the most important thing for Amir about the town where he lives?
2 Give one reason why he needs good public transport.
3 What sort of local environment does he want to live in?

(b) The blog continues.

Mais pour ma cousine Naima, c'est différent. Elle aime habiter près de la mer parce qu'elle peut se baigner ou pratiquer des sports nautiques. Elle préfère aussi vivre dans un endroit tranquille, sans trop de bruit.
Pourtant, elle n'est pas contente d'habiter si loin d'une ville parce qu'elle voudrait profiter des lieux culturels comme les musées.

1 Give one reason why Amir's cousin Naima likes living by the sea.
2 How does Naima feel about living far from a town?

2 *lire* **Lis ces annonces sur un site de tourisme.**

A Château
» Ouvert tous les jours de 9h30 à 16h30.
» Adultes: 7,50€
» Enfants: 3,50€
» Accès à la tour à prix supplémentaire.

C Promenades en bateau
» Location de deux heures pour quatre personnes: 65€
» Départ toutes les heures.
» Les chiens sont acceptés.
» Fermé le dimanche.

B Spectacle son et lumière
» Tous les jours sauf le dimanche, à 20h.
» Apportez votre pique-nique!
» Gratuit aux enfants de moins de 12 ans.
» Chiens interdits.

D Musée de la mode
» Ouvert du lundi au vendredi, de 10h à 17h.
» Boissons et casse-croûtes disponibles à la cafétéria.
» Billets à prix réduit en ligne.

Quelle est l'attraction idéale? Choisis entre A, B, C et D. Chacune des lettres peut être utilisée plusieurs fois.

(a) Tu as un chien.
(b) Tu as trois petites sœurs mais tu n'as pas beaucoup d'argent.
(c) Tu aimes voyager sur la rivière.
(d) Tu veux acheter un sandwich à midi.
(e) Tu veux faire quelque chose le dimanche.

3 lire **Read this extract from *Le Petit Prince* by Antoine de Saint-Exupéry.
The little prince is visiting another planet and meets a geographer.**

– D'où viens-tu? lui dit le vieux monsieur.
– Quel est ce gros livre? dit le petit prince. Que faites-vous ici?
– Je suis géographe, dit le vieux monsieur.
– Qu'est-ce qu'un géographe?
– C'est un savant qui connaît où se trouvent les mers, les fleuves, les villes, les montagnes et les déserts.
– Ça c'est bien intéressant, dit le petit prince. Ça c'est enfin un véritable métier!

Et il jeta un coup d'œil autour de lui sur la planète du géographe. Il n'avait jamais vu encore une planète aussi majestueuse.

– Elle est bien belle, votre planète. Est-ce qu'il y a des océans?

le savant scholar

Write down the letter of the correct ending for each sentence.

1 The geographer is …
   A old.
   B fat.
   C small.
   D good-looking.

2 The prince asks the geographer about …
   A his town.
   B his family.
   C his house.
   D his book.

3 The geographer mentions …
   A farms and villages.
   B rivers and mountains.
   C lakes and forests.
   D hills and fields.

4 The prince is impressed by the geographer's …
   A memory.
   B job.
   C house.
   D clothes.

5 The prince thinks the geographer's planet is …
   A big.
   B deserted.
   C not very interesting.
   D beautiful.

> In a text like this, which contains lots of dialogue, it's important to understand who says what. In French, each person's speech will have a dash (–) in front of it and will often be followed by words like *dit* (said). Start by working out which lines are spoken by the geographer and which are spoken by the little prince.

1 écouter **You hear two friends, Alex and Myriam, discussing the weather and what they are going to do. Listen to the conversation and answer the following questions in English.**

(a) When are they making plans for?
(b) What are they going to do on Monday?
(c) What will the weather be like on Tuesday? (Give **one** detail.)
(d) What does Alex say he loves doing?

2 écouter **Écoute. Mohammed parle de sa ville. Complète les phrases en choisissant un mot ou des mots dans la case. Il y a des mots que tu n'utiliseras pas.**

| voitures près bons peu ~~bâtiments~~ |
| bruit beaucoup mauvais magasins loin |

Exemple: Il aime les vieux bâtiments de sa ville.

(a) Il y a _____ de choses à faire.
(b) Dans la rue où il habite, il y a trop de _____.
(c) Les transports en commun sont _____.
(d) La ville est _____ de la mer.

> In a task like this, there will usually be two possible words from the box that could go in each gap. Before the recording starts, read the gapped sentences and decide which words could fit. Think grammatically!

A – Role play

1 parler Look at the role play card and prepare what you are going to say.

Topic: Travel and tourist transactions

You are in a tourist information office in France asking for information. The teacher will play the role of the employee and will speak first.

You must address the employee as *vous*.

You will talk to the teacher using the prompts below.

Where you see – **?** – you must ask a question.

Where you see – **!** – you must respond to something you have not prepared.

> **Dans l'office de tourisme d'une ville française. Vous demandez des renseignements.**
> **1** Château – visite
> **2** Visite – quand
> **3** !
> **4** L'hôtel – opinion
> **5** ? Restaurant – renseignements

> Say what you would like to visit. Use *Je voudrais …*

> Listen for the question word. Are you being asked, 'When?', 'Where?', 'How much/many?' Then listen for the verb, so you know what kind of information to give.

> Try to say more than just 'I like/ don't like my hotel.' Give a reason.

> You could ask 'Is there a good restaurant near here?' or 'Can you recommend a good restaurant?'

2 parler Compare your answers with a partner and practise what you are going to say.

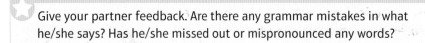

> ☆ Give your partner feedback. Are there any grammar mistakes in what he/she says? Has he/she missed out or mispronounced any words?

3 écouter Using your notes, listen and respond.

4 écouter Now listen to Matthew doing the role play. What differences are there between his answers and yours? Is there anything you could borrow from his answers?

B – General conversation

 1 Listen to Lydia introducing her chosen topic. In which order does she mention the following things?

- **A** what there is in her town
- **B** what she likes to do at the weekend
- **C** the location of her town
- **D** why she likes living there
- **E** what you can do in summer

 2 The teacher then asks Lydia, «Ta région est comment?» Listen to how Lydia develops her answer. What 'hidden questions' does she also answer?

Example: What do you think of your region?

> ⭐ Be careful not just to list lots of nouns with *il y a*, or it will sound repetitive. Imagine you are being asked some of the 'hidden questions' that Lydia answers – add opinions, what you do/did/are going to do, etc.

3 Next, the teacher says to Lydia, «Parle-moi de ta maison ou de ton appartement.» Listen and look at the transcript. What do the words in bold mean? Use a dictionary if necessary.

> J'habite un appartement moderne dans **un grand immeuble**. Notre appartement est **au quatrième étage**. Il y a six **pièces**. Nous avons une jolie cuisine et **une petite salle à manger**. **Le salon** est assez grand et confortable avec **un canapé et deux fauteuils**. Il n'y a pas de jardin mais nous avons un balcon avec une belle vue sur la mer. Nous avons trois chambres mais malheureusement, **je dois partager ma chambre** avec ma sœur. Quelle horreur! Je veux avoir **ma propre chambre**!
>
> *malheureusement*   unfortunately

 4 Listen to how Lydia answers the next question: «Le week-end prochain, qu'est-ce que tu vas faire dans ta ville/ton village?» Look at the Answer booster on page 88. Write down <u>five</u> examples of things she says to make her answer a strong one.

 5 Prepare answers to the following questions. Then practise with your partner.

1. Où habites-tu?
2. Qu'est-ce qu'on peut faire dans ta ville/ton village?
3. Ta région est comment?
4. Parle-moi de ta maison ou de ton appartement.
5. Le week-end prochain, qu'est-ce que tu vas faire dans ta ville/ton village?
6. Le climat est comment, dans ta région?
7. Qu'est-ce que tu as fait récemment, dans ta région?

Answer booster	Aiming for a solid answer	Aiming higher	Aiming for the top
Verbs	**Verbs with** *je* **Different time frames:** present, perfect and near future tenses	**Different persons of the verb:** *il/elle/on/nous* **Modal verbs:** *on peut* + infinitive *Je voudrais/J'aimerais …:* Je voudrais faire une randonnée à vélo.	*si* **clauses using two tenses:** S'il fait beau demain, on va faire un pique-nique. **The imperfect and present tenses together:** Avant, c'était sale. Maintenant, c'est plus propre.
Opinions and reasons	**Basic verbs of opinion:** J'aime bien/J'adore … parce que c'est …	**Add more variety:** À mon avis, …/Je crois que …	**Negative opinions with** *trop* **(de):** C'est trop tranquille./ Il y a trop de circulation. **Superlatives:** Nous avons les plus belles plages/la meilleure équipe de foot.
Connectives	*et, mais, aussi, ou, parce que*	*où, donc, alors, cependant, car, puisque*	*pour* + **infinitive:** On peut aller au lac pour faire de la voile.
Other features	**Sequencers:** *d'abord, ensuite, puis, après* **Time and frequency phrases:** *en été, le week-end prochain, toujours*	**Negatives:** Il n'y a rien pour les jeunes./Il n'y a pas grand-chose à faire. **Interesting vocabulary:** malheureusement, vraiment triste, en plein air	**Less common negatives:** Il n'y a plus de … Mon quartier n'est jamais …

A – Short writing task

 1 **Look at the task card. What do you need to write about for each bullet point?**

> ### Ma ville et ma région
>
> Vous écrivez un guide touristique de votre ville ou village pour des visiteurs français.
>
> Écrivez un blog avec les informations suivantes:
> - où se trouve votre ville ou village
> - le climat dans votre région
> - les activités qu'on peut faire
> - vos projets de vacances dans votre ville.
>
> Écrivez 40–50 mots environ **en français**.

2 **Look at Samuel's answer. Rearrange the sections into the order of the bullet points in the task.**

A D'habitude, en été, il fait beau mais aujourd'hui, il pleut.	**C** Ici, on peut faire les magasins ou visiter les monuments. En plus, on peut faire des randonnées à la campagne.
B Pendant les vacances, je vais aller à la piscine et faire un pique-nique dans la forêt avec ma famille.	**D** Ma ville se trouve dans le nord-ouest de l'Angleterre. C'est une grande ville animée.

animé lively

3 **Read Samuel's answer in exercise 2 again and find examples of the following.**

1 five connectives
2 four time or frequency expressions
3 a modal verb + infinitive
4 a sentence in the near future tense

4 Now write your own answer to the task.

- Use Samuel's answer as a model and adapt what he has written.
- Check your answer carefully for spelling, accents and grammar.

> ⭐ Check verb forms and endings. Also make sure your adjectives agree with the noun they describe – remember, *village* is masculine but *ville* is feminine.

B – Extended writing task

1 Look at the task and answer the questions.

> **Ma région**
>
> Ton ami(e) français(e) t'a demandé de décrire ta région.
> Écris un e-mail à ton ami(e).
>
> Tu **dois** faire référence aux points suivants:
> - comment est ta région
> - les aspects positifs et négatifs de ta ville ou ton village
> - une activité récente dans ta région
> - tes projets pour le week-end prochain.
>
> Écris 80–90 mots environ **en français**.

1 What do you need to write about for each bullet point?
2 Which tense(s) do you need to use for each bullet point?

> ⭐ Look at the bullets for time phrases or words like *récente* to help you to decide which time frame (present, past or future) you are being asked to write about. Then make sure you use the correct tense for each.

2 Read Emma's answer and copy and complete the sentences below in English.

> J'habite dans le nord de l'Écosse et c'est très beau car il y a des montagnes et de grandes forêts. En hiver, on peut faire du ski puisque nous avons des stations de ski.
>
> Dans ma ville, il y a trop de circulation et il n'y a plus de bowling. Cependant, il y a une zone piétonne. Avant, c'était un peu sale mais maintenant, c'est très propre.
>
> Hier, j'ai fait une randonnée à vélo avec mes copains et après, on a mangé une pizza. C'était génial!
>
> Le week-end prochain, j'aimerais faire de la natation mais s'il fait froid, je vais aller au cinéma pour voir une comédie.

1 Emma lives in the north of _____, where there are _____ and _____.
2 In winter you can _____ because they have _____.
3 Her town has too much _____ and there's no longer _____, but there is _____. It used to be a bit _____ but now it's _____.
4 Yesterday she _____ and afterwards they _____. It was _____.
5 Next weekend she'd like to go _____, but if _____, she's going to _____.

 3 Look at the Answer booster and note down <u>five</u> examples of how Emma writes a strong answer.

 4 Now write your own answer, using Emma's text and the Answer booster to help you.

Où habites-tu?
J'habite …
dans une ville/un village
au centre-ville
au bord de la mer
à la campagne/montagne
en ville
à Londres/Manchester, etc.

Where do you live?
I live …
in a town/village
in the town centre
at the seaside
in the countryside/mountains
in town
in London/Manchester, etc.

dans le nord/le sud/l'est/
l'ouest …
dans le centre …
de l'Angleterre/Écosse/Irlande
(du Nord)
de la France
du pays de Galles

in the north/south/east/west …

in the centre …
of England/Scotland/
(Northern) Ireland
of France
of Wales

Qu'est-ce qu'on peut faire?
On peut …
aller à un match de foot
aller au cinéma
faire du cheval
faire du ski
faire du snowboard

What can you do?
You can …
go to a football match
go to the cinema
go horse-riding
go skiing
go snowboarding

faire des promenades
faire les magasins
se baigner dans la mer
se détendre sur la plage
visiter le château
visiter les musées

go for walks
go shopping
swim/bathe in the sea
relax on the beach
visit the castle
visit the museums

Dans ma ville/mon village
Dans ma ville/mon village, il y a …
un bureau de poste/une poste
un centre de loisirs
un château
un marché
un musée
un parc/jardin public
un stade

In my town/village
In my town/village there is/are …
a post office
a leisure centre
a castle
a market
a museum
a park
a stadium

un supermarché
une bibliothèque
une église
une gare (SNCF)
une mosquée
des hôtels
des restaurants
Il n'y a pas de …

a supermarket
a library
a church
a (railway) station
a mosque
some hotels
some restaurants
There isn't a/aren't any …

Les directions
Où est le/la/l' …? / Où sont les …?
Pour aller au/à la/à l'/aux …?
Va/Allez tout droit.
Tourne/Tournez à gauche/droite.
Prends/Prenez la première/
deuxième/troisième rue à
gauche/droite.

Directions
Where is the …? / Where are the …?
How do I get to the …?
Go straight on.
Turn left/right.
Take the first/second/third street on
the left/right.

Traverse/Traversez le pont/la place.
Descends/Descendez la rue.
C'est près/loin?
C'est tout près/assez loin.

Cross the bridge/square.
Go down the street.
Is it near/far?
It's very near/quite far.

Qu'est-ce qu'il y a dans ta région?
Dans ma région, il y a …
un lac
un port de pêche
une rivière/un fleuve
des champs
des collines
des fermes
des forêts
des stations de ski
des vignobles

What is there in your region?
In my region there is/are …
a lake
a fishing port
a river
fields
hills
farms
forests
ski resorts
vineyards

En Bretagne, il y a …
un beau château
une belle cathédrale
des villes historiques
de vieilles maisons
de vieux bâtiments
On peut …
faire de la voile
faire des randonnées à vélo

In Brittany there is/are …
a beautiful castle
a beautiful cathedral
historical towns
old houses
old buildings
You can …
go sailing
go for bike rides

Le meilleur …
le meilleur climat
la meilleure équipe de football
le plus beau paysage
les plus belles plages
le plus long fleuve
la plus longue piste de ski

The best …
the best climate
the best football team
the most beautiful countryside
the most beautiful beaches
the longest river
the longest ski slope

la plus haute tour
le musée le plus populaire
la région la plus historique
les stations de ski les plus
populaires
les monuments les plus célèbres

the highest tower
the most popular museum
the most historical region
the most popular ski resorts

the most famous monuments

Visiter une ville
Je voudrais visiter/voir …
Je ne voudrais pas rater …
l'aquarium
l'exposition sur …
le spectacle son et lumière

Visiting a town
I would like to visit/see …
I wouldn't like to miss …
the aquarium
the exhibition on …
the sound and light show

Je voudrais louer des vélos.
J'aimerais …
faire une promenade en bateau
monter à la tour de l'horloge

I would like to hire bikes.
I would like to …
go on a boat trip
climb the clock tower

Les renseignements touristiques / *Tourist information*

(Le château) est ouvert quels jours de la semaine?	*On which days is (the castle) open?*
C'est ouvert (tous les jours/tous les jours sauf le dimanche).	*It's open (every day/every day except Sundays).*
Quels sont les horaires d'ouverture?	*What are the opening hours?*
C'est ouvert de (9h) à (17h).	*It's open from (9 a.m.) until (5 p.m.).*
C'est combien, l'entrée?	*How much is the entrance fee?*
Ça coûte … pour les adultes et … pour les enfants.	*It costs … for adults and … for children.*
Est-ce qu'il y a un restaurant ou une cafétéria?	*Is there a restaurant or a cafeteria?*
Avez-vous un dépliant/un plan de la ville?	*Do you have a leaflet/a map of the town?*
Où est-ce qu'on peut acheter des billets?	*Where can we buy tickets?*
la durée	*duration*
les tarifs	*prices*
gratuit	*free*
accessible aux personnes handicapées	*accessible to disabled people*
les chiens sont acceptés	*dogs are welcome*

Le temps/La météo / *The weather/ The weather forecast*

Quel temps fait-il?	*What is the weather like?*
Il fait beau.	*The weather is good.*
Il fait mauvais.	*The weather is bad.*
Il fait chaud.	*It's hot.*
Il fait froid.	*It's cold.*
Il y a du soleil.	*It's sunny.*
Il y a du brouillard.	*It's foggy.*
Il y a du vent.	*It's windy.*
Il y a un orage.	*There's a storm.*
Il pleut.	*It's raining.*
Il neige.	*It's snowing.*
près de la Manche	*near the Channel*
sur la côte atlantique	*on the Atlantic coast*
sur la côte méditerranéenne	*on the Mediterranean coast*

Les projets / *Plans*

aujourd'hui	*today*
demain	*tomorrow*
après-demain	*the day after tomorrow*
ce week-end	*this weekend*
cette semaine	*this week*
S'il fait beau/mauvais (etc.), on va …	*If the weather's good/bad (etc.), we're going to …*
aller à la pêche	*go fishing*
aller à la piscine (en plein air)	*go to the (open-air) swimming pool*
faire un barbecue	*have a barbecue*
faire un pique-nique	*have a picnic*
faire de la luge	*go tobogganing*
rester à la maison	*stay at home*
regarder la télé	*watch TV*

Ville de rêve ou ville de cauchemar? / *Dream town or nightmare town?*

C'est …	*It's …*
très animé	*very lively*
trop tranquille	*too quiet*
sale	*dirty*
pollué	*polluted*
triste	*sad*
Ce n'est jamais propre.	*It's never clean.*
Il y a …	*There is/are …*
de bons transports en commun	*good public transport*
seulement des maisons et une église	*only houses and a church*
trop de circulation	*too much traffic*
trop de bruit	*too much noise*
toujours des déchets par terre	*always rubbish on the ground*
Il n'y a rien pour les jeunes.	*There is nothing for young people.*
Il n'y a pas grand-chose à faire.	*There is not much to do.*
Il n'y a pas de zone piétonne.	*There is no pedestrian precinct.*
Il n'y a plus de cinéma.	*There is no longer a cinema.*
Le cinéma est fermé.	*The cinema is closed (down).*
un club pour les jeunes	*a youth club*
les poubelles	*bins*
en banlieue	*in the suburbs*
le quartier	*neighbourhood, district, part of town*

Les mots essentiels / *High-frequency words*

s'il te plaît/s'il vous plaît	*please*
merci	*thank you*
de rien	*you're welcome*
aussi	*also*
sauf	*except (for)*
si	*if*
trop	*too*
trop de	*too much/many*
seulement	*only*
avant	*before*
maintenant	*now*
D'accord!	*OK!*
Bonne idée!	*Good idea!*

5 Le grand large …

Point de départ

● *Talking about what you normally do on holiday*

1 lire C'est le drapeau de quel pays? Écrivez la bonne réponse.

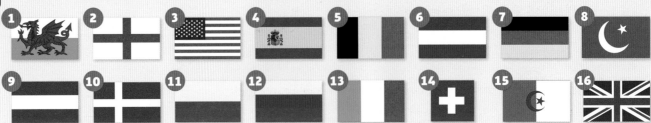

| la Belgique | le pays de Galles | l'Allemagne | l'Angleterre | les Pays-Bas | l'Espagne | l'Italie | le Pakistan |

| l'Algérie | les États-Unis | le Danemark | la Suisse | la Russie | le Royaume-Uni | la Pologne | l'Autriche |

2 écouter Écoutez et vérifiez vos réponses. (1–16)

3 écouter Écoutez. Copiez et complétez le tableau en anglais. (1–4)

	country	means of transport	lodging	companions	opinion
1					

Où vas-tu en vacances?
Je vais …
- en France.
- en Espagne.
- au Danemark.
- aux Pays-Bas.

Comment voyages-tu?
Je voyage …
- ✈ en avion.
- 🚆 en train.
- 🚗 en voiture.
- 🚢 en bateau.
- 🚌 en car.
- 🚲 à vélo.

Où loges-tu?
Je loge …
- 🏨 dans un hôtel.
- ⛺ dans une auberge de jeunesse.
- 🚐 dans une caravane.
- ⛺ dans un camping.

Avec qui pars-tu en vacances?
Je pars en vacances …
- avec mes copains/copines.
- avec ma famille.
- avec mes grands-parents.
- seul(e).

C'est comment?
- C'est extra/ formidable!
- C'est bien.
- Ce n'est pas mal.
- C'est (un peu) ennuyeux/nul.

G *Saying 'in' or 'to' with countries*

J'habite … (I live …)
Je vais en vacances … (I go on holiday …)
en + feminine country, e.g. *en Angleterre/France/Belgique/Autriche* (in/to England/France/Belgium/Austria)
au + masculine country, e.g. *au pays de Galles/Royaume-Uni* (in/to Wales/the UK)
aux + plural country, e.g. *aux États-Unis/Pays-Bas* (in/to the United States/the Netherlands)

4 parler **À deux. Faites le jeu de rôle sur les vacances.**

a ● *Où vas-tu en vacances?*
● *Comment voyages-tu?*
● *Où loges-tu?*
● *Avec qui pars-tu en vacances?*
● *C'est comment?*

b ■ *Say where you spend your holidays.*
■ *Say how you travel.*
■ *Say where you stay.*
■ *Say who you go with.*
■ *Say what you think of your holidays.*

G *Questions with inversion* **❯** *Page 204*

When asking questions, you can put the **question word** at the end.

*Tu loges **où**?*   *Tu pars en vacances **avec qui**?*

You can also use **inversion**: put the question word first and swap the order of the subject (e.g. *tu*) and the verb.

*Où **loges-tu**?*   *Avec qui **pars-tu** en vacances?*

5 lire **Lisez les textes et répondez aux questions en anglais.**

👤 ⌐| _____ Envoyer

Léonie: Normalement, je passe mes vacances en Italie. Je voyage en train et je fais du camping. J'adore ça! Je vais au bord de la mer avec ma famille.

Zoé: D'habitude, je vais à la campagne en France. Je passe mes vacances dans un petit hôtel avec mes grands-parents. C'est assez ennuyeux mais il fait toujours beau.

Karim: Tous les ans, je vais chez ma tante qui habite en Tunisie, à la montagne. Je voyage en avion. Je passe tout le mois d'août là-bas. C'est génial!

Eliott: En juillet, je passe deux semaines en Angleterre avec mes parents et mon petit frère. Je loge dans une caravane, dans un petit village. Je prends le ferry et puis la voiture. C'est extra!

1 Who normally spends their holidays by the sea?
2 Who goes on holiday for four weeks?
3 Who likes to go camping?
4 Who goes by boat?
5 Who gets a bit bored?
6 How long does Eliott spend in England?

6 écrire **Imaginez que vous êtes une célébrité. Écrivez un texte sur vos vacances.**

Say:
• where you normally spend your holidays
• how you travel and who you go with
• where you stay
• what you think of your holidays.

⭐ Use words and phrases like *d'habitude*, *normalement* and *tous les ans*, and linking words like *mais* and *puis* to make your writing more interesting and less like a list.

1 Les hôtels, mode d'emploi …

- *Dealing with a hotel stay*
- *Using the nous form of the verb and notre/nos ('our')*

1 *lire* Lisez les annonces. Écrivez les lettres des **quatre** bonnes images pour chaque établissement.

 The words in bold in the texts will help you!

★★★★★ OÙ DORMIR À BAYONNE? ★★★★★

Chambres d'hôtes spacieuses, confortables et charmantes

Nos cinq chambres d'hôtes sont situées au rez-de-chaussée et au premier étage de notre maison.

Toutes nos chambres ont **une télévision à écran plat**, **un micro-ondes** et **une douche**.

Le petit-déjeuner est inclus!

Nous mettons **un parking** à votre disposition.

Hôtel familial bien situé

Nous proposons des chambres avec **un grand lit**, des chambres avec **un lit simple** et des chambres avec deux lits: nous avons toutes les formules possibles pour les familles!

Nos chambres sont bien équipées avec **une salle de bain** privée, bien sûr.

Nous avons aussi des chambres avec un balcon et **une vue sur la mer**.

Réservez tout de suite: nous sommes prêts à vous accueillir!

HORTENSIAS DU LAC ★★★★
Hôtel 4 étoiles

Notre hôtel de luxe se trouve dans le centre historique de Bayonne. Notre restaurant et nos chambres modernes vous attendent!

Toutes nos chambres ont **la climatisation** et **le Wi-Fi**, bien évidemment.

Vous allez adorer notre **piscine extérieure**, et pour vos enfants, nous avons aussi **une aire de jeux**.

2 *lire* Trouvez ces expressions en français dans les textes de l'exercice 1.

1 Our five guest rooms are situated on the ground floor and first floor of our house.
2 Breakfast is included.
3 We have all the possible options for families.
4 Our rooms are well equipped.
5 We are ready to welcome you.
6 Our restaurant and modern rooms await you.

> **G** *Using the nous form and notre/nos* > *Pages 200 and 216*
>
> The *nous* form almost always ends in *-ons*. The only exception is *nous sommes* (we are), from the verb *être*.
>
> **Nous proposons** *des chambres avec* …
> **We offer** rooms with …
>
> Use **notre/nos** to say 'our'.
>
> **notre** parc   **notre** terrasse   **nos** chambre**s**

3 *écouter* Écoutez. Notez en anglais **cinq** détails pour chaque chambre. (1–2)

Exemple: **1** on the second floor, …

en bas downstairs/below

4 écrire Vous logez dans un hôtel. Écrivez une carte postale pour décrire votre chambre.

Voici notre hôtel.
C'est charmant/moderne/bien situé.
Voici notre chambre. Elle est au premier/deuxième étage.
Il y a … et nous avons aussi …

5 lire Lisez ce dialogue. Copiez et complétez le tableau en anglais.

room? (details)	nights?	floor?	payment?	breakfast?

Client: Nous voulons une chambre, s'il vous plaît.
Employé: Quelle sorte de chambre voulez-vous?
Client: Une chambre pour deux personnes avec une salle de bains et un grand lit.
Employé: Pour combien de nuits, monsieur?
Client: Pour une nuit.
Employé: Nous avons la chambre 215, au deuxième étage. Vous voulez payer comment?
Client: Avec ma carte bancaire.
Employé: Très bien. Donc, votre chambre est au deuxième étage, avec une belle vue sur la mer.
Client: Le petit-déjeuner est inclus?
Employé: Oui, le petit-déjeuner est inclus et il est servi entre 8h et 10h au restaurant.
Client: Parfait. Merci beaucoup.

⭐ Use *votre/vos* to say 'your'.

votre chambre   your room
vos enfants   your children

6 écouter Écoutez. Écrivez les <u>quatre</u> bonnes lettres pour chaque conversation. (1–3)

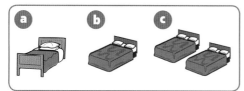

compris   included

7 parler À deux. Adaptez le dialogue de l'exercice 5 en utilisant ces détails.

1

on the ground floor

⭐ To ask if the hotel has Wi-Fi or a swimming pool, start with *Est-ce que vous avez …?*

2

on the second floor

1 *lire*   Copiez le diagramme de Venn et mettez les mots au bon endroit. Utilisez un dictionnaire, si nécessaire.

le guichet	le quai	l'autoroute
la ceinture de sécurité	la route	les bagages
	le billet	un aller-retour
un aller simple	la douane	en deuxième classe
le contrôle des passeports	la circulation	le/la pilote
	la gare	le conducteur/
en première classe	l'aéroport	la conductrice

voyager ...

en avion

en train   en voiture

2 *lire*   Lisez et complétez le rôle du client. Choisissez des phrases à droite.

Au guichet

- *Bonjour, monsieur. Je peux vous aider?*
- **1**
- *D'accord. En quelle classe?*
- **2**
- *25 euros, s'il vous plaît.*
- **3**
- *C'est le quai numéro 5.*
- **4**
- *À 15h15.*
- **5**
- *Deux heures et treize minutes.*
- **6**
- *Non, c'est un train direct. Au revoir et bon voyage!*

a   Voilà. C'est quel quai?

b   Le voyage dure combien de temps?

c   En deuxième classe.

d   Je voudrais un aller simple pour Metz, s'il vous plaît.

e   Est-ce qu'il faut changer de train?

f   Et le train part à quelle heure?

3 *écouter*   Écoutez et vérifiez vos réponses.

4 *écouter*   Écoutez ces conversations. Copiez et complétez le tableau en anglais. (1–3)

	ticket type (single/return)	destination	class	price (euros)	platform no.
1					

☆ Listen carefully for the prices and platform numbers. For higher numbers, it can help to write them out as words and then convert them into figures afterwards, e.g. *soixante-quatre* → 64.

5 *parler*   À deux. Adaptez le dialogue de l'exercice 2 en utilisant les détails ci-dessous.

1 ↔ **Bordeaux**

2ème classe   44€
Quai 3
15h00   2h 25 minutes
direct

2 → **Dijon**

1ère classe   84€
Quai 9
20h40   1h 59 minutes
direct

☆ '15h00' said out loud is *quinze heures*.

6 écouter **Écoutez et lisez les avis. Copiez et complétez le tableau en anglais.**

name	preferred means of transport	reasons
Zao		

 Moi, je vais en Italie tous les ans et j'y vais toujours en avion parce que c'est plus confortable que voyager en voiture ou en bateau. En plus, on arrive plus vite! Ce n'est pas du tout fatigant. J'aime beaucoup prendre l'avion. **Zao**

 Moi, je voyage toujours en bateau parce que c'est plus pratique et … c'est la classe! Il y a beaucoup de place et ce n'est pas du tout ennuyeux. En juillet, je vais aller en Angleterre avec ma famille et nous allons y aller en ferry, bien sûr! **Amandine**

 Moi, je voyage toujours en car parce que c'est moins cher et c'est moins fatigant que voyager en voiture. En plus, on peut rencontrer des gens sympa! **Camille**

 Moi, je voyage toujours à vélo. C'est plus aventureux et c'est beaucoup plus vert que tous les autres moyens de transport, donc c'est nettement mieux pour notre planète. Mon pays préféré pour faire du vélo, c'est la Croatie. **Noé**

G *More on the comparative* > Page 215

You use comparative adjectives to compare things:

plus + adjective + *que* more … than
plus pratique que more practical than

moins + adjective + *que* less … than
moins cher que less expensive than

The word for 'better' is *mieux*.

★ The pronoun **y** means 'there'. You need to be able to recognise and understand it. In the present tense, *y* goes in front of the verb:

*J'**y** vais toujours en avion.* I always go **there** by plane.

7 lire **Traduisez l'avis d'Amandine de l'exercice 6 en anglais.**

★ Amandine uses two tenses – the present and the near future. Make sure you translate them correctly. Take care as well not to miss out small words like *y*.

8 écrire **Écrivez une phrase <u>de 14 ou 15 mots</u> pour donner votre avis sur les moyens de transport.**

Moi, je voyage toujours	en car en train en avion en voiture	parce que c'est	plus	rapide/confortable/pratique/ vert/aventureux.
	à vélo à moto		moins	ennuyeux/fatigant/cher.
			mieux pour	l'environnement/la planète.

3 Mes vacances

- *Saying what you do and did on holiday*
- *Using the present and perfect tenses*

1 écouter **Écoutez. Écrivez les trois bonnes lettres pour chaque personne. (1–4)**

> *Que fais-tu quand tu es en vacances?*

a Je fais de la planche à voile.

b Je fais de la voile.

c Je fais de l'accrobranche.

d Je fais du ski.

e Je visite les musées.

f Je visite les monuments.

g Je vais à la pêche.

h Je vais à la plage.

i Je joue à la pétanque.

j Je me baigne.

k Je me promène.

l Je me repose.

2 parler **À deux. Faites ces dialogues. Regardez les images de l'exercice 1.**

- ● *Que fais-tu quand tu es en vacances?*
- ■ *Quand je suis en vacances, je …, je … et je … Quelquefois, je … Le soir, je …*

1 | a b f g l

2 | c d f i k

3 | e c h j l

3 lire **Lisez les textes et répondez aux questions.**

> Quand je suis en vacances, je me repose.
> Je me lève tard, je vais à la plage et je me baigne.
> Ensuite, je me promène un petit peu. Le soir,
> je m'habille bien et je sors au restaurant. **Jeanne**

> Quand je suis en vacances à la montagne,
> je suis super actif! Je me lève tôt, je me
> couche tard et je fais du sport toute la
> journée. Je ne m'ennuie jamais. **Thomas**

Who …
1 gets up early?
2 gets up late?
3 swims in the sea?
4 goes to bed late?
5 never gets bored?
6 goes to a restaurant in the evening?

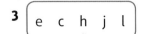

G *Reflexive verbs* ❭ *Page 201*

Reflexive verbs have a **reflexive pronoun** (*me*, *te*, *se*, etc.)
in front of the verb. The verb is conjugated as usual.

Je **me** *douche.*	I am having a shower.
Tu **te** *baignes.*	You go swimming.
On **se** *lève?*	Shall we get up?

4 · lire · Lisez les articles de blog et répondez aux questions en anglais.

Shogo

D'habitude, quand je suis en vacances au bord de la mer, je me repose, tout simplement. Donc, je me lève tard, je me promène un peu et je lis des romans au soleil. Mais hier, comme c'était mon dernier jour de vacances, j'ai décidé de faire quelque chose de différent. Je me suis levé super tôt et je suis allé à la plage où j'ai vu le lever du soleil. Qu'est-ce que c'était beau!

quelque chose de différent *something different*

Arielle

Normalement, quand je suis en vacances, je me lève très tôt et je visite des monuments et des musées. Mais samedi soir, j'ai retrouvé des amis en ville et on est allés en boîte. On a dansé jusqu'à trois heures du matin! C'était super! Le lendemain, je me suis levée à midi. Mais bon, pendant les vacances, je peux faire ce que je veux, non?

le lendemain *the next day*

1 What does Shogo usually do on holiday?
2 Why did he decide to do something different yesterday?
3 What did he see when he went to the beach?
4 What does Arielle normally do when she is on holiday? Give <u>two</u> details.
5 How late did she stay out on Saturday night?
6 What happened the next day?

> ⭐ Both blog posts use the present and the perfect. In the perfect tense, reflexive verbs are conjugated with *être*, and the past participle must agree. Learn to recognise this.
>
> **Elle** *s'est couché**e** tard.*
> She went to bed late.

5 · écouter · Écoutez. Copiez le tableau et écrivez les lettres des images dans la bonne colonne. (1–2)

	activities they normally do	activities they did yesterday
1		

> ⭐ Listen carefully for the tenses used.
>
> **present:** *je fais* · *je vais* · *je me repose*
> **perfect:** *j'ai fait* · *je suis allé(e)* · *je me suis reposé(e)*

a · b · c · d · e

f · g · h · i · j

6 · écrire · Écrivez un texte de 60 mots au sujet de vos vacances.

Say:
- what you normally do when you are on holiday (*D'habitude, quand je suis en vacances, je vais/je fais/je joue/je me baigne/je me repose …*)
- what you did on a particular day (*Hier, je suis allé(e) … et ensuite, j'ai fait/visité/je me suis reposé(e) …*)
- what it was like (*C'était génial/beau/fatigant./Ce n'était pas mal.*)

4 Bon appétit!

1 **Reliez le français et l'anglais.**

1 Le plat du jour, c'est …	**a** The daily special is …
2 Pour commencer, je vais prendre …	**b** What desserts do you have?
3 Comme plat principal, je voudrais …	**c** And to drink?
4 Et comme boisson?	**d** For my main course, I would like …
5 Qu'est-ce que vous avez comme desserts?	**e** To start, I am going to have …

2 écouter **Écoutez et lisez. Répondez aux questions en anglais.**

Serveur: Bonjour messieurs-dames. Voici la carte. Le plat du jour, c'est <u>un filet de loup de mer</u>.
…

Serveur: Vous avez fait votre choix?

Cliente: Oui, pour commencer, je vais prendre <u>l'assiette de crudités</u> et ensuite, je voudrais le plat du jour, <u>le loup de mer</u>. J'ai très faim!

Serveur: Très bien, madame. Et pour vous, monsieur?

Client: Je vais prendre <u>le menu à 30 euros</u> avec <u>les escargots</u> en entrée et comme plat principal, <u>le rôti de veau</u>.

Serveur: Et comme boisson?

Cliente: En effet, j'ai soif! Je voudrais de l'eau gazeuse.

Client: J'en veux moi aussi, s'il vous plaît.
…

Serveur: Un petit dessert?

Client: Moi, j'ai envie d'un dessert. Qu'est-ce que vous avez comme desserts, monsieur?

Serveur: Nous avons <u>une tarte aux pommes, des sorbets, un roulé au chocolat …</u>

Client: <u>La tarte aux pommes</u> pour moi.

Cliente: Pour moi aussi.
…

Serveur: Vous avez besoin d'autre chose?

Cliente: Non, merci. C'était délicieux. On a seulement besoin de l'addition, s'il vous plaît.

le loup de mer   sea bass

1 What does the female customer order as a starter?
2 Who chooses the set menu?
3 What drink is ordered?
4 What dessert is ordered?
5 What does the female customer say about the meal?

> **En** means 'some', 'of it' or 'of them'. You need to recognise it and understand it. It goes in front of the verb.
>
> J'**en** veux. I want some.

G *Expressions with* avoir

These expressions use *avoir* ('to have'), but are not translated literally.

avoir faim	to be hungry	→ *J'ai faim.*
avoir soif	to be thirsty	→ *J'ai soif.*
avoir besoin de	to need	→ *On a besoin de l'addition.*
avoir envie de	to want (to)	→ *J'ai envie d'un dessert.*

3 parler — À trois. Utilisez le dialogue de l'exercice 2 comme modèle. Choisissez pour vous en changeant les éléments <u>soulignés</u>.

⭐ Make sure you know what you're ordering! Check any dishes you aren't sure of on page 111.

Menu à 25 euros

Entrées
la soupe à la tomate
les brochettes de crevettes
la tarte à l'oignon

Plat du jour
le poulet basquaise

Plats principaux
l'épaule d'agneau
la cuisse de canard
les lasagnes végétariennes

Desserts
la crème brûlée
la mousse au chocolat
la tarte au citron

4 lire — Lisez les avis et répondez aux questions.

Écureuil curieux
Bistro de la Gare

★★★☆ J'y suis allée pour le dîner. Mon entrée était trop salée mais mon plat principal était parfait. **Catherine**

★★★☆ Le service était lent et les portions étaient petites mais la nourriture était délicieuse. **Marco**

☆☆☆☆ Malheureusement, la nourriture était froide! Je ne recommande pas ce restaurant. **Yann**

★★★★ J'ai déjeuné ici hier. J'ai pris le filet de loup de mer et c'était bien cuit. En plus, le serveur était très poli. Je recommande ce restaurant. **Toni**

salé(e) salty

1 Who was pleased with the service?
2 Whose meal was not hot?
3 Who enjoyed one course but not the other?
4 Who went to the restaurant for lunch?
5 Who would have preferred to have more on their plate?

⭐ You may have to work out some new words from the context. For example, in the phrase *la nourriture était froide*, replace *la nourriture* with 'beep': 'beep was cold'. What would make sense?

5 écouter — Écoutez et choisissez la bonne fin de chaque phrase. (1–4)

1 Le client a commandé … **a** une salade. **b** de la viande. **c** du poisson.
2 Le steak de la fille … **a** était parfait. **b** n'était pas cuit. **c** était trop salé.
3 La galette du garçon était … **a** froide. **b** au jambon. **c** très bonne.
4 La dame est allée au Bistro de Mario pour … **a** déjeuner. **b** dîner. **c** prendre son petit-déjeuner.

6 écrire — Écrivez votre avis sur un restaurant où vous avez mangé pour un forum en ligne.

J'y suis allé(e) pour	le déjeuner/le dîner.	C'était	délicieux/bien cuit.
Le service était	lent/exceptionnel.	La nourriture	était froide/trop salée.
Le serveur/la serveuse	était/n'était pas	poli(e).	n'était pas cuite.
J'ai pris	le plat du jour/un steak/ …	Je recommande/Je ne recommande pas ce restaurant.	

5 C'était catastrophique!

1 Écoutez et lisez les textes. Écrivez la lettre de la bonne image pour chaque personne.

Malahat

Normalement, je vais en vacances en Espagne avec ma famille mais cette année, j'ai oublié mon passeport! J'ai donc raté l'avion. Quel dommage! ☹ L'année prochaine, je vais donner mon passeport à ma mère.

a

Orlando

Je passe mes vacances en Grèce tous les ans avec mes grands-parents. Il fait toujours très chaud et j'adore ça. Mais l'année dernière, j'ai pris un coup de soleil. J'ai dû aller chez le médecin. Quelle horreur! ☹ À l'avenir, je vais mettre de la crème solaire.

b

Diego

Cette année, quand j'étais en vacances en Irlande avec ma famille (on y va tous les ans), j'ai cassé mon appareil photo sur la plage. J'ai donc perdu toutes mes photos. ☹ À l'avenir, je vais faire plus attention.

c

Albane

En général, je passe mes vacances en France. L'année dernière, je suis allée à Lyon avec mes parents et on m'a volé mon sac à main dans le métro. Il y avait tout dedans: mon porte-monnaie, mon portable, mon permis de conduire … C'était catastrophique! ☹ J'ai dû aller au commissariat. La prochaine fois, je vais faire plus attention.

d

j'ai dû aller …	I had to go …
voler	to steal

2 Trouvez l'équivalent français de ces phrases dans les textes de l'exercice 1.

1 I got sunburnt.
2 I broke my camera.
3 I missed the plane.
4 I lost all my photos.
5 I forgot my passport.
6 I had to go to the doctor.
7 I had to go to the police station.
8 Someone stole my handbag.
9 In future, I'll put on sun cream.
10 Next time I'll be more careful.

3 Copiez et complétez le tableau pour chaque personne de l'exercice 1.

	perfect	present	near future
Malahat	j'ai oublié, …	je vais	je vais donner

4 Écoutez Salma. Écrivez V (vrai) ou F (faux) pour chaque phrase.

1 Salma goes on holiday to Germany every year.
2 She goes with her family.
3 Last winter she ate some fish in a restaurant.
4 She was very sick.
5 She will not go back to this restaurant.

vomir	to vomit

G *Using three time frames*

Use the **present tense** to say what you normally do.
Use the **perfect tense** to say what happened in the past.
Use the **near future tense** to say what you are going to do.

present	perfect	near future
je vais	*je suis allé(e)*	*je vais aller*
je fais	*j'ai fait*	*je vais faire*
je passe	*j'ai passé*	*je vais passer*

Use the **imperfect tense** to say 'was' or 'were'.

c'était … it was … *il y avait …* there was/there were …

5 lire **Lisez le texte et complétez les phrases en anglais.**

> L'année dernière, j'ai passé une nuit dans un hôtel horrible à Nice.
>
> D'abord, la chambre était sale et il y avait une odeur bizarre. Il y avait aussi des cafards! ☹
>
> La salle de bains n'était pas propre non plus et il n'y avait pas de serviettes.
>
> Enfin, la climatisation était cassée et en plus, il y avait trop de bruit!
>
> **Karim**
>
> ***des cafards*** *cockroaches*

1 Karim stayed in a … hotel in Nice.
2 The room was dirty and there was a strange …
3 The bathroom was not … and there were no towels.
4 The … was broken and there was too much …

6 écouter **Écoutez. Copiez et complétez le tableau en anglais. (1–3)**

	problem	consequence	next time
1	rained all the time		

il pleut	*it's raining*
il a plu	*it rained*

7 parler **À deux. Faites la description de ces vacances catastrophiques.**

	En général …	Cette année …	Donc …
1			
2			

En général, je …	
Cette année,	Donc
j'ai oublié mon passeport.	j'ai raté l'avion.
j'ai pris un coup de soleil.	j'ai dû aller chez le médecin.
j'ai cassé mon appareil photo.	j'ai perdu mes photos.
j'ai été malade.	j'ai vomi.
on m'a volé mon sac.	j'ai dû aller au commissariat.
il a plu tous les jours.	il n'y avait rien à faire.
il y avait des cafards dans notre chambre.	on a dû chercher un autre hôtel.
Quelle catastrophe!/Quelle horreur!/ Quel dommage!	
La prochaine fois, je vais …	faire plus attention. mettre de la crème solaire. aller en vacances en Espagne. loger dans un camping.

8 écrire **Écrivez un texte sur des vacances catastrophiques.**

Say:
• where you normally go on holiday and who with
• what happened this year
• what the consequence was
• what you are going to do next year.

1 **Read the advert below.**

Hôtel Bon Séjour à Vernon

Notre hôtel se trouve au bord du fleuve à 500m du pont Clémenceau.

L'hôtel est ouvert toute l'année.

Toutes nos chambres sont équipées d'une salle de bain, d'une télévision, d'un micro-ondes et de la climatisation.

Le restaurant de l'hôtel est ouvert le matin jusqu'à dix heures, puis le soir de huit heures à onze heures.

Les animaux sont acceptés avec un supplément de 5€ pour les chats (8€ pour les chiens).

**Complete the gap in each sentence using a word or phrase from the box below.
There are more options than gaps.**

5€	8€	free Wi-Fi	only in the summer	roundabout	lunch
bridge	~~river~~	all year round	breakfast	car park	air conditioning

---

Example: The hotel is situated by the <u>river</u>.

(a) The hotel is half a kilometre from the _____.

(b) The hotel is open _____.

(c) One facility in each room is _____.

(d) _____ is available in the hotel restaurant.

(e) You have to pay _____ more if you bring a dog.

2 **Translate this passage into English.**

Je loge chez ma tante au bord de la mer. Tous les jours, on se promène en ville mais demain, elle va rester à la maison. Hier, j'ai mangé des escargots pour la première fois. C'était délicieux!

3 **Read this abridged extract from *Le cahier de mes vacances nulles … et de gribouillages* by Bernard Friot and answer the questions in English. Ben's parents are talking about their holiday plans.**

Ma mère: On part quand à Salins? Il faut que je prévienne ma mère, tu sais comme elle est, elle aime tout organiser à l'avance.

Salins, c'est là où habite mamie Annie, et on y passe toujours trois semaines de vacances.

Mon père: Quand tu veux. Le 7 ou le 8. Le 8, ce serait peut-être mieux, c'est un lundi, il y aura moins de circulation.

Ma mère: Le 8? C'est un jeudi, j'en suis sûre et certaine.

Mon père: Ah non, le 8 juillet est un lundi, regarde le calendrier.

Ma mère: Juillet, comment ça? On part en vacances en août!

Mon père: Qu'est-ce que tu racontes? J'ai pris trois semaines en juillet!

ce serait	it would be
il y aura	there will be

(a) In which town does Ben's grandmother live?

(b) How long does Ben's family normally go on holiday for?

(c) Why does Ben's dad think it would be better to travel on a Monday?

(d) In which month does Ben's mum think they are going on holiday?

4 lire · **Lis cet e-mail de Yannick.**

> Ma tante m'a invité à dîner au restaurant Le Bon Port pour fêter son anniversaire. C'est un petit bistro français. On y est allés hier à 19 heures. Moi, j'ai pris un steak et ma tante a choisi le saumon. Mon steak était parfait mais ma tante a trouvé son poisson trop salé. Quel dommage! Comme dessert, j'ai commandé une glace au chocolat qui était délicieuse et ma tante a bu un café. Les serveurs étaient polis mais le repas était cher.

Complète chaque phrase en utilisant un mot de la case. Attention! Il y a des mots que tu n'utiliseras pas.

> bonne   du poisson   déçue   le soir   de la viande   contente
> ~~restaurant~~   mauvaise   à midi   le prix   café   les serveurs

Exemple: Le Bon Port est un restaurant français.

(a) Yannick et sa tante ont mangé au restaurant _____ .
(b) Yannick a commandé _____ .
(c) Sa tante était _____ de sa nourriture.
(d) La glace était _____ .
(e) Yannick a aimé _____ .

> There are more answers given here than you will need. Look at each question and narrow down the options to those that would make sense in the gap. Then read the text again carefully so that you choose the correct answers.

1 écouter · **Your exchange partner, Juliette, is talking about her family holidays. What does she say? Listen and write the letter of the correct ending for each sentence. (1–3)**

Example: Juliette is talking about how she travels to … D.

A Spain.   B Belgium.   C Holland.   D Italy.

1 Juliette finds the journey …
   A uncomfortable.
   B interesting.
   C boring.
   D adventurous.

2 They leave at …
   A 15:00.
   B 05:00.
   C 07:00.
   D 17:00.

3 The advantage is …
   A the cost.
   B the company.
   C the length of the journey.
   D the environmental benefits.

2 écouter · **Écoute. Théo parle de ses vacances. Complète les phrases en choisissant un mot ou des mots dans la case. Il y a des mots que tu n'utiliseras pas.**

> grand   cafés   études   sports d'équipe   le volley   sports individuels   joli
> chez sa grand-mère   ~~vacances~~   touristes   en boîte   les sports nautiques

Exemple: Théo préfère les vacances.

(a) Le village de sa grand-mère n'est pas _____ .
(b) Il y a beaucoup de _____ .
(c) Il aime _____ .
(d) Il ne participe pas aux _____ .
(e) Il passe la soirée _____ .

> As for reading exercise 4, there should be only two or possibly three options that could make sense in each gap. Before you listen, try to work out which options might fit so that as you listen, you can really concentrate on what the speaker is saying.

A – Role play

1 Look at the role play card and prepare what you are going to say.

Topic: Travel and tourist transactions

You are buying a ticket at a railway station in France. Your teacher will play the part of the employee and will speak first.

You must address the employee as *vous*.

You will talk to the teacher using the prompts below.

Where you see – **?** – you must ask a question.

Where you see – **!** – you must respond to something you have not prepared.

> *Billet* means 'ticket', but how do you ask for a single or return train ticket? You could start with *je voudrais* …

> You're buying a train ticket. You know you have to ask about the platform. What other questions might you be asked?

À la gare en France. Vous parlez avec un(e) employé(e).

1 Billet – où

2 Départ – heure

3 !

4 Voyager en train – opinion

5 ? Quai

> How do you ask 'Which platform …?'

2 Compare your answers with a partner and practise what you are going to say.

- Use your notes until you feel confident enough to have a go without them.
- Can you think of a question to ask your partner for point 3 (**!**)?

3 Using your notes, listen and respond.

> ⭐ Listen carefully to the unprepared question (**!**) and respond appropriately. If you don't understand the teacher's question straight away in the exam, you could always ask them to repeat the question by saying: *Vous pouvez répéter la question, s'il vous plaît?*
>
> You can also use fillers to play for time while you come up with your answers: *Voyons, …* or *Alors, …*

4 Now listen to Shuaib doing the role play. Note down the following.

1 three details about the train ticket that Shuaib asks for

2 what time he wants to leave

3 why he likes travelling by train

4 which platform the train leaves from

5 anything that Shuaib says that you could use to improve your performance

B – Picture-based discussion

1 Look at the photo and read the task. Then listen to Millicent's answer to the <u>first</u> bullet point.

Topic: Travel and tourist transactions

Regarde la photo et prépare des réponses sur les points suivants:
- la description de la photo
- une sortie au restaurant pendant tes vacances l'année dernière
- l'endroit où tu aimes passer tes vacances
- les activités que tu vas faire pendant les grandes vacances
- avec qui tu pars en vacances, d'habitude.

1 In what order does she mention the following?
- **A** where the people in the photo are
- **B** what they are wearing
- **C** their ages
- **D** what they are eating
- **E** what the weather is like

2 Which two phrases does Millicent use to introduce her opinions?

2 Listen to and read how Millicent answers the <u>second</u> bullet point.

1 Write down the missing word(s) for each gap.

1   , je suis allée au restaurant avec ma famille. **2**   , quand nous sommes en vacances, **3**   au fast-food. Mais c'était l'anniversaire de ma mère donc **4**   un restaurant français. Moi, j'ai pris la soupe à l'oignon et mes parents ont pris le loup de mer. Le poisson était **5**   mais la soupe était **6**   . Comme dessert, j'ai pris une mousse au chocolat, **7**   délicieux et j'ai mis une photo sur Instagram!

2 Look at the Answer booster on page 108. Find <u>five</u> examples of language that Millicent includes to make her answer a strong one.

3 Listen to Millicent's answer to the <u>third</u> bullet point. She develops a basic answer by using several techniques – can you find an example of each of these in what she says?

1 providing extra information such as who with and when
2 discussing both positive and negative aspects of something
3 justifying an opinion by saying what something is like and also what it isn't like
4 giving someone else's opinion
5 using connectives to make longer sentences
6 saying what she doesn't do
7 using frequency expressions to introduce alternatives

4 **Prepare your own answers to the five bullet points on the task card. Then listen and take part in the full picture-based discussion.**

Answer booster	Aiming for a solid answer	Aiming higher	Aiming for the top
Verbs	**Verbs with** *je* **Different time frames:** present, perfect and near future tenses	**Different persons of the verb:** *il/elle/on/nous* **Modal verbs:** *on peut* + infinitive *Je voudrais/J'aimerais …* **Reflexive verbs:** *je me baigne/ on se promène*	**The perfect and imperfect tenses together:** *Je suis allé(e) … C'était …* *Il y avait …*
Opinions and reasons	**Basic verbs of opinion:** *J'aime/J'adore … parce que c'est …*	**Add more variety:** *À mon avis, …/Je pense que …/ Pour moi, …*	**Opinions in different tenses:** *C'était …/Ça va être …* **Comparative adjectives:** *C'est plus pratique que voyager en train.*
Connectives	*et, mais, aussi, ou, quand, parce que*	*où, car, donc, alors, cependant*	*par contre, en plus, comme (plat principal/dessert)*
Other features	**Qualifiers:** *très, assez, trop, vraiment* **Time and frequency phrases:** *cet été, l'année dernière, tous les jours*	**Negatives:** *ne … pas, ne … jamais, ne … plus, ne … rien*	**Exclamations:** *Quel dommage!/ Quelle horreur!*

A – Picture-based task

1 écrire Look at the photo and the task. Write your answer, then check carefully what you have written.

B – Translation

1 écrire Traduis les phrases suivantes **en français**.

(a) I like holidays.

(b) I travel by boat or by car.

(c) There is a big swimming pool at the hotel.

(d) My sister goes sailing.

(e) Usually I go cycling but last year I played volleyball on the beach with my friends.

How do you say 'by'?

How do you say 'my' here: *mon, ma* or *mes*?

Which verb do you use here for 'goes sailing'?

Remember to use a definite article before the noun: *le, la, l'* or *les*?

Remember to make adjectives agree. Does this adjective go before or after the noun?

How do you say 'at the' here?

Use the perfect tense.

How do you say 'on the' here?

Les vacances

Tu es en vacances en France. Tu postes cette photo sur Instagram pour tes amis.

Écris une description de la photo **et** exprime ton opinion sur les vacances en famille.

Écris 20–30 mots environ **en français**.

Write things that you know how to say confidently. You could describe where the people are, what is in the room or what the people look like. Write in the present tense to describe the photo, using the *il/elle* or *ils/elles* parts of the verb, and use phrases like *j'aime, à mon avis* and *je pense que* to give your opinion of family holidays.

C – Extended writing task

1 lire **Look at the task card. What is it asking you to do? Complete the English version of the task.**

Your French friend has sent you an email about holidays.

Write a reply to your friend.

You must refer to the following points:

- where you **1** _____
- how you prefer **2** _____
- a recent **3** _____
- your plans **4** _____.

Les vacances

Ton ami(e) français(e) t'as envoyé un e-mail au sujet des vacances.

Écris une réponse à ton ami(e).

Tu **dois** faire référence aux points suivants:
- où tu vas en vacances d'habitude
- comment tu préfères voyager
- des vacances récentes
- tes projets pour cet été.

Écris 80–90 mots environ **en français**.

2 lire **Read Bill's answer. Find the French equivalent of the phrases below and copy them out.**

D'habitude, je vais en vacances avec mes parents en Turquie où on loge dans un camping.
Il y a une piscine; c'est extra parce que j'adore nager.

En général, je préfère voyager en train car on peut lire ou écouter de la musique.
En plus, je pense que c'est plus écologique que voyager en voiture.

L'année dernière, je suis allé en Italie avec ma famille. On a fait des randonnées tous les jours. C'était très intéressant mais un jour, j'ai pris un coup de soleil. Quelle horreur!

Cet été, je vais aller en colonie de vacances. Je voudrais essayer des sports nautiques.
À mon avis, ça va être super!

1 we stay	**5** we went hiking every day
2 it's great	**6** how horrible!
3 you can read	**7** I am going to go to a holiday camp
4 it's greener than travelling by car	**8** I would like to try water sports

3 lire **Look at the Answer booster. Find <u>six</u> examples of language Bill uses to write a strong answer.**

4 écrire **Now write your own answer to the task, using the Answer booster and Bill's text for support.**

You will need to use different tenses in the extended writing task.
Remember to use:

- the present tense to say what you normally do and to give your opinion
- the near future tense to say what you are going to do
- the perfect tense to say what you did in the past (you can also use *c'était* and *il y avait* to describe things in the past).

Les pays / Countries

le Danemark	Denmark	la Belgique	Belgium
le Pakistan	Pakistan	l'Espagne	Spain
le pays de Galles	Wales	l'Italie	Italy
le Royaume-Uni	the UK	la Pologne	Poland
l'Algérie	Algeria	la Russie	Russia
l'Allemagne	Germany	la Suisse	Switzerland
l'Angleterre	England	les États-Unis	the USA
l'Autriche	Austria	les Pays-Bas	the Netherlands

Les vacances / Holidays

Où vas-tu en vacances?	Where do you go on holiday?	une auberge de jeunesse	a youth hostel
Je vais …	I go …	une caravane	a caravan
en France	to France	Avec qui pars-tu en vacances?	Who do you go on holiday with?
au pays de Galles	to Wales	Je pars …	I go …
aux États-Unis	to the USA	avec ma famille	with my family
Comment voyages-tu?	How do you travel?	avec mes copains/copines	with my friends
Je voyage …	I travel …	avec mes grands-parents	with my grandparents
en avion/en bateau	by plane/by boat	seul(e)	alone
en car/en train	by coach/by train	C'est comment?	What's it like?
en voiture	by car	C'est …	It's …
à vélo	by bike	extra/formidable	amazing/great
Où loges-tu?	Where do you stay?	bien	good
Je loge dans …	I stay in/on …	ennuyeux/nul	boring/rubbish
un camping	a campsite	Ce n'est pas mal.	It's not bad.
un hôtel	a hotel		

Les hôtels / Hotels

un hôtel	a hotel	un balcon	a balcony
des chambres d'hôtes	guest rooms (i.e. in a B&B/ guest house)	la climatisation	air conditioning
		Nous avons aussi …	We also have …
Nous proposons des chambres avec …	We offer rooms with …	une aire de jeux	a games area
		un parking	a car park
un grand lit	a double bed	une piscine	a swimming pool
un lit simple	a single bed	un restaurant	a restaurant
une salle de bains	a bathroom	le Wi-Fi	Wi-Fi
une douche	a shower	Nos chambres sont bien équipées.	Our rooms are well equipped.
un micro-ondes	a microwave	Le petit-déjeuner est inclus/compris.	Breakfast is included.
une télévision à écran plat	a flat-screen TV	Notre hôtel est situé/se trouve …	Our hotel is located …
une vue sur la mer	a sea view		

Réserver une chambre / Booking a room

Nous voulons/Je voudrais réserver une chambre …	We want/I would like to book a room …	Votre chambre est …	Your room is …
pour une/deux personne(s)	for one person/two people	au rez-de-chaussée	on the ground floor
avec un lit simple/un grand lit	with a single/double bed	au premier étage	on the first floor
pour une nuit/deux nuits	for one night/two nights	au deuxième étage	on the second floor
Est-ce que vous avez …	Do you have …	Je voudrais payer avec ma carte bancaire.	I would like to pay with my debit/ credit card.
une piscine?	a swimming pool?		
la climatisation?	air conditioning?		

Voyager / Travelling

l'aéroport (m)	airport	l'autoroute (f)	motorway
le billet	ticket	la ceinture de sécurité	seatbelt
le conducteur/la conductrice	driver	la circulation	traffic
le contrôle des passeports	passport control	la douane	customs
le guichet	ticket office/counter	la gare	station
le/la pilote	pilot	la route	road
le quai	platform	les bagages	luggage

Au guichet / At the ticket counter

Je peux vous aider?	Can I help you?	C'est quel quai?	Which platform is it?
Je voudrais un aller simple/ un aller-retour pour (Lyon), s'il vous plaît.	I would like a single/a return to (Lyon), please.	Le train part à quelle heure?	What time does the train leave?
		Le voyage dure combien de temps?	How long does the journey last?
En quelle classe?	In which class?	Est-ce qu'il faut changer?	Do I/we have to change?
En première/deuxième classe.	In first/second class.	C'est un train direct.	The train is direct.

Moyens de transports préférés et raisons
Favourite means of transport and reasons

Je voyage toujours (en train, etc.) parce que c'est …	I always travel (by train, etc.) because it's …
plus rapide/plus confortable	faster/more comfortable
plus pratique/plus vert	more practical/greener

plus aventureux	more adventurous
mieux pour la planète	better for the planet
moins ennuyeux/fatigant	less boring/tiring
moins cher	less expensive

Les activités en vacances
Holiday activities

Je fais de la planche à voile.	I go windsurfing.
Je fais de la voile.	I go sailing.
Je fais de l'accrobranche.	I do a tree-top adventure.
Je fais du ski.	I go skiing.
Je visite les musées.	I visit the museums.
Je visite les monuments.	I visit the monuments.
Je vais à la pêche.	I go fishing.
Je vais à la plage.	I go to the beach.

Je joue à la pétanque.	I play French bowls.
Je me baigne.	I swim (in the sea).
Je me promène.	I go for a walk.
Je me repose.	I rest.
Je me lève (tôt/tard).	I get up (early/late).
Je m'habille.	I get dressed.
Je ne m'ennuie pas.	I don't get bored.
Je sors au restaurant.	I go out to a restaurant.

Au restaurant
At the restaurant

Voici la carte.	Here is the menu.
Le plat du jour, c'est …	The daily special is …
Vous avez fait votre choix?	Have you made your choice?
Pour commencer, je vais prendre …	To start, I am going to have …
Comme plat principal, je voudrais …	As a main course, I would like …
Je vais prendre le menu (à 30 euros).	I am going to have the (30 euro) set menu.
Et comme boisson?	And to drink?

Qu'est-ce que vous avez comme desserts?	What desserts do you have?
Vous avez besoin d'autre chose?	Do you need anything else?
On a besoin de l'addition.	We need the bill.
J'ai faim.	I am hungry.
J'ai soif.	I am thirsty.
J'ai envie d'un dessert.	I want a dessert.

Les plats
Dishes

les entrées	starters
les brochettes de crevettes	prawn skewers
les escargots	snails
la soupe à la tomate	tomato soup
la tarte à l'oignon	onion tart
les plats principaux	main dishes
l'épaule d'agneau	shoulder of lamb
la cuisse de canard	duck leg
les lasagnes végétariennes	vegetarian lasagne
le loup de mer	sea bass

le poulet basquaise	Basque-style chicken
le rôti de veau	roast veal
les desserts	desserts
la crème brûlée	crème brûlée
la mousse au chocolat	chocolate mousse
le roulé au chocolat	chocolate roll
le sorbet	sorbet
la tarte au citron	lemon tart
la tarte aux pommes	apple tart
l'eau gazeuse	sparkling water

Critiques
Reviews

J'y suis allé(e) pour le déjeuner/le dîner.	I went there for lunch/dinner.
Le service était lent/exceptionnel.	The service was slow/exceptional.
Le serveur/La serveuse était/n'était pas (très) poli(e).	The waiter/waitress was/wasn't … (very) polite.

C'était …	It was …
délicieux/bien cuit.	delicious/well cooked.
La nourriture était froide/trop salée.	The food was cold/too salty.
La nourriture n'était pas cuite.	The food wasn't cooked.
Je recommande/Je ne recommande pas ce restaurant.	I recommend/I don't recommend this restaurant.

Des vacances catastrophiques
Catastrophic holidays

J'ai oublié mon passeport.	I forgot my passport.
J'ai pris un coup de soleil.	I got sunburnt.
J'ai cassé mon appareil photo.	I broke my camera.
J'ai été malade.	I got sick.
On m'a volé mon sac.	Someone stole my handbag.
Il a plu tous les jours.	It rained every day.
Il y avait des cafards dans notre chambre.	There were cockroaches in our room.
J'ai raté l'avion.	I missed the plane.
J'ai dû aller chez le médecin.	I had to go to the doctor.

J'ai perdu mes photos.	I lost my photos.
J'ai vomi.	I vomited.
J'ai dû aller au commissariat.	I had to go to the police station.
Il n'y avait rien à faire.	There was nothing to do.
On a dû chercher un autre hôtel.	We had to look for another hotel.
La prochaine fois, je vais …	Next time, I am going …
faire plus attention	to be more careful
mettre de la crème solaire	to put on sun cream
loger dans un camping	to stay on a campsite

Les mots essentiels
High-frequency words

d'habitude	usually
normalement	normally
tous les ans	every year
le lendemain	the next day
à l'avenir	in future
toujours	always/still
parfois	sometimes

un peu	a bit
plutôt	rather, quite
enfin	finally
évidemment	obviously
malheureusement	unfortunately
y	there
gratuit	free

6 Au collège
Point de départ

● *Revising school subjects and talking about your timetable*

---

1 lire   **Copiez et complétez le tableau avec les matières en-dessous.**

1 les matières que j'aime	2 les matières que je n'aime pas	3 les matières que je n'étudie pas

le dessin   la technologie   l'art dramatique/le théâtre   l'instruction civique

le commerce   la géographie   l'allemand   l'histoire   l'anglais   l'espagnol

le français   la religion   l'informatique   l'étude des médias   les arts ménagers

la biologie   la physique   l'EPS/le sport   la musique   la chimie   les maths

---

2 écouter   **Écoutez. Copiez et complétez le tableau en français. (1–6)**

	😊	😞
1	le français, les maths	l'anglais

> **G** **School subjects with** **aimer/adorer/détester**   **> Page 198**
>
> Use *le/la/l'/les* with school subjects after verbs like *j'adore, j'aime, je n'aime pas* and *je déteste.*
>
> *J'adore **la** géographie.* I love geography.

---

3 parler   **À deux. Donnez votre opinion sur ces matières puis demandez l'opinion de votre camarade.**

Exemple: **1**

● *J'aime le dessin. Et toi, tu aimes le dessin?*

■ *Oui, j'adore le dessin.*

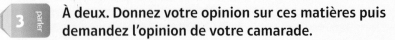

---

4 écrire   **Traduisez ces phrases en français.**

1 I love art and music.
2 I don't like drama.
3 I hate history but I like geography.
4 I like French but I don't like chemistry.
5 I hate business studies and biology.
6 I love food technology but I don't like English.

---

5 lire   **Trouvez les paires.**

1 neuf heures vingt   **2** neuf heures et quart   **3** neuf heures
4 dix heures moins vingt   **5** dix heures moins le quart   **6** neuf heures et demie
7 neuf heures dix   **8** dix heures moins cinq

---

6 écouter

Écoutez et complétez l'emploi du temps de Chadia en français.

Chadia

	lundi	mardi	mercredi	jeudi	vendredi
8h	français	anglais	5 ▯	géographie	9 ▯
9h	1 ▯	maths	5 ▯	maths	français
10h	RÉCRÉATION				
10h15	anglais	dessin	maths	maths	français
11h15	2 ▯	3 ▯	histoire	6 ▯	allemand
12h15	HEURE DU DÉJEUNER				
13h30	sport	3 ▯		biologie	technologie
14h30	sport	chimie		chimie	10 ▯
15h30	biologie	4 ▯		7 ▯	histoire
16h30				8 ▯	

7 lire

Regardez l'emploi du temps. Écrivez V (vrai) ou F (faux) pour chaque phrase.

1 Mercredi, à onze heures moins le quart, j'ai histoire.
2 Mardi, j'ai maths à neuf heures.
3 Vendredi, j'ai deux heures de français.
4 La récré commence à midi et quart.
5 Vendredi, à une heure et demie, j'ai technologie.
6 Je finis à quatre heures et demie tous les jours.
7 Je n'ai pas de cours de religion.
8 Je n'ai pas cours le mercredi après-midi.

midi   *midday, 12 noon*

> ⭐ Lessons in French schools usually last for an hour.
>
> Note that *une heure* means 'one hour' or 'a lesson', but *il est une heure* means 'it is one o'clock'.

> **G** *School subjects with* **avoir**
>
> Don't use *le/la/les/l'* in front of school subjects when you talk about which subjects you <u>have</u>.
>
> *À neuf heures, j'ai* **maths**.   I have maths at nine o'clock.

8 écrire

**Choisissez un jour de la semaine et décrivez votre emploi du temps.
Pour vous aider, utilisez les expressions en mauve dans l'exemple.**

Exemple:

Lundi, à neuf heures dix, j'ai anglais. **La récréation commence à** dix heures vingt-cinq. À onze heures moins le quart, j'ai français. **Puis** à midi, j'ai technologie. **L'heure du déjeuner commence à** une heure vingt. **Après,** à deux heures, j'ai dessin. **La journée finit à** trois heures et quart.

9 parler

**À deux. Discutez de votre emploi du temps avec votre partenaire.
Donnez aussi votre opinion.**

Exemple:

● *Lundi, à neuf heures dix, j'ai anglais. J'adore l'anglais. Et toi?*
■ *Moi, j'ai histoire. Je déteste l'histoire. Après la récré, j'ai biologie.
   J'aime bien la biologie. Et toi?*
● *J'ai français. Je n'aime pas le français.*

1 Au bahut

1 lire   **Lisez le blog. Copiez et complétez le tableau pour les <u>huit</u> matières mentionnées.**

	matière	🙂, 🙁 ou 🙂 + 🙁 ?
1	EPS	🙂

Mes matières

Ma matière préférée, c'est l'EPS parce que je suis fort en sport.
J'aime aussi le français car c'est facile et le prof est très marrant.
L'art dramatique, c'est ennuyeux. Ma prof s'appelle Madame Pinaud et je la déteste.
Je pense que l'allemand est vraiment utile et amusant mais on a trop de devoirs.
Pour moi, les maths, c'est difficile. Mais les profs de maths sont excellents et je les adore.
Je suis faible en histoire. Le professeur est trop sévère. Je le déteste.
J'aime la biologie parce que c'est passionnant mais je ne suis pas doué en chimie.

Thomas

2 lire   **Relisez le blog et trouvez l'équivalent français de ces phrases.**

1 My favourite subject is PE.
2 I am good at sport.
3 It's easy.
4 The teacher is very funny.
5 I think German is really useful.
6 We get too much homework.
7 I am weak at history.
8 The teacher is too strict.
9 It's exciting.
10 I don't have a talent for chemistry.

 **Direct object pronouns**   **> Page 219**

To say 'him', 'her', 'it' or 'them', you need a direct object pronoun. This comes <u>before</u> the verb.

*Je **le** déteste.*   I hate **him/it**.
*Je **la** déteste.*   I hate **her/it**.
*Je **les** aime.*   I like **them**.

The pronouns *le* and *la* shorten to *l'* before a vowel.

*Je **l'**adore.*   I love **him/her/it**.

3 écouter   **Écoutez Mélodie. Copiez et complétez le tableau en anglais. (1–6)**

	subject	🙂, 🙁 or 🙂 + 🙁 ?	reasons
1	music	🙂	easy and teacher is funny

4 parler   **À deux. Parlez de vos matières pendant deux minutes.**

- Quelle est ta matière préférée?
- Quelles matières aimes-tu?
- Quelles matières n'aimes-tu pas? Pourquoi?

Ma matière préférée est X J'adore/J'aime X Je n'aime pas/Je déteste X	parce que/qu' car	c'est	facile/difficile/utile/inutile/intéressant/ ennuyeux/fascinant/passionnant.	
		je suis	fort(e)/faible/doué(e)	en X.
		le/la prof est	bon(ne)/marrant(e)/sympa/gentil(le)/ patient(e)/impatient(e)/sévère.	
		on a trop de devoirs.		
Mon prof de X s'appelle … et	je l'adore/je l'aime bien/je ne l'aime pas. je le déteste/je la déteste.			

5 **Écoutez. Notez les bonnes lettres pour chaque personne. (1–5)**

Exemple: **1** d, …

a le gymnase	b le hall	c le terrain de sport	d le terrain de basket
e la cantine	f la cour de récréation	g la bibliothèque	h la salle de sport
i la piscine	j les salles de classe	k les labos de science	l les vestiaires

6 **Lisez le forum et écrivez P (positif), N (négatif) ou PN (positif et négatif) pour chaque commentaire.**

Comment est ton collège?

Dans mon collège, il y a environ 30 grandes salles de classe modernes mais malheureusement, il n'y a pas de piscine. **Sally**

Je trouve mon collège assez cool car nous avons une grande cour de récréation, deux terrains de basket et un gymnase immense. **Ivan**

Dans mon école, il y a une très bonne cantine. Je la trouve bien parce qu'il y a un grand choix et ce n'est pas cher. **Maciej**

J'ai de la chance car mon collège a un laboratoire de langues. Je le trouve très utile. Par contre, les toilettes et les vestiaires sont sales. **Hélène**

Je pense que mon école est bien aménagée car il y a beaucoup de labos de sciences et une grande bibliothèque avec des livres et plein d'ordinateurs. **Zenia**

bien aménagé(e)   *well equipped*

7 **Copiez et complétez ces phrases pour décrire votre collège. Utilisez le vocabulaire de l'exercice 6.**

- Dans mon collège, il y a …
- J'ai de la chance car nous avons …
- Malheureusement, il n'y a pas de …

Give plenty of opinions. Use adjectives and make them agree:
*il y a une grand**e** cantine; les vestiaires sont sale**s**.*

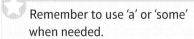
Remember to use 'a' or 'some' when needed.
*Il y a **une** cantine.*
There is a canteen.
After *il n'y a pas de*, you just use the noun.
*Il n'y a pas de **piscine**.*
There isn't a swimming pool.

2 L'école chez nous, l'école chez vous

- *Talking about your school and school in France*
- *Using the ils form of the verb*

1 lire **Reliez les questions et les réponses.**

> **1** Comment s'appelle ton école?
> **2** C'est quelle sorte d'école?
> **3** Il y a combien d'élèves?
> **4** Quels sont les horaires?
> **5** Il y a combien de cours par jour?
> **6** Comment sont les professeurs?
> **7** Qu'est-ce que tu penses de ton école?

a Les cours commencent à 8h30 et finissent à 16h ou à 17h. La récré est à 10h20 et dure 15 minutes. On a aussi une heure pour le déjeuner.

b C'est un collège mixte pour les élèves de onze à seize ans.

c Il y a 750 élèves et 45 professeurs.

d Je pense que les journées sont longues, et on a trop de contrôles.

e Mon école s'appelle le collège Molière.

f Il y a six ou sept cours par jour. Mais le mercredi après-midi, il n'y a pas cours.

g Les profs sont gentils mais parfois un peu sévères.

2 écouter **Maria est française mais elle habite à Londres. Écoutez l'interview avec Maria. Complétez en français ses réponses aux questions de l'exercice 1.**

LYCÉE FRANÇAIS CHARLES DE GAULLE DE LONDRES

1 Mon école s'appelle le Lycée ▭ Charles de Gaulle.

2 C'est une école française à Londres. Il y a une école primaire, un ▭ et un lycée au même endroit.

3 Il y a ▭ élèves. Il y a ▭ nationalités différentes dans mon école!

4 La journée commence à ▭ et finit à ▭ ou à 18h.

5 Il y a ▭ ou ▭ cours par jour.

6 Les profs sont très ▭ en général. Ils nous préparent bien pour nos ▭.

7 Je pense que mon école est énorme mais je la trouve ▭.

3 parler **À deux. Préparez une interview sur votre collège. Utilisez les questions de l'exercice 1 et adaptez les réponses.**

> ⭐ *une école mixte* a mixed school
> *une école publique* a state school
> *une école privée* a private school
> *une école pour filles/garçons* a school for girls/boys

4 lire Lisez le quiz et choisissez la bonne fin de chaque phrase.

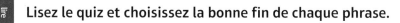

QUIZ Que savez-vous sur le système scolaire en France?

1 À 11 ans, les élèves en France sont en …
a première. **b** sixième.

2 Les élèves n'ont pas de cours …
a de sport. **b** de religion.

3 À l'école, les élèves portent …
a un uniforme scolaire. **b** leurs propres vêtements.

4 Généralement, les cours commencent …
a avant 8h30. **b** après 9h30.

5 Les grandes vacances durent …
a 6 semaines. **b** 2 mois.

6 Les élèves qui ne font pas assez de progrès …
a redoublent.
b passent en classe supérieure.

7 À l'âge de 15 ans, les élèves passent …
a le brevet des collèges.
b le baccalauréat.

8 Après le collège, les élèves continuent leurs études …
a au lycée. **b** à l'université.

5 écouter Écoutez et vérifiez vos réponses. (1–8)

G *The present tense: ils and elles* 〉 *Pages 200 and 202*

Ils and *elles* both mean 'they'.

For regular -er verbs, the *ils/elles* ending is **-ent**: *ils* port**ent**.

The *-ent* verb ending is silent: *ils portent* sounds the same as *il porte*.

Remember that these verbs are irregular:

avoir → *ils/elles* **ont**   *être* → *ils/elles* **sont**
aller → *ils/elles* **vont**   *faire* → *ils/elles* **font**

The possessive adjective 'their' is *leur(s)*:
leur école (their school), *leurs stylos* (their pen**s**).

---

6 écouter Écoutez et notez si chaque personne préfère le système scolaire en France (F) ou en Grande-Bretagne (GB). Notez aussi la lettre de la bonne raison. (1–5)

Exemple: **1** GB, c

a Le redoublement est une bonne idée.	*Repeating a year is a good idea.*
b L'uniforme scolaire est pratique.	*School uniform is practical.*
c Les horaires sont plus raisonnables.	*The hours are more reasonable.*
d On n'étudie pas la religion.	*You/We/They don't study RE.*
e Les vacances sont plus longues.	*The holidays are longer.*

⭐ You will not hear the exact sentences a–e. You have to work out which statement <u>best fits</u> what each speaker says.

7 écrire Écrivez un blog sur les similarités et les différences entre le système scolaire en France et dans votre pays.

En Grande-Bretagne,	la journée commence à …h et finit à …h	mais en France,	la journée commence …
	on porte/on étudie …		ils portent/ils n'étudient pas …
	on ne redouble pas		ils redoublent.
Je préfère le système britannique/français car		le redoublement (n')est (pas) une bonne idée, etc.	

● *Discussing rules and regulations*
● *Using* il faut *and* il est interdit de

1 lire **Lisez et reliez les règles et les images.**

Règlement intérieur

a. Il faut être à l'heure.

b. Il faut faire ses devoirs.

c. Il faut porter l'uniforme scolaire.

d. Il est interdit de mâcher du chewing-gum.

e. Il est interdit d'utiliser son portable en classe.

f. Il est interdit de porter des bijoux, des piercings ou trop de maquillage.

g. Il est interdit de sortir de l'école pendant l'heure du déjeuner.

h. Il est interdit de manquer les cours.

G *Using* il faut *and* il est interdit de   ❯ *Page 212*

il faut   it is necessary to/you must …
il est interdit de   it is forbidden to/you must not …

Both expressions are followed by the infinitive.

*Il faut **être** à l'heure.*   You must **be** on time.
*Il est interdit de **manquer** les cours.*   You must not **skip** lessons.

---

2 écouter **Écoutez. On discute de quelle règle? Écrivez la bonne lettre de l'exercice 1. (1–8)**

⭐ When listening for whether somebody agrees or disagrees, listen out for adjectives that show a point of view, e.g. *juste* (fair), *injuste* (unfair).

3 écouter **Écoutez encore une fois et notez si la personne est d'accord (✓) ou pas d'accord (✗) avec la règle. (1–8)**

4 parler **À deux. Donnez votre opinion sur les règles de l'exercice 1.**

Exemple:

● *Règle a: Il faut être à l'heure. Quelle est ton opinion?*

■ *Je trouve ça raisonnable parce que c'est important. L'école, c'est pour apprendre. Règle b: Il faut faire ses devoirs. Quelle est ton opinion?*

● *Moi, je trouve ça …*

🔊 Point culture

In France, religion and education are completely separate. State schools in France do not teach religious education. All religious symbols, including crosses and headscarves, are banned in French state schools.

Je trouve ça	raisonnable	parce que/qu'	c'est/ce n'est pas dangereux.
	juste	car	c'est/ce n'est pas important.
	logique		on n'est pas des bébés.
			il faut respecter les autres.
	injuste		la mode/la religion n'a pas de place à l'école.
	ridicule		l'école, c'est pour apprendre.
	frustrant		

5 écrire **Écrivez cinq phrases sur le règlement de votre collège.**

Exemple: Dans mon collège, il faut être à l'heure. Je trouve ça juste parce qu'il faut respecter les autres. …

6 écouter **Écoutez le podcast sur l'uniforme scolaire. Pour chaque personne, notez la lettre de ses vêtements pour le collège et la lettre de son opinion sur l'uniforme. (1–5)**

VÊTEMENTS

a une veste, une cravate, une chemise, un pantalon ou une jupe

b un jean et un pull

c un jogging ou un short, un tee-shirt

d un sweat, un polo, un pantalon

e mes propres vêtements

OPINION SUR L'UNIFORME SCOLAIRE

f La mode n'a pas de place à l'école.
g L'uniforme coûte cher.
h Tout le monde se ressemble.
i C'est démodé et embarrassant.
j C'est pratique et confortable.

7 lire **Annie habite en Angleterre. Elle a écrit un blog. Traduisez le blog en anglais.**

> Which English translation would sound best here?

> Does 'a trouser black' make sense?

> What does *le* mean in this sentence?

Dans mon collège, <u>il faut porter</u> un uniforme scolaire. <u>Je le trouve</u> démodé et embarrassant. Tout le monde porte <u>un pantalon noir,</u> une chemise blanche, une cravate verte et une veste verte. Il est interdit de porter <u>trop de</u> maquillage ou du <u>vernis à ongles</u>. L'uniforme coûte cher aux parents et, en uniforme, <u>on</u> se ressemble tous. Je voudrais porter mes propres vêtements.

> Use the context and how the word looks to guess what this might mean.

> Be sure not to miss out small words like this.

> How will you translate *on* here?

8 écrire **Écrivez un blog sur ce que vous portez pour aller au collège et votre opinion sur l'uniforme scolaire.**

 Read through the different ways of starting this task below, and consider what is good about each one. Then write your own blog, trying to choose language that shows off what you have learned.

For example, in your blog, you could start with:
- *Au collège, **je porte** …* (straightforward and simple)
- *Au collège, **nous portons** …* (shows that you can use the *nous* form of the verb)
- *Au collège, **tout le monde porte** …* (shows that you know some nice vocabulary, i.e. *tout le monde*)
- *Au collège, **il faut porter** …* (shows that you can use *il faut* + the infinitive).

4 La vie extra-scolaire

- *Talking about school activities*
- *Recognising and using the imperfect tense*

1 écouter **Écoutez et trouvez la fin de chaque phrase.**

À l'école primaire,

1	j'avais …	**a**	membre de l'équipe de basket.
2	j'étais …	**b**	au spectacle de Noël.
3	je jouais …	**c**	du judo.
4	je chantais …	**d**	beaucoup de temps libre.
5	je participais …	**e**	au zoo avec ma classe.
6	je faisais …	**f**	dans une chorale.
7	j'allais …	**g**	à cache-cache pendant la récréation.

cache-cache   *hide and seek*

2 lire **Lisez le forum. Écrivez V (vrai) ou F (faux) pour chaque phrase.**

Fishy: À l'école primaire, je faisais de la natation avec ma classe. On allait à la piscine municipale tous les vendredis.

PasBelle: J'étais très timide à l'école primaire et je n'avais pas beaucoup d'amis. Pendant la récréation, je jouais toute seule. Je n'étais pas très heureuse.

PSG-FAN: Je faisais du théâtre à l'école primaire et je participais à des spectacles. J'adorais être sur scène! Je n'étais pas timide!

Meriem42: Quand j'étais à l'école primaire, j'étais membre de l'équipe de foot. À la récré, je jouais au ping-pong parce qu'il y avait une table de ping-pong dans la cour. C'était extra!

LeMoulin: J'aimais bien mon école primaire car on allait souvent au parc où on dessinait les plantes et on cherchait des insectes. J'adorais ces sorties.

> **G** **The imperfect tense**   **> Page 217**

The imperfect tense is used to describe what things <u>were like</u> in the past or what <u>used to</u> happen. You need to be able to recognise the imperfect endings, e.g. *chanter* (to sing):

je chant**ais**	I used to sing
tu chant**ais**	you used to sing
il/elle/on chant**ait**	he/she/we used to sing
nous chant**ions**	we used to sing
vous chant**iez**	you used to sing
ils/elles chant**aient**	they used to sing

The key verbs that you need to be able to **use** are:
avoir → *j'**av**ais* (I had/I used to have)
être → *j'**ét**ais* (I was/I used to be)
faire → *je **fais**ais* (I did/made/I used to do/make)

1	Fishy faisait du karaté à l'école primaire.	**6**	Elle n'était pas timide.
2	Il faisait de la natation tous les vendredis.	**7**	Meriem42 faisait deux sports.
3	PasBelle était vraiment timide.	**8**	Elle adorait jouer au tennis de table.
4	Elle avait beaucoup de copains.	**9**	LeMoulin visitait souvent le zoo.
5	PSG-FAN participait à la chorale.	**10**	Il détestait la nature.

3 lire **Lisez le texte et regardez les images. Écrivez PA (passé) ou PR (présent) pour chaque image.**

Quand elle était à l'école primaire, Manon était timide mais au collège, elle est déléguée de classe: elle représente ses copains pendant les conseils de classe.

Dans son collège, il y a plein de clubs et d'activités à faire. Manon était membre d'un club de basket quand elle était petite mais au collège, elle joue au hand.

À l'âge de 9 ans, Manon allait au club d'échecs. Maintenant, elle est membre d'un club de théâtre et elle participe à un grand spectacle musical, *Les Misérables*.

En plus, le mardi, pendant l'heure du déjeuner, Manon va au ciné-club. À l'école primaire, elle faisait du karaté.

Point culture

In France, each class elects a *délégué(e) de classe* or class representative. This student represents his or her class at the *conseil de classe*, a meeting held to discuss the progress of all the students in the class. French schools also have a school council, called *le conseil d'administration*.

4 parler **À deux. Posez et répondez à ces questions.**

- Qu'est-ce que tu faisais à l'école primaire?
- Qu'est-ce que tu fais comme activités au collège?

À l'école primaire,	Maintenant,	
j'avais …	j'ai …	beaucoup de temps libre/beaucoup d'amis/trop de devoirs …
j'allais …	je vais …	au zoo/à la piscine/au club d'échecs …
j'étais …	je suis …	dans une chorale/délégué(e) de classe/membre de l'équipe de basket …
je faisais …	je fais …	du judo/de la danse …
je jouais …	je joue …	à cache-cache/au foot/au hand/au rugby …
je chantais …	je chante …	dans la chorale
je participais …	je participe …	au spectacle de Noël …

5 lire **Traduisez ces phrases en anglais.**

1 Je fais du yoga.
2 Je faisais du karaté.
3 Je suis membre de l'équipe de volley.
4 J'étais membre de l'orchestre.
5 Je jouais au foot.
6 Je joue au rugby.

6 écrire **Écrivez deux paragraphes sur les activités que vous <u>faisiez</u> à l'école primaire et les activités que vous <u>faites</u> au collège.**

● *Talking about successes at school*
● *Using past, present and future time frames*

---

1 **Écoutez et notez la bonne lettre pour chaque personne. (1–6)**

a Je joue dans l'orchestre.	*I play in the orchestra.*
b Je suis membre du club informatique.	*I am a member of the IT club.*
c Je vais jouer dans l'équipe de hockey.	*I am going to play in the hockey team.*
d Je vais participer à un échange scolaire.	*I am going to take part in a school exchange.*
e J'ai récolté de l'argent pour une association caritative.	*I raised money for a charity.*
f J'ai gagné un prix pour mes efforts en classe.	*I won a prize for my efforts in class.*

---

2 lire **Lisez les messages et trouvez la bonne photo pour chaque personne.**

Je représente ma classe au conseil d'administration de mon école. On discute des problèmes au collège mais on organise aussi des activités pour récolter de l'argent pour des associations caritatives. En avril, on a organisé un concours de slam. Cette année, on va organiser une soirée disco pour les sixièmes. Ça va être un grand succès. **Jack**

Je suis membre d'une équipe de foot. Au début de l'année scolaire, je suis allée en Belgique avec mon équipe et on a joué contre l'équipe d'un collège belge. J'ai parlé français et en plus, on a gagné le match! Le mois prochain, je vais participer au championnat régional. **Isabella**

Je suis membre du club du théâtre. C'est génial! À Noël, j'ai participé à un spectacle devant toute notre école et c'était un grand succès. Je suis fier de moi! La semaine prochaine, je vais aller voir une pièce de théâtre à Londres avec les autres membres du club. J'aime bien les sorties scolaires. **Adam**

Je suis passionnée de langues et j'étudie le français et l'espagnol au collège. Cette année, j'ai fait un échange à Bordeaux. Je suis restée chez ma correspondante française et c'était super. L'année prochaine, je vais faire un échange à Madrid! **Sophia**

---

3 lire **Relisez les textes. Copiez et complétez le tableau en anglais pour Jack, Isabella, Adam et Sophia.**

	doing at the moment	already done	going to do in the future
Jack	represents his class on the school council	organised a …	

G *Giving opinions in different tenses*

present	*C'est* …	It **is** …	amusant/passionnant/top/motivant/
past	*C'était* …	It **was** …	génial/super.
future	*Ça va être* …	It **is going to be** …	un grand succès/une belle surprise.

4 parler **À deux. Utilisez le tableau pour parler des succès de Ludo et Miriam. Puis parlez de vos propres succès au collège.**

In pairs. Use the table to talk about Ludo and Miriam's successes. Then talk about your own successes at school.

Je suis membre	de	l'équipe de foot/basket/badminton. l'orchestre/la chorale.
	du	club de théâtre/d'échecs/de français. conseil d'administration.
J'ai gagné		un prix pour mes efforts en classe/sport. un match/championnat de foot/basket. un concours de slam/danse.
J'ai participé à		un spectacle/un échange/une sortie scolaire.
J'ai organisé		un concert/un concours de chant.
J'ai récolté de l'argent pour une association caritative.		

Ludo

orchestre ✓
conseil d'administration ✓
championnat de foot ✓
spectacle ✓
argent pour une
   association caritative ✓

Miriam

équipe de badminton ✓
club de français ✓
prix pour mes efforts en sport ✓
visite scolaire ✓
concert ✓

5 écrire **Traduisez ces phrases en français.**

1 I am a member of the rugby team.
2 Last year I went to France with the team.
3 I took part in a championship and we won!
4 I was very proud of myself.
5 This year I am going to organise a dance competition.
6 It is going to be difficult but fun.

For each sentence decide whether you need to use the perfect tense, the imperfect tense (*c'était/j'étais*), the present tense or the near future tense.

6 lire **Lisez la description d'une sortie scolaire. Copiez et complétez le texte avec les bonnes expressions de l'encadré.**

1 _____ , j'ai participé à une sortie scolaire. Je suis allée **2** _____ et c'était **3** _____ . On a voyagé **4** _____ et on a visité **5** _____ . Je pense que les sorties scolaires sont une bonne idée parce qu'**6** _____ et on s'amuse bien ensemble. **7** _____ , je vais faire une autre sortie scolaire.

le Musée des sciences   l'année prochaine   à Londres   en car

on se fait de nouveaux amis   l'année dernière   super

7 écouter **Écoutez et vérifiez vos réponses.**

8 écrire **Écrivez un paragraphe sur une sortie scolaire que vous avez faite. Utilisez le texte de l'exercice 6 comme modèle. Donnez aussi votre opinion sur les sorties scolaires.**

| Les sorties scolaires sont une | bonne | idée parce que/qu' | on se fait de nouveaux amis. on s'amuse bien ensemble. |
| | mauvaise | | c'est ennuyeux/c'est trop cher. |

1 lire **Read the opinions about school on this website.**

Le collège
Les cours ne sont pas intéressants. Par contre, j'aime rigoler avec mes copains pendant la récréation. **Paul**
Pour moi, apprendre, c'est difficile, mais j'adore les clubs de sport après l'école. **Simone**
Je m'entends bien avec tous mes professeurs. Ma matière préférée, c'est le sport. **Sahlia**
Il est interdit de porter un jean dans mon collège. Je trouve ça injuste. **Marc**

Who says what about school? Write <u>Paul</u>, <u>Simone</u>, <u>Sahlia</u> or <u>Marc</u>. You can use each person more than once.

(a) ⬚⬚⬚⬚⬚ gets on well with the teachers.
(b) ⬚⬚⬚⬚⬚ disagrees with a school rule.
(c) ⬚⬚⬚⬚⬚ prefers break time.
(d) ⬚⬚⬚⬚⬚ loves PE lessons.
(e) ⬚⬚⬚⬚⬚ finds the lessons boring.
(f) ⬚⬚⬚⬚⬚ finds school work hard.

2 lire **Lis ces extraits sur un site d'éducation.**

Collège Jeanne d'Arc	Ceux qui sont actifs bénéficient d'un grand gymnase et de plusieurs terrains de foot. Nos vestiaires sont modernes et propres.
Collège Molière	Ici, la cantine sert aux élèves des repas sans pareils tous les midis. Il faut acheter des tickets au secrétariat.
Collège Renoir	Nous avons non seulement un beau laboratoire de langues mais aussi dix labos neufs. Nous sommes aussi fiers de notre nouveau bâtiment pour les internes.
Collège Debussy	Dans certaines écoles, il est interdit de sortir son portable. Ici, toutes nos salles de classe ont une connexion Internet à très haut débit. En plus, on fournit une tablette à tous les élèves.

Quel est le collège correct? Choisis entre <u>Jeanne d'Arc</u>, <u>Molière</u>, <u>Renoir</u> et <u>Debussy</u>. Chacun des mots peut être utilisé plusieurs fois.

(a) On peut bien manger au collège ⬚⬚⬚⬚⬚.
(b) Le collège ⬚⬚⬚⬚⬚ trouve les nouvelles technologies très importantes.
(c) Si vous aimez le sport, il faut aller au collège ⬚⬚⬚⬚⬚.
(d) Le collège ⬚⬚⬚⬚⬚ est bien aménagé pour les sciences.

> ⭐ For tasks like this, don't expect to find the exact words from the questions in the text. Instead, try to identify the key word(s) in each question – e.g. for question 1, *manger*, or for question 2, *technologies*. Then look for related words in the text, e.g. for question 1, perhaps a type of food or a place where you eat, etc.

1 Why do these young people like their favourite subject? Listen and match each speaker with <u>one</u> correct reason.

A	doesn't get too much homework	E	is good at it
B	uses a lot of technology in class	F	thinks the teacher is great
C	finds the lessons fun	G	has a laugh with friends
D	gets to work in groups	H	wants to live abroad

1 Karima　　**2** Matthieu　　**3** Yann　　**4** Jennifer

2 Écoute. Amandine parle d'une sortie scolaire. Complète les phrases en choisissant un mot ou des mots dans la case. Il y a des mots que tu n'utiliseras pas.

> souvenirs　temps　Espagne　vêtements　amusant　un échange
> ~~Angleterre~~　musée　visite guidée　ennuyeux　du ski　galerie d'art

Exemple: Amandine a visité l'<u>Angleterre</u>.

(a) Le voyage était ▢ .
(b) Elle a aimé la ▢ .
(c) Elle a détesté le ▢ .
(d) Elle a acheté des ▢ .
(e) Cette année, la classe va faire ▢ .

> ⭐ Be sure to pick a word that can fit grammatically. Before you start the task, think about which options are <u>possibilities</u> for each gap.

3 You hear this clip on the radio about a French school teacher, Monsieur Martin. Listen and choose the correct letter to complete each sentence.

1 In Paris, Monsieur Martin taught …
　A science.
　B English.
　C history.
　D maths.

2 He left Paris to …
　A travel.
　B work in a school abroad.
　C live in the UK.
　D work in a different French school.

3 His life now is …
　A the same.
　B almost the same.
　C a little bit different.
　D completely different.

4 We do <u>not</u> hear about …
　A the facilities.
　B the timings of the school day.
　C the uniform.
　D behaviour.

5 Monsieur Martin is now …
　A happy.
　B lonely.
　C stricter.
　D disappointed.

A – Role play

 1 Look at the role play card and prepare what you are going to say.

Topic: School activities

Your French exchange partner is staying with you and you are talking about your school life. The teacher will play the role of your exchange partner and will speak first.

You must address your exchange partner as *tu*.

You will talk to the teacher using the prompts below.

Where you see this – **?** – you must ask a question.

Where you see this – **!** – you must respond to something you have not prepared.

> **Chez toi. Tu parles avec ton/ta correspondant(e) français(e) de ta vie scolaire.**
> **1** Collège – moyen de transport
> **2** Déjeuner – où
> **3 !**
> **4** Clubs – possibilités
> **5 ?** Uniforme scolaire – opinion

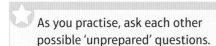 To ask somebody for their opinion, you can simply say 'Do you like …?' You could also say 'What do you think of …?' or 'What is your opinion of …?'

2 Compare your answers with a partner and practise what you are going to say. Pay attention to your intonation and pronunciation.

> ⭐ As you practise, ask each other possible 'unprepared' questions.

3 Using your notes, listen and respond.

> ⭐ Listen carefully to the 'unprepared' question. What question word is used? Make sure you give the information that is asked for.

4 Now listen to Joanna doing the role play. Note down in French what she says for each point 1–5 on the role play card.

B – General conversation

1 écouter **Listen to Leon introducing his chosen topic. In which order does he mention the following things?**

A the school canteen
B the number of teachers
C where his school is
D his opinion of his school
E the number of pupils
F the timings of the school day
G the name of his school
H the range of facilities

2 écouter **Listen to how Leon answers the next question: «Quelles matières aimes-tu et quelles matières n'aimes-tu pas?» Look at the Answer booster on page 128. Find <u>six</u> examples of language Leon uses to make his answer a strong one.**

3 écouter **The teacher then says, «Parle-moi d'une sortie scolaire récente.» Look at the transcript of what Leon says. Write down the missing verb for each gap. What different tenses does Leon use in his answer?**

Quand j'**1** _____ en quatrième, je **2** _____ à Londres avec mon collège. C'**3** _____ absolument fantastique. Le matin, on **4** _____ le Musée de la science et l'après-midi, on **5** _____ une comédie musicale. Le musée **6** _____ très intéressant parce qu'il y **7** _____ beaucoup d'activités à faire et parce que la chimie **8** _____ ma matière préférée. J'**9** _____ le spectacle aussi. Cette année, je **10** _____ en Suisse avec mon collège. À mon avis, ça **11** _____ passionnant!

4 parler **Prepare answers to these questions. Then practise with your partner.**

1 Décris-moi ton collège.
2 Quelles matières aimes-tu et quelles matières n'aimes-tu pas?
3 Parle-moi d'une sortie scolaire récente.
4 Qu'est-ce que tu penses de l'uniforme scolaire?
5 Es-tu membre d'un club au collège?
6 Qu'est-ce que tu vas faire après tes examens de GCSE?

Answer booster	Aiming for a solid answer	Aiming higher	Aiming for the top
Verbs	**Verbs with** *je* **Different time frames:** present, perfect and near future tenses	**Different persons of the verb:** *il/elle/on/nous* **Modal verbs:** *on doit …/ on peut … +* infinitive *Je voudrais/J'aimerais …*	**The imperfect and perfect tenses together:** *Quand j'étais en quatrième, je suis allé(e) …* *Il faut/Il est interdit de +* an infinitive
Opinions and reasons	**Basic verbs of opinion:** *J'adore/ J'aime/Je n'aime pas/Je déteste/ Je préfère …* **C'est + adjective:** *c'est génial*	**More variety:** *Je trouve ça …/ À mon avis, …/Je suis fort(e)/ doué(e)/faible en …/Ma matière préférée, c'est …* **Opinions in different tenses:** *C'était/Ça va être +* adjective	**Comparative adjectives:** *L'histoire est plus ennuyeuse que la géographie.*
Connectives	*et, mais, aussi, ou, parce que*	*où, car, donc, alors, puisque*	*par contre, …, en plus, …*
Other features	**Qualifiers:** *très, assez, vraiment, trop* **Time and frequency phrases:** *l'année prochaine, la semaine dernière, toujours*	**Negatives:** *ne … pas, ne … jamais, ne … plus* **More interesting adjectives:** *passionnant, injuste, ridicule, utile*	**Direct object pronouns:** *je l'adore, je l'aime, je ne l'aime pas, je le/la déteste*

A – Picture-based task

1 Look at the photo and the task. Write your answer, then check carefully what you have written.

> ⭐ You need to use the **present tense** for this task. When you describe a photo in English, the verb has two parts, e.g. 'they **are wearing**', 'they **are eating**'. In French, you just need the verb with the correct ending, e.g. *ils **portent**, ils **mangent**.* Remember to give your opinion of your own school canteen too.

Mon collège

Tu es au collège. Tu postes cette photo sur un réseau social pour tes amis français.

Écris une description de la photo **et** exprime ton opinion sur la cantine dans ton école.
Écris 20–30 mots environ **en français**.

B – Translation

1 Traduis les phrases suivantes **en français**.

> What little words come before English and maths?

> Use the *ils* form of the verb. What is the correct ending?
> Use the 24-hour clock.

(a) My school is great.
(b) I like English but I don't like maths.
(c) In my class there are 20 girls and 10 boys.
(d) Classes finish at 4 o'clock.
(e) Last night I did my homework.

> Remember to make 'my' and the adjective 'great' agree with the word for school.

> You don't need to write the numbers in French: just keep them as figures.

> What tense do you need here? Make sure that you include both parts: the part of *avoir* or *être* and the past participle.

C – Extended writing task

 1 Look at the task and answer the questions.

1 What type of text are you asked to write?
2 What is each bullet point asking you to write about?
3 Which <u>tense(s)</u> will you need to use for each bullet point?

La vie scolaire

Ton ami(e) français(e) t'as envoyé un e-mail sur la vie scolaire.

Écris une réponse à ton ami(e).

Tu **dois** faire référence aux points suivants:
- les horaires de ton école
- pourquoi l'uniforme scolaire est bien ou pas
- un déjeuner récent au collège
- ce que tu vas faire en septembre.

Écris 80–90 mots environ **en français**.

---

2 Read Jeeva's answer to this task.
What do the phrases in bold mean?

Salut!

Dans mon école, les cours commencent à 8h30 et finissent à 15h45. Nous avons une pause à 11h. L'heure du déjeuner est **entre 12h30 et 13h20** et à mon avis, **c'est trop court.**

Dans mon collège, **il ne faut pas porter d'uniforme**. Je trouve ça bien parce que pour moi, l'uniforme scolaire est vraiment ridicule. C'est trop démodé.

Hier, à midi, j'ai mangé un sandwich avec mes copains et j'ai bu de l'eau. **On ne mange jamais** à la cantine car **c'est trop cher**.

En septembre, **je vais aller au lycée** où **je vais étudier** l'informatique ou le commerce. Dans le futur, j'aimerais travailler **à l'étranger.**

Amitiés,

Jeeva

---

3 Look at the Answer booster. Note down <u>six</u> examples of language that Jeeva uses to write a strong answer.

 4 Now write your own answer to the task.

- Look at the Answer booster and Jeeva's text for ideas.
- Write a detailed plan. Organise your answer in paragraphs, one per bullet point.
- Write your answer and carefully check what you have written.

⭐ Remember to focus on <u>what you have learned</u> to write. You might be going to emigrate to America in September with your family, or to study child care at college, but if you don't know how to say this in French, avoid it! Instead, say something that you are confident with, even if it isn't true, e.g. 'I am going to study maths' or 'I am going to go into the sixth form.'

Les matières / School subjects

le commerce	business studies	l'anglais (m)	English
le dessin	art	l'art dramatique (m)/le théâtre	drama
le français	French	l'EPS (f)/le sport	PE
la biologie	biology	l'espagnol (m)	Spanish
la chimie	chemistry	l'étude des médias (f)	media studies
la géographie	geography	l'histoire (f)	history
la musique	music	l'informatique (f)	ICT
la physique	physics	l'instruction civique (f)	citizenship
la religion	religious studies	les arts ménagers	home technology
la technologie	technology	les maths	maths
l'allemand (m)	German		

L'emploi du temps / The timetable

à neuf heures	at nine o'clock	vendredi	(on) Friday(s)
à neuf heures dix	at ten past nine	la récré(ation)	break time
à neuf heures et quart	at a quarter past nine	l'heure du déjeuner	lunchtime
à neuf heures et demie	at half past nine	Lundi à neuf heures, j'ai … histoire/maths.	On Monday at nine o'clock, I have … history/maths.
à dix heures moins vingt	at twenty to ten		
à dix heures moins le quart	at a quarter to ten	Vendredi, j'ai deux heures de français.	I have two French lessons on Fridays.
lundi/mardi	(on) Monday(s)/Tuesday(s)		
mercredi/jeudi	(on) Wednesday(s)/Thursday(s)	La récré commence à …	Break time starts at …

Ce que j'aime et ce que je n'aime pas / What I like and what I don't like

Ma matière préférée est …	My favourite subject is …	intéressant/ennuyeux	interesting/boring
Je suis fort(e) en …	I am good at …	fascinant/passionnant	fascinating/exciting
Je suis faible en …	I am weak at …	Le/La prof est …	The teacher is …
Je (ne) suis (pas) doué(e) en …	I (don't) have a talent for …	bon(ne)/marrant(e)	good/funny
C'est …	It's …	sympa/gentil(le)	nice/kind
facile/difficile	easy/difficult	sévère/impatient(e)	strict/impatient
utile/inutile	useful/useless	On a trop de devoirs.	We have too much homework.

Une école bien équipée / A well-equipped school

le gymnase	sports hall	la cour de récréation	playground
le hall	(assembly) hall/auditorium	la piscine	swimming pool
le terrain de basket	basketball court	la salle de sport	gym
le terrain de sport	sports ground	les labos de science	science labs
la bibliothèque	library	les salles de classe	classrooms
la cantine	canteen	les vestiaires	changing rooms

Mon collège / My school

Comment s'appelle ton école?	What is your school called?	La journée commence à (8h30) et finit à (16h ou à 17h).	The school day starts at (8.30 a.m.) and finishes at (4 or 5 p.m.).
Mon école s'appelle …	My school is called …		
C'est quelle sorte d'école?	What sort of school is it?	Il y a combien de cours par jour?	How many lessons are there per day?
C'est …	It's …		
une école mixte	a mixed school	Il y a (huit) cours par jour.	There are (eight) lessons per day.
une école publique	a state school	Comment sont les professeurs?	What are the teachers like?
une école privée	a private school	En général, les profs sont gentils/ un peu sévères.	In general, the teachers are kind/ a bit strict.
une école pour filles/garçons	a school for girls/boys		
pour les élèves de 11 à 16 ans	for pupils aged 11 to 16	Qu'est-ce que tu penses de ton collège?	What do you think of your school?
Il y a combien d'élèves?	How many pupils are there?		
Il y a (750) élèves et (45) professeurs.	There are (750) pupils and (45) teachers.	Je pense que les journées sont longues et qu'on a trop de contrôles.	I think the days are long and we have too many tests.
Quels sont les horaires?	What are the school hours?		

L'école chez nous, l'école chez vous / School here and with you

En Grande-Bretagne, …	In Britain …	ils redoublent	they repeat a year
En France, …	In France …	les grandes vacances durent …	the summer holidays last …
l'école commence à … et finit à …	school starts at … and finishes at …	Je préfère le système britannique/ français parce que …	I prefer the British/French system because …
on porte un uniforme scolaire	we wear school uniform	le redoublement (n')est (pas) une bonne idée	repeating a year is (not) a good idea
ils portent leurs propres habits	they wear their own clothes		
on étudie la religion	we study RE	les horaires sont plus raisonnables	the hours are more reasonable
ils n'étudient pas la religion	they don't study RE	les vacances sont plus longues	the holidays are longer
on ne redouble pas	we don't repeat a year	l'uniforme scolaire est pratique	school uniform is practical

Le règlement scolaire / *School rules*

Il faut être à l'heure.	*You must be on time.*
Il faut faire ses devoirs.	*You have to do your homework.*
Il faut porter l'uniforme scolaire.	*You have to wear school uniform.*
Il est interdit de mâcher du chewing-gum.	*It is forbidden to chew chewing gum.*
Il est interdit d'utiliser son portable en classe.	*It is forbidden to use your mobile phone in class.*
Il est interdit de porter des bijoux, des piercings ou trop de maquillage.	*It is forbidden to wear jewellery, piercings or too much make-up.*
Il est interdit de sortir de l'école pendant l'heure du déjeuner.	*It is forbidden to leave school at lunchtime.*
Il est interdit de manquer les cours.	*It is forbidden to skip lessons.*

L'uniforme scolaire / *School uniform*

Je porte …	*I wear …*
un pantalon/un polo	*trousers/a polo shirt*
un sweat/une chemise	*a sweatshirt/a shirt*
une cravate/une jupe	*a tie/a skirt*
une veste	*a blazer/jacket*
mes propres vêtements	*my own clothes*

À l'école primaire et maintenant / *At primary school and now*

J'avais …	*I had/used to have …*
J'ai …	*I have …*
beaucoup de temps libre	*lots of free time*
beaucoup d'amis	*lots of friends*
trop de devoirs	*too much homework*
J'allais …	*I used to go …*
Je vais …	*I go …*
au ciné-club	*to film club*
au club d'échecs	*to chess club*
au zoo	*to the zoo*
à la piscine	*to the swimming pool*
J'étais …	*I was/used to be …*
Je suis …	*I am …*
dans une chorale	*in a choir*
délégué(e) de classe	*class representative*
membre de l'équipe de basket	*a member of the basketball team*
timide	*shy*

Les succès au collège / *Successes at school*

Je suis fier/fière de moi.	*I am proud of myself.*
Je joue dans l'orchestre.	*I play in the orchestra.*
Je suis membre du club informatique.	*I'm a member of the IT club.*
Je suis membre du conseil d'administration.	*I'm a member of the school council.*
Je vais jouer dans l'équipe de hockey.	*I'm going to play in the hockey team.*
Je vais participer à un échange scolaire.	*I'm going to take part in a school exchange.*
J'ai gagné …	*I won …*
un prix pour mes efforts en classe	*a prize for my efforts in class*
le championnat de foot/basket	*the football/basketball championship*
un concours de slam/danse	*a slam/dance competition*

Les mots essentiels / *High-frequency words*

maintenant	*now*
malheureusement	*unfortunately*
meilleur(e)(s)	*best*
pendant	*during*
propre(s)	*own/clean*
Je porte mes **propres** vêtements.	*I wear my **own** clothes.*
Les toilettes sont **propres**.	*The toilets are **clean**.*

Je trouve ça …	*I think that's …*
juste/logique	*fair/logical*
raisonnable/frustrant	*reasonable/frustrating*
injuste/ridicule	*unfair/ridiculous*
parce que/car …	*because …*
c'est/ce n'est pas dangereux	*it is/isn't dangerous*
c'est/ce n'est pas important	*it is/isn't important*
on n'est pas des bébés	*we aren't babies*
il faut respecter les autres	*you have to respect other people*
la mode/la religion n'a pas de place à l'école	*fashion/religion doesn't have any place in school*
l'école, c'est pour apprendre	*school is for learning*

La mode n'a pas de place à l'école.	*Fashion has no place in school.*
L'uniforme coûte cher.	*Uniform is expensive.*
Tout le monde se ressemble.	*Everyone looks the same/alike.*
C'est démodé et embarrassant.	*It's old-fashioned and embarrassing.*
C'est pratique et confortable.	*It's practical and comfortable.*

Je faisais …	*I used to do/go …*
Je fais …	*I do/go …*
du judo/du karaté	*judo/karate*
du yoga/de la danse	*yoga/dancing*
de la natation	*swimming*
Je jouais …	*I used to play …*
Je joue …	*I play …*
à cache-cache	*hide and seek*
au foot/au hand	*football/handball*
au ping-pong	*ping pong/table tennis*
au rugby	*rugby*
Je participais …	*I used to participate/take part …*
Je participe …	*I participate/take part …*
au spectacle de Noël	*in the Christmas play*
Je chantais …	*I sang …*
Je chante …	*I sing …*
dans la chorale	*in the choir*

J'ai participé à …	*I participated/took part in …*
un spectacle	*a show*
un échange scolaire	*a school exchange*
une sortie scolaire	*a school trip*
J'ai organisé …	*I organised …*
un concert	*a concert*
un concours de chant	*a singing competition*
J'ai récolté de l'argent pour une association caritative.	*I raised money for a charity.*
Les sorties scolaires sont une bonne/mauvaise idée parce que/qu' …	*School trips are a good/bad idea because …*
on se fait de nouveaux amis	*you make new friends*
on s'amuse ensemble	*you have a laugh together*
c'est trop cher/ennuyeux	*it's too expensive/boring*

trop (de)	*too (much/many)*
plein de	*lots of*
tout(e)/tous/toutes	*all*
tout(e) seul(e)	*all alone*
toute l'école	*the whole school*
tous les vendredis	*every Friday*

7 Bon travail!
Point de départ

● *Talking about jobs*

1 lire **Copiez et complétez les phrases avec la bonne profession.**

1 Je travaille dans un garage. Ma passion, c'est les voitures! Je suis ▭.
2 Je travaille dans un magasin. Je vends des vêtements. Je suis ▭.
3 Je travaille dans un hôpital mais je ne suis pas médecin. Je suis ▭.
4 Je travaille à bord d'un avion. Je voyage beaucoup. Je suis ▭.
5 Je travaille dans un grand restaurant. Je sers les clients. Je suis ▭.
6 Je travaille avec des petits enfants dans une école primaire. Je suis ▭.

infirmier

institutrice

mécanicien

pilote

serveur

vendeuse

> ⭐ When saying what job someone does, you don't use *un* or *une*:
>
> *Je suis journaliste.*
> I am a journalist.
>
> *Ma mère est comptable.*
> My mother is an accountant.

2 écouter **Écoutez et vérifiez. (1–6)**

3 écrire **Copiez et complétez le tableau.**

masculin	féminin	anglais
	agricultrice	farmer
architecte		architect
	bouchère	butcher
comptable		accountant
	directrice d'entreprise	company director
	factrice	postman/-woman
fermier		farmer
journaliste		journalist
	maçonne	builder
musicien		musician

Ⓖ *Job nouns*

The words for jobs often change according to gender. The most common patterns are:

masculine	feminine	(English)
électric**ien**	électric**ienne**	(electrician)
coiff**eur**	coiff**euse**	(hairdresser)
ac**teur**	ac**trice**	(actor/actress)
boulang**er**	boulang**ère**	(baker)
patr**on**	patr**onne**	(boss)

Jobs that end in *-e* don't change, e.g. *dentiste* (dentist), *secrétaire* (secretary).

The following jobs are also the same in both genders: *agent de police* (policeman/-woman), *médecin* (doctor), *professeur* (teacher), *soldat* (soldier).

4 écrire **Lisez les phrases et écrivez la profession de chaque personne.**

Exemple: **1** Il est fermier/agriculteur.

1 Mon père travaille dans une ferme.
2 Ma mère travaille avec des élèves dans un collège.
3 Mon frère travaille dans un salon de coiffure.
4 Ma tante travaille dans un hôpital mais elle n'est pas infirmière.
5 Mon oncle travaille dans une boulangerie.
6 Ma cousine travaille dans un commissariat de police.

5 Écoutez. Copiez et complétez le tableau en anglais. (1–4)

	family member's job	job the speaker wants to do
1	mother – hairdresser	

ingénieur/-eure	engineer
programmeur/-euse	programmer
créateur/-trice de jeux vidéo	video game designer

 6 À deux. Faites une conversation au sujet du travail. Utilisez les détails ci-dessous.

- ● *Qu'est-ce que (ton père/ta mère) fait dans la vie?*
- ■ *Il/Elle travaille/est …*
- ● *Et toi, qu'est-ce que tu veux faire dans la vie?*
- ■ *Ma passion, c'est … Je veux …*

Il/Elle travaille dans …	un bureau/un hôpital/un magasin/ une ferme (etc.).
Il/Elle est … Il/Elle travaille comme …	secrétaire/infirmier/infirmière (etc.).
Ma passion, c'est …	le sport/le théâtre/la mode/ la cuisine/la musique/ les ordinateurs/les voitures (etc.).
Je veux être … Je veux travailler comme …	journaliste (sportif)/acteur/actrice/ chef de cuisine (etc.).

a mon père · moi

b ma mère · moi

 7 Lisez les textes. Pour chaque métier, notez les détails suivants en anglais.

1 what the job is   **2** what personal qualities are needed   **3** the good points about the job

Ta passion, c'est la justice? Tu es intelligent(e), bien organisé(e) et travailleur/-euse? Pourquoi ne pas devenir avocat(e)? C'est un métier fascinant et bien payé.

Tu es ambitieux/-euse et fort(e) en dessin? Ta passion, c'est la mode? Alors, tu peux devenir créateur/-trice de mode. C'est un métier très créatif et tu peux devenir célèbre!

Tu es fort(e), courageux/-euse et en bonne forme? Pense à devenir pompier/-ière! C'est un métier passionnant et tu peux sauver la vie des gens!

devenir	to become
le métier	job

 8 Traduisez ces phrases en français.

Which word do you <u>not</u> need in French in all these sentences?

1 My passion is the theatre. I want to be <u>an</u> actor.
2 My brother is brave and hard-working. He is a policeman.
3 My mother is <u>intelligent</u> and <u>ambitious</u>. She is a doctor.
4 Do you want to be a pilot? It's an <u>exciting and well-paid job</u>.

Be careful with the word order here – look at the first text in exercise 7.

Remember to use the correct adjective endings – what gender is the noun?

1 Qu'est-ce que tu voudrais faire?

 1 écouter

Écoutez et lisez le quiz. Notez les lettres des réponses de Clara et Noah. (1–4)

Exemple: **1** Clara – b, Noah – …

1
Voudrais-tu travailler …

a dans un bureau?

b dans un magasin?

c en plein air?

2
Aimerais-tu faire un métier …

a créatif?

b manuel?

c à responsabilité?

3
Voudrais-tu travailler avec …

a des animaux?

b des enfants?

c des ordinateurs?

4
Aimerais-tu travailler …

a seul(e)?

b en équipe?

c à l'étranger?

 2 écouter

Écoutez la suite. Selon le quiz, quels sont les métiers parfaits pour Noah et Clara?

 3 parler

À deux. Répondez aux questions du quiz!

Exemple:

● *Question numéro un: voudrais-tu travailler …* **a** *dans un bureau,* **b** *dans un magasin ou* **c** *en plein air?*
■ *Je voudrais travailler … Et toi?*
● *Moi, je voudrais … Ensuite, aimerais-tu …*

G *The conditional* **>** *Page 212*

Use the conditional of *aimer* (**j'aimerais**) or *vouloir* (**je voudrais**) + the infinitive of another verb to say what you would like to do.

J'aimerais faire un métier créatif.
I would like to do a creative job.

Je voudrais travailler à l'étranger.
I would like to work abroad.

To say what you would <u>not</u> like to do, put *ne … pas* around *aimerais* or *voudrais*.

Je **n'aimerais pas** *travailler dans un bureau.*
I would **not** like to work in an office.

Je **ne** *voudrais* **pas** *faire un métier manuel.*
I would **not** like to do a manual job.

lire

Lisez et trouvez la bonne option (a–f) pour compléter chaque texte. Il y a deux options de trop.

Tu voudrais travailler dans quel secteur?

1 Je suis très motivé et actif. Ma passion, c'est le fitness. J'aime le contact avec les gens et travailler en équipe, alors je voudrais travailler dans …

2 Je suis assez ambitieuse, travailleuse et plutôt sérieuse. J'aimerais avoir un métier bien payé et travailler dans un bureau. Le secteur qui m'intéresse, c'est …

3 Je suis assez créatif et très sociable. Mes deux passions sont la télé et la musique, donc je crois que j'aimerais travailler dans …

4 Je suis intelligente et bien organisée mais un peu timide. Je suis aussi très indépendante, donc je préférerais travailler seule. Ma passion, c'est Internet. Le secteur qui m'intéresse, c'est …

les gens people

a · l'informatique et les télécommunications.

d · l'hôtellerie et la restauration.

b · le sport et les loisirs.

e · l'audiovisuel et les médias.

c · le commerce.

f · la médecine et la santé.

---

5 écouter · **Écoutez et vérifiez. (1–4)**

6 lire · **Traduisez en anglais la version complète des textes 1 et 2 de l'exercice 4.**

7 parler · **À deux et à tour de rôle. Discutez du secteur professionnel qui vous intéresse.**

Exemple:

- *Tu voudrais travailler dans quel secteur?*
- *Je crois que j'aimerais travailler dans le sport et les loisirs.*
- *Pourquoi?*
- *Parce que je suis assez sportif/-ive et parce que j'aime le contact avec les gens.*

 écrire

Écrivez un court paragraphe sur vos préférences au sujet du travail.

Exemple: Je suis assez … Je crois que je voudrais … Je n'aimerais pas …

G *The relative pronoun* **qui** ❯ *Page 220*

Qui means 'who', 'which' or 'that' when 'who', 'which' or 'that' is the subject of the sentence.

*Le secteur **qui m'intéresse**, c'est le commerce.*
The area **that interests** me is business.

Je crois que Je pense que	je voudrais j'aimerais	travailler dans (le commerce/ le sport et les loisirs, etc.).
Le secteur qui m'intéresse, c'est		le commerce/la médecine et la santé (etc.).
Je suis	assez plutôt très un peu	actif/-ive. motivé(e). ambitieux/-euse. sérieux/-euse. bien organisé(e). sociable. créatif/-ive. timide. indépendant(e). travailleur/-euse.
Je voudrais J'aimerais		avoir un métier bien payé. faire un métier à responsabilité (etc.). travailler en plein air (etc.).
J'aime le contact avec les gens.		

2 Mon avenir

- Talking about plans, hopes and wishes
- Understanding the simple future tense ('will' or 'shall')

 1 écouter **Écoutez Liliane et Medhi. Mettez les images dans le bon ordre pour chaque personne.**

 Je veux …   **J'espère …**   **Je voudrais …**

a faire un apprentissage.

b réussir mes examens.

c me marier ou me pacser.

d prendre une année sabbatique et voyager.

e avoir des enfants.

f faire du bénévolat.

g aller à l'université.

h habiter avec mon copain/ma copine.

j'espère	I hope
une année sabbatique	a gap year

 2 lire **Répondez aux questions. Écrivez *Liliane* ou *Medhi*. Utilisez un dictionnaire, si nécessaire.**

Qui veut …
1 continuer ses études à la faculté?
2 devenir apprenti(e)?
3 faire du travail bénévole?
4 s'installer avec son/sa petit(e) ami(e)?
5 visiter d'autres pays?

> ⭐ In exam-style tasks, you often have to listen or look for synonyms – two words or phrases which mean the same thing (e.g. *université* and *faculté*).

3 parler **À deux. Choisissez chacun une des personnes de la liste ci-dessous. Parlez de vos projets d'avenir.**

In pairs. Each of you choose one person from the list below. Talk about your future plans.

Exemple: **1** Moi, je suis Olivia. D'abord, j'espère réussir mes examens. Ensuite, je voudrais …

> ⭐ Use sequencers to describe future plans:
>
> | | |
> |---|---|
> | *d'abord* | first of all |
> | *ensuite/puis* | then |
> | *après* | afterwards |
> | *un jour* | one day |

1 Olivia
examens
→ université
→ bénévolat

2 Samir
apprentissage
→ année sabbatique
→ me marier

3 Bianca
travail bénévole
→ devenir apprentie
→ habiter avec petit ami
→ enfants

4 Nathan
examens
→ voyager
→ faculté
→ me pacser

 4 écrire **Écrivez un court paragraphe pour les deux autres personnes de l'exercice 3.**

Exemple: Moi, je suis Samir. D'abord, je veux faire un apprentissage. Puis …

5 lire Lisez le texte et répondez aux questions. Ensuite, traduisez en anglais les verbes en vert.

On a demandé à quatre jeunes de compléter la phrase:

Si mes rêves se réalisent …

Cécile

Je prendrai une année sabbatique et **je ferai** le tour du monde, de l'Europe à l'Asie. Ce sera génial!

Antoine

J'irai à la fac pour étudier la médecine. Après, **je travaillerai** pour Médecins Sans Frontières, peut-être en Afrique.

Léna

J'aurai ma propre entreprise en ligne: **je vendrai** des chaussures. **Je serai** riche et très heureuse!

Gaël

Je trouverai la femme de mes rêves, **je me marierai** et j'aurai deux ou trois enfants!

si mes rêves se réalisent   *if my dreams come true*

Who wants to…
1 study to be a doctor?
2 travel around the world?
3 get married and start a family?
4 start an online company and make lots of money?
5 work for a medical charity abroad?

G *The future tense*    ⟩ *Page 218*

To describe future plans, you can use either the near future tense (*je vais* + infinitive), or the simple future tense to say 'will …' or 'shall …'.

*Je **passerai** mes examens puis j'**irai** à la fac.*
I **will take** my exams, then I **will go** to uni.

To form the simple future tense of regular verbs, add the following endings to the infinitive 'stem':

je passer**ai**	nous passer**ons**
tu passer**as**	vous passer**ez**
il/elle/on passer**a**	ils/elles passer**ont**

The following important verbs are irregular. Learn to recognise them!
aller → j'**ir**ai (I will go)
avoir → j'**aur**ai (I will have)
être → je **ser**ai (I will be)
faire → je **fer**ai (I will do/make)

---

6 écouter Écoutez et notez en anglais les projets d'avenir de chaque personne. (1–5)

Exemple: **1** wants to take his exams – if passes, will …

passer un examen	to <u>take</u> an exam
réussir un examen	to <u>pass</u> an exam

7 écrire Quels sont vos projets d'avenir? Écrivez un paragraphe.

Mention:
• your plans for further study or training
• any other things you want to do (e.g. travel, voluntary work)
• plans for your personal life (e.g. marriage, children, home, car).

To really impress, try using one of the following, followed by the **future tense**:

Si je réussis mes examens, …   If I pass my exams …
Si mes rêves se réalisent, …   If my dreams come true …

- *Discussing the importance of languages*
- *Using adverbs*

1 lire Lisez et répondez aux questions du quiz.

Les vedettes et les langues

1 À part l'anglais, l'acteur Bradley Cooper parle couramment …

a le français. **b** l'espagnol. **c** l'italien.

2 L'actrice Natalie Portman parle combien de langues?

a quatre **b** cinq **c** six

3 À l'université, l'écrivain J.K. Rowling a étudié …

a le mandarin. **b** le français. **c** l'arabe.

4 David Beckham parle assez bien …

a l'allemand. **b** le portugais. **c** l'espagnol.

5 Le fondateur de Facebook, Mark Zuckerberg, apprend actuellement …

a le japonais. **b** le russe. **c** le mandarin.

6 À part l'espagnol (sa langue maternelle), la chanteuse Shakira parle combien de langues?

a quatre **b** trois **c** deux

la langue maternelle   mother tongue

2 écouter Écoutez et vérifiez. Notez aussi d'autres détails en anglais. (1–6)

 Adverbs

You use adverbs to say <u>how</u> you do something. In French, adverbs usually end in *-amment* or *-ement*:

actuellement (currently) *couramment* (fluently) *seulement* (only)

The following adverbs are irregular: *bien* (well), *mal* (badly).
NB In French, adverbs usually go <u>straight after the verb</u>:
Je parle bien l'allemand. (I speak German well.)

3 écouter Écoutez Yasmina. Complétez le texte avec les bonnes langues.

Ma famille vient de Syrie: nous sommes des réfugiés et nous habitons maintenant en France. Je parle **1** [   ], qui est ma langue maternelle. Au collège, j'apprends **2** [   ]. C'est vraiment difficile!

Mon père parle couramment **3** [   ] mais ma mère parle seulement **4** [   ]. Ma sœur apprend actuellement **5** [   ] parce qu'elle veut travailler en Allemagne. Mon frère parle un peu **6** [   ] mais il le parle mal!

4 parler À deux. Discutez des langues qu'on parle dans votre famille.

Exemple:
- *Tu parles quelles langues?*
- ▪ *Je parle … qui est ma langue maternelle. Au collège, j'apprends …*
- *Et les autres membres de ta famille?*
- ▪ *<u>Mon père</u>/<u>Ma grand-mère</u> parle bien/couramment/un peu …*

l'allemand/l'anglais/l'arabe/
l'espagnol/le français/le gujarati/
le hindi/l'italien/le japonais/
le mandarin/le polonais/
le portugais/le roumain/
le russe/l'ourdou

5 lire Lisez les phrases et regardez les images. À votre avis, qui fait quoi?
Il y a plusieurs possibilités.

Il/Elle utilise des langues étrangères …

1 pour faire des réservations par téléphone et pour écrire des e-mails.

2 pour parler avec des clients et des collègues à l'étranger.

3 pour commander quelque chose à manger ou pour demander son chemin.

4 pour communiquer avec des clients qui ne parlent pas le français.

5 pour faire des annonces et donner des renseignements aux passagers.

6 pour aider les touristes et répondre à leurs questions.

⭐ *Pour* means 'in order to'. It is followed by the infinitive:
*Il utilise l'espagnol **pour demander** son chemin.*
He uses Spanish (in order) to ask for directions.

a — chauffeur de poids lourds
b — hôtesse de l'air
c — réceptionniste dans un hôtel

d — directrice d'entreprise
e — chauffeur de taxi
f — employée dans un office de tourisme

6 parler À deux. Discutez de vos réponses à l'exercice 5.

Exemple:
● *Numéro un: à mon avis, cette personne est réceptionniste dans un hôtel.*
■ *Je suis d'accord./Je ne suis pas d'accord. À mon avis, cette personne est …*

7 écouter Écoutez et vérifiez. Notez aussi la fréquence en français. (1–6)

Exemple: **1** souvent

8 écrire Traduisez ces phrases en français.

Remember to use the definite article (*le* or *l'*) with languages.

1 I learn <u>French</u> at school.
2 My mother speaks Spanish <u>well</u>.
3 My brother <u>only</u> speaks English.
4 She uses German <u>to talk</u> to customers.
5 He uses Italian <u>to give information</u> to tourists.

Do adverbs go before or after the verb in French?

Use *pour* + the infinitive

Look back at exercise 5.

4 Mon petit boulot

- *Talking about how you earn money*
- *Using the present, perfect and conditional*

1 lire — Lisez les textes et trouvez les <u>deux</u> bonnes images pour chaque personne.

> Tu as un petit boulot?

> Que fais-tu pour gagner de l'argent?

J'aide à la maison. Chaque semaine, je passe l'aspirateur et je fais la vaisselle. Quelquefois, je lave aussi la voiture de mon père. **Lina**

Pendant les grandes vacances, j'ai un petit boulot dans l'épicerie de mon oncle. Je remplis les rayons et je sers les clients. **Asif**

Je promène le chien de ma voisine quand elle n'est pas là. Je tonds aussi la pelouse de mes grands-parents, mais je fais ça gratuitement! **Maëlys**

De temps en temps, je fais du baby-sitting pour mes voisins. Mais j'aimerais avoir un petit boulot comme mon copain anglais, Tom: il livre des journaux. **Clément**

remplir les rayons	to fill the shelves
le voisin/la voisine	neighbour
tondre la pelouse	to mow the lawn

> To say 'my father's car' (etc.), you have to say 'the car of my father':
>
> *la voiture de mon père.*
>
> Can you find other examples in exercise 1?

2 écouter — Écoutez et notez en anglais combien d'argent chaque personne de l'exercice 1 reçoit. (1–4)

Je gagne/reçois …	I earn/receive/get …
Mon père/Ma mère me donne …	My father/mother gives me …
Mes parents me donnent …	My parents give me …
quinze euros/dix livres …	fifteen euros/ten pounds …
… par heure/jour/semaine/mois.	… per hour/day/week/month.

Point culture

In France, 14–16 year-olds are allowed to do a part-time job only during the school holidays but they can do casual work, like babysitting, outside the holidays. From the age of 16, you can get a BAFA qualification to work with young children in a holiday club.

3 parler — À deux. Faites des dialogues en utilisant les détails à droite.

Exemple:
- *Tu as un petit boulot?*
- *Oui, j'ai un petit boulot dans …/ Non, je n'ai pas de petit boulot.*
- *Que fais-tu pour gagner de l'argent?*
- *Je …*

a boulot ✗

parents: 15€ par mois

b boulot ✔ grandes vacances

boulangerie, père

 + 20€ par jour

4 écrire — Que faites-vous pour gagner de l'argent? Écrivez un court paragraphe.

5 lire **Lisez l'annonce et répondez aux questions en anglais.**

Offre d'emploi

La Mouette bleue

On recherche un(e) animateur/-trice d'activités sportives pour enfants

Responsabilités:
• Organiser des activités sportives pour des enfants de 5 à 12 ans

Qualifications et compétences:
• BAFA essentiel
• Expérience de travail avec des enfants
• Deux langues étrangères (anglais essentiel)

Atouts:
• Patient
• Organisé
• Travailleur

Comment postuler?
Remplir notre CV électronique

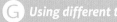 **REMPLIR CV**

1 This job involves working with children of what age?
2 What is the main thing the job involves?
3 What kind of experience is required?
4 How many foreign languages must you speak?
5 What type of person must you be (three details)?
6 If you want to apply, what should you do?

l'animateur/-trice	*activities organiser*
postuler à	*to apply for*

6 écouter **Gabriel a décidé d'envoyer aussi une vidéo de motivation avec son CV. Écoutez et lisez. Copiez et complétez la fiche en anglais.**

Bonjour. Je m'appelle Gabriel Boucher et j'ai seize ans. Je voudrais postuler au poste d'animateur d'activités sportives.

J'ai déjà un peu d'expérience: j'ai travaillé dans un centre de loisirs où j'ai organisé des matchs de tennis pour les enfants. J'ai aussi supervisé des cours de natation pour enfants.

À part le français, je parle bien l'anglais et un peu l'espagnol.

Je suis patient, motivé, bien organisé et travailleur.

Je voudrais ce poste parce que j'adore le sport et parce que j'aimerais travailler avec des enfants.

Merci et à bientôt!

 Using different tenses

Use:
• the **present tense** to refer to how things are <u>now</u> (e.g. your personality, languages you speak)
• the **perfect tense** to refer to <u>past experiences</u> (e.g. jobs you have done)
• the **conditional** to say what you <u>would like</u> to do (e.g. work with children).

Find examples of all three tenses in exercise 6.

Name:
Age:
Experience:
Languages spoken:
Personal qualities:
Reasons for wanting the job:

 7 écrire **Écrivez une lettre pour postuler à un petit boulot de serveur/-euse. Adaptez le texte de l'exercice 6 et inventez les détails.**

Exemple:
Bonjour. Je m'appelle … Je voudrais postuler au poste de …
J'ai déjà un peu d'expérience: j'ai travaillé … où j'ai servi …

5 C'était une bonne expérience?

Discussing work experience
Using the perfect and imperfect tenses

1 lire **Lisez et trouvez la deuxième partie de chaque texte.**

Théo: J'ai fait un stage dans un garage.

Clémence: J'ai fait un stage dans un bureau.

Julianne: J'ai fait un stage dans un magasin de vêtements.

Karima: J'ai fait un stage dans un salon de coiffure.

Lucas: J'ai fait un stage dans un hôtel.

a J'ai servi les clients et j'ai rangé les vêtements.
b J'ai aidé les mécaniciens et j'ai appris à changer des pneus.
c J'ai tapé des documents à l'ordinateur et j'ai fait des photocopies.

d J'ai répondu au téléphone, j'ai pris des réservations et j'ai envoyé des e-mails.
e J'ai lavé les cheveux des clients, j'ai fait du café et j'ai passé l'aspirateur.

le pneu   tyre

2 écouter **Écoutez et vérifiez. Écrivez aussi P (positif), N (négatif) ou PN (positif _et_ négatif) pour l'expérience de chaque personne. (1–5)**

	:(

C'était …
  amusant.
  bien.
  génial.
  intéressant.
  passionnant.
  une bonne expérience.
	C'était …
	  difficile.
	  ennuyeux.
	  fatigant.
	  monotone.
	  (complètement) nul.
	  une mauvaise expérience.

Mon patron/Ma patronne était gentil(le).	Mon patron/Ma patronne était trop sévère.
Mes collègues étaient sympa.	Mes collègues n'étaient pas très sympa.
J'ai beaucoup appris.	Je n'ai rien appris.

> **G** *The perfect and imperfect tenses*
>
> You use the **perfect tense** to say what you <u>did</u>:
>
> **J'ai rangé** le magasin.   **I tidied** the shop.
> **J'ai servi** les clients.   **I served** customers.
> **J'ai fait** du thé.   **I made** tea.
>
> You use the **imperfect tense** to say what something or someone <u>was like</u>:
>
> **C'était** intéressant. Mes collègues **étaient** sympa.
> **It was** interesting. My colleagues **were** nice.

3 lire **Relisez les textes de l'exercice 1 et trouvez ces verbes au passé composé en français.**

1 I helped **2** I tidied **3** I sent **4** I took **5** I did/made
6 I washed **7** I answered **8** I typed **9** I served **10** I learned

4 écouter **Écoutez. Copiez et complétez le tableau en anglais. (1–2)**

	where they did work experience	what jobs they did (2–3 tasks)	P (positive), N (negative) or PN (positive _and_ negative)?	reasons
1				

couper   to cut

5 parler **À deux. Parlez de votre stage ou utilisez les idées dans les images.**

● *Où as-tu fait ton stage?*
■ *J'ai fait mon stage dans un(e) … J'ai aidé/préparé/servi …*
● *C'était une bonne ou une mauvaise expérience?*
■ *C'était … parce que …*

> Add 'colour' to opinions and reasons by using qualifiers such as *un peu* and *complètement*, or less common adjectives like *monotone*. It will also sound impressive if you use *j'ai beaucoup appris* or *je n'ai rien appris*.

6 lire **Lisez le texte et répondez aux questions en anglais.**

Je m'appelle Claire Morel.

Quand j'étais au collège, j'ai fait un stage dans un office de tourisme. C'était génial et du coup, j'ai décidé de devenir conseillère en séjour!

Il y a six mois, j'ai commencé à travailler dans un office de tourisme. Mon travail consiste à donner des renseignements aux touristes et à vendre des billets d'entrée pour les musées, etc.

J'adore le contact avec les gens mais les horaires sont un peu longs, surtout pendant l'été.

Je parle couramment l'anglais et un peu l'espagnol. Je veux apprendre à parler le japonais car il y a beaucoup de touristes japonais en France.

Un jour, je veux essayer de prendre une année sabbatique pour visiter d'autres pays.

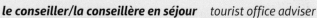

le conseiller/la conseillère en séjour   tourist office adviser

1 Why did Claire decide to become a tourist office adviser?
2 Name <u>two</u> things she has to do as part of her job.
3 What are the good and bad points about her job?
4 What language does she want to learn and why?
5 What would she like to do one day?

> **G** *Verbs followed by à or de* > *Page 212*
>
> Some verbs are followed by *à* or *de* before the infinitive.
>
> *apprendre **à** …* (to learn to …)
> *commencer **à** …* (to start to …)
> *décider **de** …* (to decide to …)
> *essayer **de** …* (to try to …)

 écrire **Adaptez le texte de l'exercice 6. Utilisez les détails suivants.**

Exemple: Je m'appelle Hugo Lemercier. Quand j'étais au collège, j'ai fait un stage dans un hôtel. C'était …

Hugo Lemercier
did work experience in hotel
decided to become hotel receptionist

3 months ago: started work in hotel in Paris
makes room reservations, gives information to customers

speaks English and wants to learn German

☺ working in a team

☹ long hours at the weekend

would like to do voluntary work

1 lire **Read the advert below.**

Offre d'emploi: On recherche un(e) serveur/serveuse de restaurant.
Période de travail: à partir de début octobre pour trois mois.
Horaires de travail: du lundi au vendredi, de midi jusqu'à quatorze heures trente.
Responsabilités: servir les repas, aider en cuisine (faire la vaisselle, etc.).
Atouts: organisé(e), travailleur/travailleuse, calme.
Expérience non essentielle.

**Complete the gap in each sentence using a word from the box below.
There are more words than gaps.**

seven	honest	cooking	five	necessary	weeks	12.00 noon
washing up		2.30 pm	~~months~~	hard-working		unnecessary

Example: The job lasts for three ~~months~~.

(a) You have to work ⬚⬚⬚⬚ days a week.
(b) You finish work at ⬚⬚⬚⬚.
(c) One of the things the job involves is ⬚⬚⬚⬚.
(d) You have to be someone who is ⬚⬚⬚⬚.
(e) Experience is ⬚⬚⬚⬚.

 2 lire **(a) Read this blog post by Noah about marriage. Answer the questions that follow in English. You do not need to write in full sentences.**

Le mariage

Je voudrais bien me marier un jour: la cérémonie à l'église, ma future femme en belle robe blanche, un grand repas avec toute la famille … c'est mon rêve!

Mes parents sont mariés depuis vingt ans mais je sais que beaucoup de mariages se terminent par un divorce. À mon avis, il faut habiter ensemble avant pour voir si ça marche.

Pour moi, il est surtout important d'être marié si on veut fonder une famille. C'est mieux pour les enfants.

1 Name <u>one</u> thing Noah imagines about the wedding of his dreams.
2 What does he say about his parents' marriage?
3 What reason for getting married does he think is most important?

(b) The blog continues.

Cependant, mon copain Samir dit qu'il ne veut pas se marier. Il veut rester célibataire parce qu'il n'aime pas l'idée de passer toute sa vie avec la même personne.

Ses parents sont divorcés mais son père s'est remarié l'année dernière et Samir ne s'entend pas bien avec sa belle-mère.

1 Why does his friend Samir want to stay single?
2 How does Samir feel about his father's new wife?

3 lire **Read Olivia's blog post below and answer the questions in English.**

> L'année dernière, j'ai fait un stage dans un hôtel mais maintenant, j'ai un petit boulot dans un supermarché. Avant, je travaillais cinq jours par semaine et j'ai trouvé ça ennuyeux. En plus, ma patronne était trop sévère, mais heureusement, mon nouveau patron est très gentil.
>
> Pourtant, ce n'est pas très bien payé, alors je dois aider à la maison pour gagner un peu plus. Je passe l'aspirateur et pour ça, je reçois quinze euros par semaine.

(a) Where does Olivia work now?
(b) What was her previous boss like?
(c) Why does she have to help at home?

4 lire **Translate this passage into English.**

> Je dois aider mes parents à la maison. Le samedi, je lave la voiture de ma mère. Pendant les vacances, j'ai travaillé dans une boulangerie. C'était assez fatigant. Si je réussis mes examens, je voudrais étudier pour être ingénieur.

1 écouter **Your French friend is telling you what his friends Louise, Youssef and Clara want in their future jobs. Listen and write down the correct letter for each person.**

A	to work outdoors
B	to do something creative
C	to have a nice boss
D	to work with other people
E	to run his/her own company
F	to earn a lot of money
G	to work abroad

> ⭐ The answer options for this type of task will include distractors. For example, you may hear some of the things from the answer options, but in the <u>negative</u>, so don't jump to conclusions. Listen carefully for *ne/n' … pas* and only choose the things the speakers <u>do</u> want in their job.

1 Louise **2** Youssef **3** Clara

2 écouter **You hear this report about a student called Guillaume Lafitte and a girl called Léa. Listen and answer the following questions in English.**

(a) Which country is Guillaume from?
(b) What happened when he taught the children to sing?
(c) What is Léa doing now in France?
(d) Why does she want to return home one day?

A – Picture-based discussion

Topic: Work

Regarde la photo et prépare des réponses sur les points suivants:

- la description de la photo
- ton opinion sur le travail en plein air
- un petit boulot que tu as eu
- le métier que tu voudrais faire dans le futur
- ton opinion sur le travail à l'étranger.

1 **Look at the photo and read the task. Then listen to Jack's answer to the <u>first</u> bullet point. In what order does he mention the following?**

	le casque helmet

- **A** what job he thinks the person in the photo does
- **B** what the job is like
- **C** whether he would like to do that job
- **D** what the person in the photo is wearing
- **E** what sort of person you need to be to do the job
- **F** the physical appearance of the person in the photo

2 **What does Jack say in response to the <u>second</u> bullet point? Match the sentence halves, then listen and check.**

1	Ça dépend. En été, quand il fait beau, …	**A**	tout le temps en plein air.
2	Parfois, j'aide mes parents dans le jardin …	**B**	j'aime travailler en plein air.
3	Mais en général, je préfère travailler à l'intérieur, …	**C**	plus agréable.
4	C'est plus confortable et …	**D**	surtout quand il pleut ou quand il fait froid.
5	Je ne voudrais pas travailler …	**E**	pour gagner de l'argent de poche.

3 **Listen to and read Jack's response to the <u>third</u> bullet point. Write down the missing word for each gap. Then translate his answer into English.**

L'année dernière, pour gagner un peu d'**1**   ,
j'ai eu un petit boulot dans un café. J'ai travaillé tous les samedis de neuf heures à **2**   heures. J'ai servi les clients, j'ai fait la **3**   et j'ai passé l'aspirateur. C'était très **4**   mais c'était assez bien payé. Ma patronne était toujours **5**   et mes collègues étaient sympa. Je ne travaille plus au café parce que j'ai trop de devoirs mais mes parents me donnent de l'argent de poche. Pour ça, le dimanche **6**   , je range ma chambre et je promène le chien.

> ⭐ There will always be one bullet point which requires you to refer to the past. If you haven't had a job, refer to something else in the past – e.g. work experience or something you did to help at home.
>
> - Show that you can use a range of verbs in the perfect tense (e.g. *j'ai fait, j'ai travaillé, j'ai aidé* …).
> - Use the imperfect tense to say what it was like (*c'était…, mon patron était* …).

4 Listen to Jack's answer to the <u>fourth</u> bullet point and look at the Answer booster on page 148. Write down <u>five</u> examples of language he uses to make his answer a strong one.

> ⭐ To sound really impressive when giving an opinion, try giving two sides of an argument, using *d'un côté, …, d'un autre côté, …* (on the one hand, …, on the other hand, …). How does Jack use this construction?

5 Prepare your own answers to the five bullet points on the task card. Then listen and take part in the full picture-based discussion.

B – General conversation

1 Listen to Holly introducing her chosen topic. Complete the following sentences in English.

1 Holly spent two weeks on work experience in …
2 She typed documents, sent … and answered …
3 It was quite a positive experience for her, because …
4 But she doesn't want to work in …
5 One day, she hopes to work as a …, because …

> *passer* to spend (time)

> ⭐ Remember to develop your answers by volunteering extra information. How does Holly do this? If you haven't done work experience, you could say whether you would like to and, if so, where you would like to do it.

2 The teacher then asks Holly, «Qu'est-ce que tu veux faire après tes examens?» Listen to Holly's answer. In which order does she use the following phrases?

A J'aimerais aussi prendre une année sabbatique
B Si je réussis mes examens, j'espère aller à l'université
C Je vais continuer mes études au lycée.
D pour voyager à l'étranger ou pour faire du bénévolat.
E pour faire une licence de sociologie.
F Je vais étudier trois matières pour mes A-levels.

> *une licence* university degree

3 Listen to how Holly answers the next question: «Est-ce que tu voudrais te marier un jour?» Look at the Answer booster on page 148. Write down <u>five</u> examples of language she uses to make her answer a strong one.

> ⭐ To say whether you want to get married one day, borrow phrases from page 144, exercise 2.

4 Prepare answers to the following questions. Then practise with your partner.

1 As-tu fait un stage?
2 Qu'est-ce que tu veux faire après tes examens?
3 Est-ce que tu voudrais te marier un jour?
4 Qu'est-ce que tu fais pour aider à la maison?
5 Que fais-tu pour gagner de l'argent?
6 Voudrais-tu prendre une année sabbatique? Pourquoi?

Answer booster	Aiming for a solid answer	Aiming higher	Aiming for the top
Verbs	**Verbs with** *je* **Different time frames:** present, perfect and near future tenses	**Different persons of the verb:** *il/elle/on …* **Verbs + the infinitive:** *je veux/j'espère* + infinitive ***Je voudrais/J'aimerais …***	**The perfect and imperfect tenses together:** *J'ai fait un stage … Mes collègues étaient …* **Verbs followed by** *à* **or** *de*: *J'ai appris à …/J'ai décidé de …*
Opinions and reasons	**Basic verbs of opinion:** *J'aime/ J'adore … parce que c'est …*	**Add more variety:** *À mon avis, …/Je crois que …/ Je pense que …/Pour moi, …* **More sophisticated opinions:** *Ma passion, c'est …*	**Giving two sides of an argument:** *d'un côté, …, d'un autre côté, …*
Connectives	*et, mais, aussi, ou, parce que*	*où, car, quand, donc, alors, puisque*	***pour*** **+ infinitive:** *… pour gagner de l'argent.*
Other features	**Sequencers:** *d'abord, ensuite, puis, après, un jour* **Time and frequency phrases:** *tous les samedis, l'année dernière*	**Add more variety:** *dans le futur, plus tard* **Interesting phrases:** *Je ne sais pas exactement/encore. J'ai beaucoup appris.*	**The relative pronoun** *qui*: *Le secteur qui m'intéresse, c'est …* ***si*** **clauses:** *Si mes rêves se réalisent,* + near future <u>or</u> simple future tense

A – Short writing task

1 Look at the task card. What information do you need to give for each bullet point?

> ### Le travail
>
> Vous voulez travailler en France pendant les vacances. Vous écrivez à une agence d'emploi française.
>
> Écrivez un e-mail avec les informations suivantes:
> - un petit boulot que vous avez en ce moment
> - vos horaires de travail
> - vos tâches au travail
> - le genre de travail que vous voudriez faire en France.
>
> Écrivez 40–50 mots environ **en français**.
>
> ***les tâches*** tasks

2 Look at Zahra's answer below. Rearrange the sections into the order of the bullet points in the task.

A Je travaille tous les samedis de neuf heures à seize heures et je gagne vingt livres.	**C** Je voudrais travailler dans un hôtel parce que j'aime le contact avec les gens et travailler en équipe.
B Je dois laver les cheveux, faire le café et passer l'aspirateur. C'est assez ennuyeux mais j'aime bien les clients.	**D** J'ai un petit boulot dans un salon de coiffure qui se trouve au centre-ville.

3 Now write your own answer to the task.
- Use Zahra's answer as a model and adapt what she has written.
- Check your answer carefully for spelling, accents and grammar.

B – Extended writing task

 1 **Look at the task and answer the questions.**

1 What type of information do you need to give for each bullet point?

2 Which <u>tense(s)</u> do you need to use for each bullet point?

> When referring to the future, you can use *je veux/ j'espère* + infinitive, or the near future tense (*je vais* + infinitive). To really impress, try using a verb in the simple future tense (e.g. *j'irai* or *je ferai*), but only if you are confident with it.

Les ambitions

Un site web canadien pour les jeunes demande ton opinion sur les projets d'avenir.

Écris à ce site web.

Tu **dois** faire référence aux points suivants:
- tes qualités personnelles
- un travail ou un stage que tu as fait
- pourquoi il est important ou pas de travailler à l'étranger
- tes ambitions pour le futur.

Écris 80–90 mots environ **en français**.

 2 **Read Dan's answer and complete his essay plan, in English. Write down the missing words.**

À mon avis, je suis très motivé, travailleur et honnête. Ma passion, c'est le sport et j'aime beaucoup travailler en équipe.

L'année dernière, j'ai fait un stage dans un centre de loisirs. J'ai organisé des matchs de tennis pour des enfants. C'était une bonne expérience pour moi car j'ai beaucoup appris.

Pour moi, il est important de travailler en France ou au Québec puisque je voudrais améliorer mon français. J'aimerais aussi visiter d'autres pays pour me faire de nouveaux amis.

Plus tard, j'espère travailler dans le sport et les loisirs, alors j'ai décidé de continuer mes études d'EPS l'année prochaine. Si mes rêves se réalisent, un jour, je serai entraîneur personnel.

améliorer *to improve*

Paragraph 1
- qualities: motivated, **1** ——, honest
- passion: sport, like working in **2** ——

Paragraph 2
- last year – work experience in **3** ——
- organised **4** —— for kids
- good experience, learned a lot

Paragraph 3
- important to work in France or Quebec, improve **5** ——.
- would like to visit other countries, make new friends

Paragraph 4
- want to work in sport and leisure
- next year – continue **6** ——
- dream – be a personal **7** ——

 3 **Look at the Answer booster and write down <u>six</u> examples of language Dan uses to write a strong answer.**

4 **Now write your own answer to the task.**

- Look at the Answer booster and Dan's essay plan and his answer for ideas.
- Avoid repetition: use a variety of verbs, nouns and adjectives.
- Create some longer sentences using connectives, time and frequency phrases, sequencers, etc.

Les métiers / Jobs

Les métiers	Jobs		
Je suis/Il/Elle est …	I am/He/She is a/an …	facteur/factrice	postman/woman
Je veux être …	I want to be a/an …	instituteur/institutrice	primary school teacher
Je veux travailler comme …	I want to work as a/an …	boucher/bouchère	butcher
avocat/avocate	lawyer	boulanger/boulangère	baker
ingénieur/ingénieure	engineer	fermier/fermière	farmer
électricien/électricienne	electrician	infirmier/infirmière	nurse
mécanicien/mécanicienne	mechanic	pompier/pompière	firefighter
musicien/musicienne	musician	architecte	architect
maçon/maçonne	builder	chef de cuisine	chef
patron/patronne	boss	comptable	accountant
coiffeur/coiffeuse	hairdresser	dentiste	dentist
programmeur/programmeuse	programmer	journaliste	journalist
serveur/serveuse	waiter/waitress	pilote	pilot
vendeur/vendeuse	salesperson	secrétaire	secretary
acteur/actrice	actor/actress	vétérinaire	vet
agriculteur/agricultrice	farmer	agent de police	policeman/woman
créateur/créatrice de mode	fashion designer	médecin	doctor
créateur/créatrice de jeux vidéo	video game designer	professeur	teacher
directeur/directrice d'entreprise	company director	soldat	soldier

Lieux de travail / Workplaces

Lieux de travail	Workplaces		
Je travaille/Il/Elle travaille …	I work/He/She works …	dans un restaurant	in a restaurant
dans un bureau	in an office	dans un salon de coiffure	in a hair salon
dans un commissariat de police	in a police station	dans une boulangerie	in a bakery
dans un collège	in a secondary school	dans une école primaire	in a primary school
dans un garage	in a garage	dans une ferme	on a farm
dans un hôpital	in a hospital	à bord d'un avion	on a plane
dans un magasin	in a shop		

Les passions / Passions

Les passions	Passions		
Ma passion, c'est …	My passion is …	le sport/le théâtre	sport/theatre/drama
la cuisine/la mode	cooking/fashion	les ordinateurs/les voitures	computers/cars

J'aimerais … / I would like to …

J'aimerais …	I would like to …		
Je voudrais/J'aimerais travailler …	I would like to work …	seul(e)	alone/on my own
dans un bureau	in an office	en équipe	in a team
dans un magasin	in a shop	à l'étranger	abroad
en plein air	outside	Je voudrais faire un métier …	I would like to do a … job
avec des enfants	with children	créatif	creative
avec des animaux	with animals	manuel	manual
avec des ordinateurs	with computers	à responsabilité	responsible

Tu voudrais travailler dans quel secteur et pourquoi? / What area would you like to work in and why?

Tu voudrais travailler dans quel secteur et pourquoi?	What area would you like to work in and why?		
Je voudrais travailler dans …	I would like to work in …	(bien) organisé(e)	(well) organised
le sport et les loisirs	sport and leisure	actif/-ve	active
le commerce	business	créatif/-ve	creative
la médecine et la santé	medicine and health	ambitieux/-euse	ambitious
l'audiovisuel et les médias	audiovisual and media	sérieux/-euse	serious
l'informatique et les télécommunications	IT and telecommunications	travailleur/-euse	hard-working
		sociable	sociable
l'hôtellerie et la restauration	the hotel and catering industry	timide	shy
Je suis …	I am …	J'aime …	I like …
indépendant(e)	independent	le contact avec les gens	(having) contact with people
intelligent(e)	intelligent	travailler en équipe	working in a team
motivé(e)	motivated	J'aimerais avoir un métier bien payé.	I would like to have a well-paid job.

Mes projets d'avenir / My plans for the future

Mes projets d'avenir	My plans for the future		
Je veux/J'espère/Je voudrais …	I want/I hope/I would like …	faire du bénévolat/du travail bénévole	to do voluntary work
passer mes examens	to take my exams		
réussir mes examens	to pass my exams	me marier ou me pacser	to get married or enter into a civil partnership
prendre une année sabbatique	to take a gap year		
voyager/visiter d'autres pays	to travel/visit other countries	avoir des enfants	to have children
faire un apprentissage/devenir apprenti(e)	to do an apprenticeship/ become an apprentice	habiter/m'installer avec mon copain/ma copine	to live/move in with my boyfriend/girlfriend
aller à l'université/continuer mes études à la fac(ulté)	to go to university/continue my studies at university		

Tu parles quelles langues?
Which languages do you speak?

Je parle couramment … | I speak … fluently.
Je parle assez/très bien … | I speak … quite/very well.
Je parle un peu … | I speak a little …
Je parle seulement … | I only speak …
Je parle mal … | I speak … badly.
… est ma langue maternelle. | … is my native language/ mother tongue.

J'apprends (actuellement) … | I am (currently) learning …
l'allemand/l'anglais | German/English
l'arabe/l'espagnol | Arabic/Spanish
le français/le gujarati | French/Gujarati
le hindi/l'italien | Hindi/Italian
le japonais/le mandarin | Japanese/Mandarin
le polonais/le portugais | Polish/Portuguese
le roumain/le russe | Romanian/Russian
l'ourdou | Urdu

Comment utilises-tu des langues étrangères?
How do you use foreign languages?

J'utilise des langues étrangères … | I use foreign languages …
pour faire des réservations par téléphone | to make reservations on the phone
pour écrire des e-mails | to write emails
pour parler avec des clients et des collègues à l'étranger | to speak to customers and colleagues abroad
pour commander quelque chose à manger | to order something to eat

pour demander mon chemin | to ask for directions
pour communiquer avec des clients qui ne parlent pas le français | to communicate with customers who don't speak French
pour faire des annonces | to make announcements
pour donner des renseignements aux passagers | to give information to passengers
pour aider des touristes et répondre à leurs questions | to help tourists and answer their questions

Gagner de l'argent
Earning money

Tu as un petit boulot? | Do you have a part-time job?
Que fais-tu pour gagner de l'argent? | What do you do to earn money?
J'aide à la maison. | I help at home.
Je passe l'aspirateur. | I do the vacuuming.
Je fais la vaisselle. | I do the dishes.
Je lave la voiture (de mon père). | I wash the car (my dad's car).
Je tonds la pelouse (de mes grands-parents). | I mow the lawn (my grandparents' lawn).
Je promène le chien. | I walk the dog.
J'ai un petit boulot. | I have a part-time job.

Je sers les clients. | I serve customers.
Je remplis les rayons. | I fill the shelves.
Je fais du baby-sitting (pour mes voisins). | I babysit (for my neighbours).
Je livre des journaux. | I deliver newspapers.
Je gagne/Je reçois … | I earn/I receive/get …
Mon père/Ma mère me donne … | My father/mother gives me …
Mes parents me donnent … | My parents give me …
quinze euros/dix livres … | fifteen euros/ten pounds …
… par heure/jour/semaine/mois | … per hour/day/week/month

Postuler à un emploi
Applying for a job

une annonce | an advert
on recherche … | we are looking for …
responsabilités | responsibilities
qualifications | qualifications
compétences | skills

expérience | experience
atouts | strengths
remplir un CV | to fill in a CV
écrire une lettre de motivation | to write a covering letter
faire une vidéo | to make a video

Mon stage
My work experience

J'ai fait un stage … | I did work experience …
dans un bureau | in an office
dans un garage | in a garage
dans un hôtel | in a hotel
dans un magasin de mode | in a clothes shop
dans un salon de coiffure | in a hairdressing salon
dans une banque | in a bank
J'ai servi les clients. | I served customers.
J'ai rangé les vêtements. | I tidied the clothes.
J'ai aidé les mécaniciens. | I helped the mechanics.

J'ai appris à changer des pneus. | I learned to change tyres.
J'ai tapé des documents. | I typed documents.
J'ai fait des photocopies. | I made photocopies.
J'ai lavé les cheveux des clients. | I washed customers' hair.
J'ai fait du café. | I made coffee.
J'ai passé l'aspirateur. | I did the vacuuming.
J'ai répondu au téléphone. | I answered the phone.
J'ai pris des réservations. | I took bookings.
J'ai envoyé des e-mails. | I sent emails.

C'était une bonne expérience?
Was it a good experience?

C'était … | It was …
amusant/bien | fun/good
génial/intéressant | great/interesting
passionnant | exciting
une bonne expérience | a good experience
difficile/ennuyeux | difficult/boring
fatigant/monotone | tiring/monotonous
(complètement) nul | (completely) rubbish

une mauvaise expérience | a bad experience
Mon patron/Ma patronne était … | My boss was …
gentil(le)/trop sévère. | kind/too strict.
Mes collègues (n')étaient (pas) (très) sympa. | My colleagues were (not) (very) nice.
J'ai beaucoup appris. | I learned a lot.
Je n'ai rien appris. | I didn't learn anything.

Les mots essentiels
High-frequency words

si | if
bien | well
mal | badly
vraiment | really
plutôt | quite/rather

seulement | only
déjà | already
à part | apart from
Je n'aime pas … et je n'aime pas … non plus. | I don't like … and I don't like … either.

8 Un œil sur le monde

Point de départ

● *Talking about what makes you tick and what concerns you*

---

1 **Écoutez et écrivez les <u>deux</u> priorités pour chaque personne, en choisissant les bons mots de l'encadré. (1–4)**

1 Zélie
2 Maé
3 Léon
4 Salomé

| le sport | la musique | ma santé | ma famille |

| mes études | mes animaux | mes amis | l'argent |

---

2 **Écrivez ces phrases correctement.**

1 Ce qui est important pour moi dans la vie, c'est d'abord ,

ensuite c'est , et puis c'est .

> ★
> • *qui* means 'who'
> • *ce qui …* means 'that which/what …'
>   *Ce qui est important pour moi, c'est …*
>   What's important to me is …

2 Ce qui est important pour moi dans la vie, c'est d'abord ,

ensuite c'est , et puis c'est .

3 Ce qui est important pour moi dans la vie, c'est d'abord ,

ensuite c'est , et puis c'est .

---

3 **À quatre. Faites un dialogue.**

● *Qu'est-ce qui est important pour toi dans la vie, Caroline?*

■ *Ce qui est important pour moi dans la vie, c'est d'abord … Ensuite, c'est …, et puis c'est … Et pour toi, Jack?*

▲ *Ce qui est important pour moi, …*

---

4 **Reliez les images et les titres.**

| la faim | l'injustice | l'état de la planète | la cruauté envers les animaux |

| le racisme | la guerre | la pauvreté | la violence |

5 écouter

Écoutez et lisez. Trouvez dans les textes l'équivalent français de ces expressions anglaises.

Qu'est-ce qui te préoccupe? Qu'est-ce qu'on peut faire pour aider?

Ce qui me préoccupe, c'est la pauvreté dans le monde. Il faut lutter contre la faim! Pour aider, on peut parrainer un enfant en Afrique ou on peut donner de l'argent à une association caritative. **Vincent**

Ce qui me préoccupe, c'est l'environnement. Il faut agir maintenant! On peut faire du bénévolat avec une organisation comme Greenpeace. On peut aussi recycler tous les jours! **Matthieu**

Ce qui me préoccupe, c'est la cruauté envers les animaux. Pour aider, on peut travailler avec une organisation qui s'occupe d'animaux abandonnés. **Cécile**

Ce qui me préoccupe, c'est l'injustice. Il faut signer des pétitions et participer à des manifestations! **Léna**

1 What concerns me is poverty.
2 You have to fight against hunger!
3 In order to help, you can sponsor a child.
4 You can give money to a charity.
5 We need to act now!
6 You can do voluntary work with an organisation like Greenpeace.
7 You can work with an organisation that looks after abandoned animals.
8 You have to sign petitions and take part in demonstrations.

6 écouter

Écoutez. Copiez et complétez le tableau en anglais. (1–4)

	two priorities	concern	action
1	family, ...		

7 parler

Faites un sondage dans votre classe. Posez ces questions et répondez-y.

- Qu'est-ce qui est important pour toi dans la vie? *Ce qui est important pour moi, c'est …*
- Qu'est-ce qui te préoccupe dans la vie? *Ce qui me préoccupe, c'est …*
- Qu'est-ce qu'on peut faire pour aider? *À mon avis, on peut …*

8 lire

Lisez ce texte. Copiez et terminez les phrases correctement.

1 Ousmane's priority is …
2 This weekend, he is going to …
3 He is concerned about …
4 So he decided to …
5 He thinks we need to … and …

Ce qui est important pour moi, c'est d'abord ma famille. J'adore passer du temps en famille. Ce week-end, je vais manger au restaurant avec mes parents, mes frères et mes cousins car on va fêter l'anniversaire de ma tante.

Ce qui me préoccupe beaucoup, c'est l'environnement, alors j'ai décidé de devenir membre de Greenpeace France, une organisation qui protège l'environnement.

À mon avis, il faut éduquer les gens et attirer leur attention sur les problèmes environnementaux.

Ousmane

9 écrire

Écrivez un paragraphe sur ce qui est important pour vous et sur ce qui vous préoccupe.

Ce qui est important pour moi dans la vie, c'est d'abord … Ensuite, c'est … et puis, c'est …
Ce qui me préoccupe dans la vie, c'est d'abord … Ensuite, c'est … et puis, c'est …
Pour aider, on peut …

● *Discussing the weather and natural disasters*
● *More on the simple future tense*

1 écouter Écoutez les prévisions météo à la radio. Notez <u>en anglais</u> le temps qu'il fera dans chaque région sur la carte. (1–6)

Quel temps fera-t-il?

Il y aura …	There will be …
de la pluie.	rain.
de la neige.	snow.
du vent.	wind.
du tonnerre.	thunder.
des averses.	showers.
des éclairs.	lightning.
des éclaircies.	sunny intervals.
Il fera …	It/The weather will be …
beau/mauvais.	good/bad.
chaud/froid/frais.	hot/cold/chilly.
Le temps sera …	The weather will be …
ensoleillé.	sunny.
nuageux.	cloudy.
orageux.	stormy.

la Manche

1 ● Lille

2 ● Brest

6 ● Paris

● Strasbourg
5

l'Atlantique

● Lyon
● Clermont-Ferrand

● Bordeaux
3

4 ● Marseille

la Méditerranée

Ⓖ The simple future tense ❯ **Page 218**

When you use the **simple future tense** to talk about the weather, you are mostly using the third person singular (*il* form) of *faire*, *avoir* and *être*. The *il* form ending is *-a*.

Il **fera** frais.	It will be chilly.
Il y **aura** du vent.	There will be wind./It will be windy.
Le temps **sera** orageux.	The weather will be stormy.

2 lire Lisez le texte et répondez aux questions en anglais.

Le changement climatique: quelles seront les conséquences en France et dans le monde?

Selon de nombreux scientifiques, la température globale augmentera d'environ 6°C au cours du XXIe siècle.

En France, une des conséquences du changement climatique sera qu'il y aura plus de pluie en hiver mais moins de pluie en été. De plus, il y aura moins de neige.

Ailleurs dans le monde, les conséquences seront plus graves. Il y aura plus de tempêtes tropicales comme le cyclone Pam, un très violent ouragan qui a frappé les petites îles de Vanuatu, dans le Pacifique sud, le 14 mars 2015. Il a causé d'énormes destructions et plusieurs morts.

le changement climatique *climate change*

1 According to scientists, what will happen during the course of the 21st century?
2 How will this affect the rainfall in France?
3 What does the article say about snow?
4 What were the effects of cyclone Pam?

☆ Many of the new words in this article are cognates, which means that they look like the English, e.g. *conséquences*, *température* and *destructions*. You should be able to understand them.

3 écouter **Écoutez. Quel est le plus grand problème environnemental pour la planète, selon ces personnes? Écrivez la bonne lettre. (1–8)**

Les problèmes environnementaux

a le manque d'eau potable

b la disparition des espèces

c la destruction des forêts tropicales

d la surpopulation

e la pollution de l'air

f la sécheresse

g les inondations

h les incendies

 4 parler **Faites un sondage dans votre classe.**

● *Quel est le plus grand problème environnemental, selon toi?*
■ *À mon avis, le plus grand problème environnemental, c'est …*

 5 lire **Lisez ces textes. Quels <u>deux</u> problèmes <u>ne sont pas</u> mentionnés?**

À mon avis, le plus grand problème pour la planète, c'est la pollution de l'air. Les voitures, les avions, etc. contaminent l'air et causent beaucoup de problèmes. On détruit la planète. **Raphaël**

Selon moi, le plus grand problème, c'est la destruction des forêts tropicales. Les arbres nous donnent de l'oxygène et nous les coupons tous les jours. C'est catastrophique! **Marion**

Selon moi, le plus grand problème environnemental pour notre planète, c'est le manque d'eau potable. Beaucoup de personnes n'ont pas accès à cette ressource vitale. C'est très inquiétant. **David**

drought   **the destruction of the rainforests**

the lack of drinking water   **air pollution**   **fires**

6 écrire **Écrivez une réponse à cette question.**   *À ton avis, quel est le plus grand problème pour la planète et pourquoi?*

Pour moi, le plus grand problème environnemental pour la planète, c'est …		
la pollution de l'air		on détruit la planète.
la destruction des forêts tropicales	parce que/qu'	les arbres nous donnent de l'oxygène et nous les coupons tous les jours.
le manque d'eau potable		beaucoup de personnes n'ont pas accès à cette ressource vitale.
C'est très inquiétant./C'est catastrophique.		

• *Talking about protecting the environment*
• *Using* on doit *and* on peut + *the infinitive*

Écoutez et lisez. Trouvez les <u>deux</u> bonnes images pour chaque tweet.
Ensuite, copiez la bonne phrase du tweet pour chaque image.

Exemple: **MaudAcker** c (on doit trier les déchets); f (on peut faire du compost)

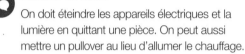
Que doit-on faire pour sauver notre planète? Quelles sont vos idées?

MaudAcker @Maud12
Déjà, on doit trier les déchets et on peut aussi faire du compost à la maison. C'est facile!

AntoninLahoud @Antonin46
On doit utiliser les transports en commun. C'est important. On peut même aller au collège à vélo.

Natalie @Natfille
On doit éteindre les appareils électriques et la lumière en quittant une pièce. On peut aussi mettre un pullover au lieu d'allumer le chauffage.

Mimi @Mlleunetelle
Je pense qu'on doit refuser les sacs en plastique. On doit aussi avoir une bouteille d'eau au lieu de prendre un gobelet jetable.

Loïc @LoicK
À mon avis, on doit utiliser du papier recyclé. On doit aussi acheter des produits verts et des produits bio.

en quittant	on leaving
au lieu de	instead of
bio	organic

d   e   f   g   h   i   j

Reliez les tweets de l'exercice 1 et ces hashtags.

a #consommer_moins_d'énergie
b #réutiliser
c #recycler
d #voyager_autrement
e #faire_des_achats_responsables

G *Using* on doit *and* on peut + *the infinitive* > *Page 212*

Pouvoir (to be able to/can) and *devoir* (to have to/must) are known as modal verbs. Use them followed by a verb in the infinitive.

je **peux**	I can	je **dois**	I must
tu **peux**	you can	tu **dois**	you must
il/elle/on **peut**	he/she/one can	il/elle/on **doit**	he/she/one must

On peut aller au collège à vélo. You can go to school by bike.
On doit utiliser les transports en commun. We have to use public transport.

À deux. Préparez chacun une présentation pour répondre à la question ci-dessous.

Que peut-on faire pour mieux protéger notre planète?

a
On peut …   On doit …

et on doit aussi …  et en plus, on peut …

b
On peut …   On doit …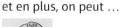

et on doit aussi …   et en plus, on peut …

4 écouter

Écoutez. Quelle solution n'est pas mentionnée?

Que peut-on faire de plus pour économiser l'eau?

a On peut fermer le robinet en se lavant les dents.

c On peut prendre une douche au lieu de prendre un bain.

b On doit boire l'eau du robinet.

d On doit tirer la chasse d'eau moins fréquemment.

5 lire

Lisez le blog et complétez les phrases en anglais.

UNE MAISON VERTE EST UNE MAISON HEUREUSE ...

Jean

Je suis passionné par l'écologie et je fais beaucoup de choses pour l'environnement. À la maison, je recycle le verre, le carton et le papier. J'allume rarement le chauffage et j'éteins la lumière en quittant une pièce (bien sûr!). J'économise l'eau en prenant une douche au lieu d'un bain.

Au collège, je suis membre de l'équipe verte. Nous encourageons nos camarades à faire plus d'efforts pour sauver la planète. Maintenant, tout le monde éteint les ordinateurs après utilisation, par exemple. Je suis très fier de nos efforts!

L'année prochaine, nous allons installer des panneaux solaires sur le toit et nous allons aussi créer un jardin!

1 At home, Jean recycles …, … and …
2 He saves water by … instead of …
3 At school, he is a member of …
4 Everyone switches off … when they are not needed.
5 Next year, they are going to install … and create …

The present participle is a special form of the verb that ends in *-ant*. It is often used after *en*, when it can mean one of three different things:

on doing — *J'éteins la lumière en quittant une pièce.*
I turn the lights off **on leaving** a room.

by doing — *J'économise l'eau en prenant une douche au lieu d'un bain.*
I save water **by taking** a shower instead of a bath.

while doing — *Je ferme le robinet en me lavant les dents.*
I turn off the tap **while brushing** my teeth.

 6 écouter

Écoutez. Copiez et complétez le tableau en anglais. (1–3)

	present	future
1	separates, …	

 7 écrire

Écrivez un paragraphe sur les actions pour protéger l'environnement.

Say:
- what you/we can or must do, using *on peut* and *on doit* (*On peut utiliser les transports en commun, on doit refuser les sacs en plastique.*)
- what you currently do at home or at school, using the present tense (*Actuellement, je recycle/trie/fais/vais/refuse/bois …, on utilise/prend …*, etc.)
- what you are going to do, using the near future (*À l'avenir, je vais/on va faire du compost/installer des panneaux solaires*, etc.)

Link your ideas together using phrases like *en plus* and *ensuite* – don't just write a long list! Use time and place phrases like *à la maison, à l'école/au collège, actuellement* and *à l'avenir* to add interest.

3 D'où vient ton tee-shirt?

- *Discussing ethical shopping*
- *Understanding the passive*

1 écouter **Écoutez et lisez. Reliez les images de la bande dessinée et les titres.**

D'OÙ VIENT TON TEE-SHIRT «J'ADORE PARIS»?

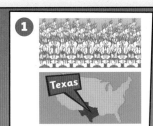

1 Le coton de ton tee-shirt est cultivé au Texas, aux États-Unis. (Oui, le coton est une plante!)

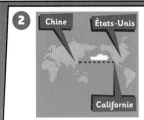

2 Ensuite, les balles de coton sont transportées en Californie où elles sont chargées sur des bateaux et exportées vers la Chine.

3 À Shanghai, les fibres de coton sont transformées en tissu. Ensuite, le tissu est transporté vers une usine de vêtements où il est transformé en tee-shirt.

4 Le tee-shirt continue son voyage et repart pour la France où le motif «J'adore Paris» est imprimé dessus.

5 Tu vois le tee-shirt à Paris et tu l'achètes. Tu portes le tee-shirt pendant un moment et puis tu le donnes à une association caritative.

6 Après un certain temps, ton tee-shirt est envoyé en Afrique où il est vendu sur un marché à un prix très favorable.

Toi, tu ne vas pas oublier ton tee-shirt «français», fabriqué avec du coton américain par des ouvriers chinois, acheté par toi, une touriste belge, et qui a fini sur un marché sénégalais.

a Making the T-shirt
b The T-shirt's final destination
c Growing the cotton
d Transporting the cotton
e Buying the T-shirt
f Adding the logo

2 lire **Relisez le texte. Trouvez l'équivalent français de ces expressions.**

1 The cotton for your T-shirt is grown in Texas.
2 The cotton balls are transported to California.
3 The cotton fibres are transformed into fabric.
4 The fabric is transported …
5 The logo 'I love Paris' is printed on it.
6 Your T-shirt is sent to Africa, where it is sold.

G *The passive* ❯ *Page 221*

The **passive** is used to talk about things that <u>are done</u>. To form it, use the correct form of **être** in the present tense, followed by a past participle. The past participle must agree with the subject.

Le coton (m, sg) **est cultivé.** The cotton **is grown.**
Les balles (f, pl) *de coton* **sont transportées.** The cotton balls **are transported.**

3 lire **Lisez les textes et répondez aux questions.**

 Les produits pas chers sont souvent fabriqués dans des conditions de travail inacceptables. Les ouvriers sont sous-payés et leur journée de travail est trop longue. *Ethan*

 C'est vrai. Ceci dit, les gens dans les pays pauvres ont besoin de travailler. Il faut forcer les grandes marques à garantir un salaire minimum. **Leïla**

 Pour moi, le prix est important. Cependant, je pense que c'est mieux de payer un peu plus pour avoir quelque chose de qualité. On doit tous acheter des habits issus du commerce équitable. *Margot*

 À part tout cela, il faut réfléchir à l'impact sur l'environnement. On doit acheter des vêtements fabriqués en France. Évitons la pollution! *Esteban*

 Oui. En ce qui concerne le shopping, il faut essayer de respecter l'homme et l'environnement à la fois. *Blanche*

Who thinks …
1 that companies should guarantee a minimum wage?
2 that the working day can be too long?
3 that we should buy products made in France?
4 that both people and the planet should be considered?
5 that we should buy fair trade clothing?

> ⭐ Look at how these phrases are used in the texts in exercise 3.
>
> | | |
> |---|---|
> | *ceci dit* | having said that |
> | *cependant* | however |
> | *à part tout cela* | apart from all of that |
> | *en ce qui concerne …* | as far as … is concerned |
>
> You can improve your French by including them in your oral and written work.

4 écouter **Écoutez et choisissez la bonne fin de chaque phrase. (1–3)**

1 Élise …
  A always buys fair trade products.
  B buys fair trade products when she can afford them.
  C cannot afford fair trade products.

2 Fabrice buys clothes made in France because …
  A they are cheaper.
  B they are better quality.
  C it's better for the environment.

3 Alice …
  A cares only about the price.
  B makes quite a lot of effort to shop responsibly.
  C is really concerned about workers' rights.

> ⭐ Before you listen, read all of the answer options carefully. Sometimes things that relate to more than one option will be mentioned in the audio, but you might hear them in the negative (with *ne … pas*, for example) or they might be a different person's views. Listen carefully so that you can choose the correct answers.

5 parler **À quatre. Une personne donne son opinion. Chaque personne ajoute quelque chose.**

● *À mon avis, il faut forcer les grandes marques à garantir un salaire minimum.*
■ *Je suis d'accord avec toi. Les ouvriers sont sous-payés.*
▲ *Pour moi, le prix est important.*
◆ *Cependant, on doit acheter des habits issus du commerce équitable.*

4 Je suis solidaire

1 lire **Lisez l'article et mettez les images dans l'ordre du texte.**

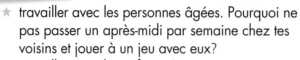

Tu as envie de faire du bénévolat? Voici quelques possibilités ...

Tu peux ...

★ travailler avec les personnes âgées. Pourquoi ne pas passer un après-midi par semaine chez tes voisins et jouer à un jeu avec eux?

★ travailler avec les enfants. Pourquoi ne pas aider un enfant avec ses devoirs?

★ travailler avec les sans-abri. Pourquoi ne pas discuter avec eux?

★ travailler avec les animaux. Pourquoi ne pas être au contact de chiens et de chats sans foyer?

★ participer à un project de conservation. Pourquoi ne pas planter des arbres?

2 écouter **Écoutez. Notez ce que chaque personne fait comme bénévolat. Ensuite, notez les lettres des <u>deux</u> raisons données. (1–3)**

Exemple: **1** works with homeless people – d, ...

 Je fais du bénévolat parce que ...

a pour moi, c'est important d'aider les autres.	*for me, it's important to help other people.*
b pour moi, c'est important de participer à la vie en société.	*for me, it's important to participate in society.*
c j'aime développer de nouvelles compétences.	*I like developing new skills.*
d j'aime rencontrer de nouvelles personnes.	*I like meeting new people.*
e c'est une expérience enrichissante pour moi.	*it's a rewarding experience for me.*
f ça me donne plus confiance en moi.	*it gives me more confidence in myself.*

3 parler **À deux. Interviewez votre partenaire au sujet du bénévolat.**

● *Qu'est-ce que tu aimerais faire comme bénévolat/travail bénévole?*

■ *J'aimerais travailler avec les enfants/ les personnes âgées/les sans-abri ...*

● *Et pourquoi faire du bénévolat?*

■ *Pour moi, c'est important ... En plus, c'est une expérience .../j'aime ... Et toi?*

 Emphatic pronouns

Emphatic pronouns are used after prepositions like *pour* (for), *avec* (with) and *chez* (at ...'s house).

emphatic pronouns	
moi	*nous*
toi	*vous*
lui/elle	*eux/elles*

*Pour **moi**, c'est important d'aider les autres.*
For **me**, it's important to help others.

*Pourquoi ne pas discuter avec **eux**?*
Why not talk to **them**?

4 lire Lisez ces textes et répondez aux questions en anglais.

Profils de bénévoles

L'année dernière, **Anaïs**, 18 ans, a trouvé un chien abandonné dans la rue. Maintenant, elle travaille dans un refuge pour animaux trois soirs par semaine, après le lycée. Pour elle, c'est une expérience enrichissante. Elle dit: «Je promène les chiens et je discute avec les personnes qui voudraient adopter un animal. J'aimerais continuer de travailler avec les animaux plus tard.»

Oriane, 24 ans, avait été choquée par l'augmentation du nombre de sans-abri dans sa ville, donc elle a décidé de devenir membre de l'organisation Autremonde. Autremonde travaille avec des sans-abri qui affrontent tous les jours les difficultés de la rue: le froid, la faim, la solitude. Oriane dit: «Je pense que c'est important d'aider les autres. Je parle avec les SDF et je prends un café avec eux.»

Pendant l'été, **Gaël**, 21 ans, a travaillé sur un stand d'Oxfam pendant les grands festivals de musique. Il avait décidé de travailler avec Oxfam car il avait lu beaucoup d'articles sur le changement climatique. Il a parlé aux festivaliers de l'importance de respecter l'environnement. Pour lui, c'est important de participer à la vie en société. Il dit: «En plus, j'ai profité de l'ambiance et de la musique, bien sûr!»

les sans-abri/les SDF (sans domicile fixe)
homeless people ('people without shelter'/'people with no fixed abode')

1 Where and when does Anaïs work?
2 What does her volunteer work involve? Give <u>two</u> details.
3 Why did Oriane decide to become a member of Autremonde?
4 What difficulties do homeless people face, according to the text? Name <u>two</u> things.
5 What did Gaël do last summer?
6 What did Gaël speak to festival-goers about?

> ⭐ The **pluperfect tense** is used to talk about what you <u>had</u> done/seen, etc. (before you did something else). It is formed using the imperfect tense of *avoir* or *être* plus a past participle, e.g. *Il/Elle **avait** lu …* He/She **had** read …

5 lire Traduisez le texte sur Anaïs en anglais.

6 écouter Écoutez Roméo. Écrivez les lettres des <u>trois</u> phrases qui sont vraies.

a Roméo plays in a football team.
b He volunteers regularly.
c His school organises a car wash at Christmas.
d Last year, Roméo participated in a sponsored race.
e He raised 100 euros.

> ⭐ Don't panic if you come across a context you haven't met before. Listen out for words you <u>do</u> know, and use the questions to help you too.

7 écrire Imaginez que vous faites du bénévolat. Écrivez un paragraphe.

- Say how often you volunteer. *Je fais du bénévolat … fois par semaine …*
- Say what you do. *Je travaille avec les …/Je participe à …*
- Add details if you can. *Je vais chez mes voisins et …/Je promène des chiens …*
- Say why you do it. *Je fais ça parce que pour moi, c'est important/j'aime …*
- Say what you would like to do as volunteer work in the future. *Plus tard, j'aimerais …*

1 lire **Lisez les textes. Copiez et complétez le tableau en anglais.**

	event?	takes place when?	opinion?
Quentin	Tour de France		
Louna			
Capucine			

le Tour de France

Ce qui est important pour moi dans la vie, c'est le sport. J'ai commencé à faire du vélo il y a cinq ans et je suis fan du Tour de France, un événement qui est connu dans le monde entier. Il a lieu pendant les trois premières semaines de juillet. À mon avis, ça donne des modèles aux jeunes car les cyclistes sont une source d'inspiration. En plus, je pense que ce genre d'événement encourage la pratique du sport. L'été prochain, je vais encore regarder le Tour, bien sûr! *Quentin*

Ce qui est important pour moi dans la vie, c'est la culture! L'été dernier, je suis allée au festival d'Avignon. C'est le plus grand festival de théâtre au monde et il a lieu au mois de juillet. De nombreuses pièces sont jouées partout dans la ville. À mon avis, cet événement est fabuleux parce qu'il permet aux gens de s'amuser. Il y a vraiment une ambiance magique! L'année prochaine, je vais aller au festival d'Édimbourg. Ça va être génial aussi! *Louna*

le festival d'Avignon

le carnaval de Nice

Ce qui est important pour moi dans la vie, c'est la danse! Je fais partie d'un groupe de danse. Avec notre prof, nous sommes allées deux années de suite au carnaval de Nice. J'ai ADORÉ! Ça se passe en février et c'est génial. Cet événement est vraiment bien car il attire des touristes du monde entier. Il y a des gens partout! L'année prochaine, je vais y retourner! *Capucine*

il a lieu/ça se passe …	*it takes place …*

Cet événement/Ce genre d'événement …	*This event/This type of event …*
attire des touristes.	*attracts tourists.*
encourage la pratique du sport.	*encourages participation in sport.*
donne des modèles aux jeunes.	*gives young people role models.*
permet aux gens de s'amuser.	*allows people to have a good time.*
unit les gens.	*unites people.*

2 lire **Relisez les textes de l'exercice 1 et trouvez l'équivalent français de ces phrases anglaises.**

1 … which is known throughout the world
2 it's the biggest … festival in the world
3 numerous plays are performed throughout the town
4 there really is a magical atmosphere
5 we went two years in a row
6 I'm going to go back there next year

3 écouter **Écoutez Luc. Choisissez la bonne fin de chaque phrase.**

1 Luc adore … **a** le basket. **b** le rugby. **c** le foot.
2 Luc a vu la Coupe du monde il y a … **a** quatre ans. **b** un an. **c** deux ans.
3 Luc pense que ce genre d'événement … **a** unit les gens. **b** donne des modèles aux jeunes. **c** encourage la pratique du sport.
4 Luc et ses amis vont voir la Coupe du monde en … **a** 2021. **b** 2022. **c** 2023.

4 parler À deux. Présentez ces événements à des touristes.

Exemple: **a**
Le Festival Mondial du Cirque de Demain a lieu au mois de janvier à Paris.
Cet événement encourage la pratique des arts du cirque.
C'est super!

a le Festival Mondial du Cirque de Demain 😊
janvier   Paris
encourage la pratique des arts du cirque

b la fête de la Musique 😊
juin   partout en France
attire les touristes et unit les gens

c le marché de Noël 😊
décembre   Lille
permet aux gens de s'amuser

5 lire Lisez le texte et complétez-le avec les verbes de l'encadré.

Ce qui est important pour moi dans la vie, c'est la musique!
1 _____ et je joue de la guitare. C'est ma passion.

L'année dernière, au mois de juillet, **2** _____ au festival
les Vieilles Charrues avec deux copains. Des chanteurs et des
groupes de musique **3** _____ de partout pour y jouer!

On s'est vraiment amusés! **4** _____ Louane et Pharrell
Williams, que j'adore. L'ambiance **5** _____ formidable.
Nous avons rencontré de nouvelles personnes sympa.
La musique **6** _____ les gens!

L'année prochaine, **7** _____ au festival avec mes
copains. On va y passer quatre jours, cette fois. Et dans
le futur, **8** _____ avec l'association qui organise
les Vieilles Charrues. Ça va être super!

| je suis allé | je vais faire un stage | viennent | était |
| je vais retourner | unit | je chante | nous avons vu |

6 écouter Écoutez et vérifiez vos réponses.

7 écrire Écrivez un article pour un magazine au sujet de votre passion
et de votre expérience d'un événement.

Ce qui est important pour moi dans la vie, c'est …	
L'année dernière/L'été dernier/Au mois de juillet, je suis allé(e) à … avec …	
Cet événement est connu dans le monde entier. C'est le plus grand festival de … au monde/au Royaume-Uni.	
À mon avis, cet événement …	encourage la pratique du sport/ du théâtre/de la musique. unit les gens. permet aux gens de s'amuser.
Nous avons vu …/Nous avons rencontré …/Nous avons chanté/dansé/ mangé …	
C'était génial/super!/L'ambiance était magique!	
L'année prochaine, je vais … Ça va être …	

- Show that you can use three time frames confidently.
- Use different parts of the verb: *je, nous, cet événement …*
- Use opinion phrases like *à mon avis* and *pour moi*.
- Link your ideas together using words and phrases like *aussi, en plus* and *d'ailleurs*.

1 lire **Read the article below and answer the questions in English.**

> Tous les ans au printemps, un festival de danse a lieu à Laroque.
>
> L'année dernière, le thème du festival était «le cirque», mais «la liberté» sera le thème de cette année. Le premier festival, il y a cinq ans, a duré seulement une journée. Maintenant, on propose trois jours de spectacles pour toute la famille.
>
> Il y a toujours beaucoup de spectateurs au festival, donc il vaut mieux laisser la voiture à la maison et prendre les transports en commun.

(a) What is the festival's theme this year?
(b) How long does the festival last?
(c) What's the best way to get to the festival?

2 lire **(a) Read this blog by Lilou about shopping.**

Le shopping

> C'est les soldes d'été mais je ne suis pas contente! Je n'ai pas le droit d'acheter de nouveaux vêtements pour mes vacances. Ma mère dit que les ouvriers qui fabriquent les vêtements ne sont pas assez payés et que leur journée de travail est trop longue.

Answer the following questions in English. You do not need to write in full sentences.

1 Why is Lilou sad?
2 What does Lilou's mum think? Give one detail.

(b) The blog continues.

> Ma mère pense que le mieux serait d'apprendre à fabriquer nos propres vêtements mais c'est trop difficile pour moi. C'est ce que ma sœur a fait quand elle avait mon âge. C'était intéressant pour elle mais maintenant, elle achète des vêtements fabriqués en France. Moi, je vais trouver un job pour gagner de l'argent et puis je vais acheter des habits issus du commerce équitable.

1 What does Lilou's mum suggest?
2 What does Lilou's sister do now?
3 Say one thing that Lilou is going to do.

1 You are going to an event with your exchange partner. What does she tell you?
Listen and answer the following questions <u>in English</u>. (1–4)

1 What type of event are you going to?
2 What time are you going to leave?
3 Who is going to go with you two?
4 What are you going to do in the evening?

2 While you are visiting your exchange partner, Luc, he talks to you about his voluntary work.
What does Luc say about <u>himself</u>? Listen and write the letters of the <u>three</u> correct statements.

A	helps in the kitchen
B	visits elderly people
C	helps in the garden
D	volunteers twice a week
E	wants to develop new skills
F	loves helping animals
G	thinks it's important to help others

Luc talks not only about things that he does, but also about what
his sister and best friend do, so listen carefully to choose the things
that Luc says about <u>himself</u>. Listen carefully for the details too, e.g.
how many times a week he volunteers.

3 Écoute. Agnès parle de ses amies. Comment sont ses amies? Choisis entre: <u>sociable</u>,
<u>confiante</u>, <u>sportive</u> et <u>écolo</u>. Chacun des mots peut être utilisé plusieurs fois.

Exemple: Carla n'est pas sociable.

(a) Soline est très _____.
(b) Thalia n'est pas _____.
(c) Lily est _____.
(d) Nina est _____.
(e) Maëlle est _____.

For this activity, you might not necessarily
hear each person described using one of the
four adjectives in the list. You will also have to
listen out for words and phrases that are linked
to the meanings of the four adjectives.
For example, for *sociable*, you might hear
something to do with going out a lot, or
enjoying meeting new people. For *écolo*, you
might hear examples of environmentally
friendly things that someone does.

A – Picture-based discussion

Topic: Bringing the world together

Regarde la photo et prépare des réponses sur les points suivants:

- la description de la photo
- un festival ou concert auquel tu es allé(e)
- les avantages des grands événements
- ton événement sportif préféré
- le travail bénévole que tu voudrais faire dans le futur.

1 écouter **Look at the photo and read the task. Then listen to Farah's answer to the <u>first</u> bullet point.**

1 Farah says who is in the picture, where they are and what they are doing.
What else does Farah talk about to expand her answer?
2 What do you think *devant une scène* means?
3 What do you think *sans doute* means?

2 écouter **Listen to and read how Farah answers the <u>second</u> bullet point.**

1 Write down the missing word(s) for each gap.

> Oui, l'année dernière, je suis allée à un festival de musique qui a lieu dans **1** ▢▢▢ près de chez moi. C'est le **2** ▢▢▢ festival dans notre région et il est connu dans le monde entier! Je suis allée au festival avec quatre copines et c'était génial! **3** ▢▢▢ un groupe de reggae et un duo de hip-hop mais mon artiste préférée, c'était une jeune **4** ▢▢▢. Il y avait beaucoup de festivaliers et **5** ▢▢▢ était magique! À la fin, on a mangé des **6** ▢▢▢.

2 Look at the Answer booster on page 168. Find at least <u>five</u> examples of language Farah uses to make her answer a strong one.

Listen to how Farah answers the <u>third</u> bullet point.

1 What does she say the advantages of big events are?
2 What does she say the disadvantages are?
3 Look at the 'Opinions and reasons' and 'Connectives' rows of the Answer booster on page 168.
   Note down the phrases that Farah uses to present both sides of the argument.

> You will be asked your opinion on different topics, so it's useful to have a bank of
> opinion phrases at the ready that you can use regardless of what you are discussing.
> You should find a few you could use in Farah's third answer.

 **Prepare your own answers to the five bullet points on the task card.
Then listen and take part in the full picture-based discussion.**

B – General conversation

 **Listen to Fraser introducing his chosen topic and correct the mistake
in each of the sentences below.**

1 Fraser's family always chooses green products.
2 Green products are often cheaper.
3 Fraser would like to buy products that are made in the UK.
4 He is not concerned about working conditions and workers' pay.
5 When shopping, the brand is important to him.

 **The teacher then asks Fraser: «Qu'est-ce que tu as fait récemment pour protéger
notre planète?» Listen to Fraser's answer. Below are the things that he has done.
However, he doesn't just say them in a long list! What extra information does
he add to expand on each of these points?**

1 consumed less energy
2 saved water
3 recycled
4 walked to school

> In order to develop your answers as fully as possible, try to ask yourself
> additional questions like 'Where?' 'When?' 'How often?' 'Who with?' This
> will help you include extra details to make your answers more interesting.

 **Listen to how Fraser answers the next question: «Qu'est-ce que tu vas faire
pour protéger l'environnement à l'avenir?» Look at the Answer booster on page 168.
Write down <u>five</u> examples of what he says to make his answer a strong one.**

 Prepare answers to these questions. Then practise with a partner.

1 Est-ce que tu fais des achats responsables?
2 Qu'est-ce que tu as fait récemment pour protéger notre planète?
3 Qu'est-ce que tu vas faire pour protéger l'environnement à l'avenir?
4 Quel est le plus grand problème environnemental pour la planète, à ton avis?
5 Est-ce que tu voudrais faire du bénévolat dans le futur?

Answer booster	Aiming for a solid answer	Aiming higher	Aiming for the top
Verbs	**Verbs with *je*** **Different time frames:** present, perfect and near future tenses	**Different persons of the verb:** *il/elle/on/nous/ils/elles …* ***Je voudrais/J'aimerais …***	**The perfect and imperfect tenses together:** *Je suis allé(e)/J'ai fait … C'était …*
Opinions and reasons	**Basic verbs of opinion:** *j'aime/J'adore … parce que c'est …*	**Add more variety:** *À mon avis, …/Je crois que …/ Je pense que …/Selon moi, …* **Opinions in different tenses:** *C'était/Ça va être + adjective*	**More sophisticated phrases:** *Ce qui est important pour moi, c'est …* *Ce qui me préoccupe, c'est …*
Connectives	*et, mais, aussi, ou, parce que*	*où, car, quand, donc, alors, puisque*	*cependant, pourtant, par contre, en plus, comme ça* ***pour + infinitive:*** *pour récolter de l'argent*
Other features	**Sequencers:** *d'abord, ensuite, et puis* **Time and frequency phrases:** *cet été, le mois dernier, une fois par semaine, tous les jours*	**Negatives:** *ne … pas, ne … jamais, ne … plus, ne … rien*	**Superlatives:** *C'est le plus grand festival. La plus grande menace pour la planète, c'est …*

A – Picture-based task

1 Look at the photo and the task. Write your answer, then check carefully what you have written.

> ⭐ Write in full sentences. You could describe the people, say what they are doing, say what else is in the photo … Remember that you need to use the *il/elle* or *ils/elles* parts of the verb. Don't forget to give an opinion too. You don't have to say anything long or complicated – just make sure you include one!

B – Translation

1 Traduis les phrases suivantes **en français**.

> Remember to add the correct word for 'some' before the noun: *de la, du, de l'* or *des*?

> Use *on*. Which modal verb do you need?

> Remember to put the two parts of the negative around the verb.

(a) I go to school by bike.
(b) My dad uses public transport.
(c) You can make compost at home.
(d) My family buys green products.
(e) I never turn on the heating and yesterday I separated the rubbish.

> Even though we don't need an article in English, you need the correct word for 'the' in French here.

> Remember to make adjectives agree.

> Use the perfect tense.

Le recyclage

Tu envoies cette photo à un(e) ami(e) français(e).

Écris une description de la photo **et** exprime ton opinion sur le recyclage.

Écris 20–30 mots environ **en français**.

C – Extended writing task

1 Look at the task. Which bullet (first, second, third or fourth) asks you to write about each of the following?

1 something you have done recently to help other people
2 your plans for volunteer work in the future
3 what you currently do to help other people
4 why or why not it's important to volunteer

Le bénévolat

Un site Internet français pour les jeunes demande ton opinion sur le travail bénévole.

Écris à ce site Internet.

Tu **dois** faire référence aux points suivants:
• ce que tu fais pour aider les autres
• une activité récente que tu as faite pour aider les autres
• pourquoi il est important ou pas de faire du bénévolat
• tes projets de bénévolat dans le futur.

Écris 80–90 mots environ **en français**.

---

2 Read Lisa's answer. Find the French equivalent of the phrases below and copy them out.

Une fois par semaine, je rends visite à mes grands-parents. Je tonds la pelouse pour eux. Ils apprécient ça et ça me fait du bien.

Le mois dernier, ma classe a organisé un concert pour récolter de l'argent pour une association caritative. L'ambiance était géniale et nous avons récolté plus de £500 pour l'organisation Save the Children. Je suis très fière de nous!

À mon avis, il est important de faire du bénévolat parce qu'il faut aider les autres. En plus, c'est bien de rencontrer de nouvelles personnes.

Ce qui me préoccupe, c'est la cruauté envers les animaux donc cet été, j'aimerais travailler dans un refuge pour les animaux abandonnés. Ça va être une expérience enrichissante.

1 Once a week I visit …
2 I mow the lawn for them.
3 They appreciate that.
4 It does me good.
5 to raise money for a charity
6 I am very proud of us!
7 You have to help others.
8 It's good to meet new people.

---

3 Look at the Answer booster. Note down <u>six</u> examples of language that Lisa uses to write a strong answer.

4 Now write your own answer to the task, using Lisa's text for support and the Answer booster to help you improve your answer. Remember to check your text when you've finished.

Ce qui est important pour moi
What's important to me

Ce qui est important pour moi, c'est …
What's important to me is …
- l'argent (m) — *money*
- le sport — *sport*
- la musique — *music*

- ma famille — *my family*
- ma santé — *my health*
- mes amis — *my friends*
- mes animaux — *my animals*
- mes études — *my studies*

Ce qui me préoccupe
What concerns me

Ce qui me préoccupe, c'est … *What concerns me is …*
- l'environnement — *the environment*
- l'état (m) de la planète — *the state of the planet*
- le racisme — *racism*
- la cruauté envers les animaux — *cruelty to animals*

- la faim — *hunger*
- la guerre — *war*
- l'injustice (f) — *injustice*
- la pauvreté — *poverty*
- la violence — *violence*

Qu'est-ce qu'on peut faire pour aider?
What can we do to help?

On peut faire du bénévolat. *You can do voluntary work.*
On peut parrainer un enfant. *You can sponsor a child.*
On peut donner de l'argent à une association caritative. *You can give money to a charity.*
On peut recycler. *You can recycle.*
Il faut agir. *You/We have to act.*

Il faut lutter contre la faim. *You/We have to fight against hunger.*
Il faut signer des pétitions. *You/We have to sign petitions.*
Il faut participer à des manifestations. *You/We have to take part in demonstrations.*
Il faut éduquer les gens. *You/We have to educate people.*

Quel temps fera-t-il?
What will the weather be like?

Il y aura … *There will be …*
- de la pluie — *rain*
- de la neige — *snow*
- du vent — *wind*
- du tonnerre — *thunder*
- des averses — *showers*
- des éclairs — *lightning*
- des éclaircies — *sunny intervals*

Il fera … *It/The weather will be …*
- beau — *nice/good*
- mauvais — *bad*
- chaud — *hot*
- froid — *cold*
- frais — *chilly*

Le temps sera … *The weather will be …*
- ensoleillé — *sunny*
- nuageux — *cloudy*
- orageux — *stormy*

Les problèmes environnementaux
Environmental problems

Le plus grand problème environnemental, c'est … *The biggest environmental problem is …*
- le changement climatique — *climate change*
- le manque d'eau potable — *the lack of drinking water*
- la disparition des espèces — *the extinction of species*
- la destruction des forêts tropicales — *the destruction of the rainforests*
- la surpopulation — *overpopulation*
- la pollution de l'air — *air pollution*
- la sécheresse — *drought*
- les inondations — *flooding/floods*

- les incendies — *fires*

Les arbres nous donnent de l'oxygène et nous les coupons tous les jours. *Trees give us oxygen, and every day we cut them down.*
Beaucoup de personnes n'ont pas accès à cette ressource vitale. *Lots of people don't have access to this vital resource.*
On détruit la planète. *We are destroying the planet.*
C'est très inquiétant. *It's very worrying.*
C'est catastrophique. *It's catastrophic.*

Que doit-on faire pour sauver notre planète?
What should we do to save our planet?

On doit/On peut … *You/We should/can …*
- recycler — *recycle*
- trier les déchets — *separate the rubbish*
- faire du compost — *make compost*
- consommer moins d'énergie — *consume less energy*
- éteindre les appareils électriques et la lumière — *turn off electrical appliances and the light*
- mettre un pullover au lieu d'allumer le chauffage — *put on a jumper instead of turning on the heating*
- faire des achats responsables — *make responsible purchases*
- utiliser du papier recyclé — *use recycled paper*
- acheter des produits verts et des produits bio — *buy green and organic products*
- voyager autrement — *travel differently*

- utiliser les transports en commun — *use public transport*
- aller au collège à vélo — *go to school by bike*
- réutiliser — *reuse*
- refuser les sacs en plastique — *turn down plastic bags*
- avoir une bouteille d'eau au lieu de prendre un gobelet jetable — *have a bottle of water instead of taking a disposable cup*
- économiser l'eau — *save water*
- boire l'eau du robinet — *drink tap water*
- prendre une douche au lieu de prendre un bain — *take a shower instead of a bath*
- tirer la chasse d'eau moins fréquemment — *flush the toilet less frequently*
- fermer le robinet en se lavant les dents — *turn off the tap while brushing your teeth*
- installer des panneaux solaires — *install solar panels*

D'où vient ton tee-shirt?

Les produits pas chers sont souvent fabriqués dans des conditions de travail inacceptables.
Les ouvriers sont sous-payés.
Leur journée de travail est trop longue.
Il faut/On doit …
  forcer les grandes marques à garantir un salaire minimum

acheter des produits issus du commerce équitable
acheter des vêtements fabriqués en France/au Royaume-Uni
réfléchir à l'impact sur l'environnement
essayer de respecter l'homme et l'environnement à la fois

Where does your T-shirt come from?

Cheap products are often made in unacceptable working conditions.

The workers are underpaid.
Their working day is too long.

We must …
  force big brands to guarantee a minimum wage

buy fair trade products

buy clothes that are made in France/in the UK
think about the impact on the environment
try to respect people and the environment at the same time

Faire du bénévolat

Tu peux/J'aimerais …
  travailler avec les personnes âgées
  travailler avec les enfants
  travailler avec les sans-abri/ des SDF
  travailler avec les animaux
  participer à un projet de conservation
Je fais du bénévolat parce que …
  pour moi, c'est important d'aider les autres
  pour moi, c'est important de participer à la vie en société
  j'aime développer de nouvelles compétences

j'aime rencontrer de nouvelles personnes
c'est une expérience enrichissante pour moi
ça me donne plus confiance en moi
Je travaille avec …
J'aide un enfant avec ses devoirs.
Je participe à …
Je suis membre de l'organisation …

Je travaille dans un refuge.
Je parle/discute avec …
Je promène les chiens.

Doing volunteer work

You can/I would like to …
  work with elderly people

  work with children
  work with homeless people

  work with animals
  participate in a conservation project
I do volunteer work because …
  for me, it's important to help other people
  for me, it's important to participate in society
  I like developing new skills

I like meeting new people

it's a rewarding experience for me
it gives me more confidence in myself
I work with …
I help a child with his homework.
I participate in …
I am a member of the organisation …
I work in a refuge/shelter.
I talk to …
I walk the dogs.

Les grands événements

Cet événement/Ce genre d'événement …
  attire les touristes
  encourage la pratique du sport
  donne des modèles aux jeunes
  permet aux gens de s'amuser

  unit les gens
L'année dernière/L'été dernier, …
  je suis allé(e) à un festival/à la Coupe du monde
  j'ai vu (le Tour de France)

C'est …
  un événement qui est connu dans le monde entier
  le plus grand festival (de théâtre) au monde
Il y a une ambiance magique!
Il a lieu/Ça se passe (à Nice/ en février).
L'été prochain/L'année prochaine, …
  je vais y retourner
  je vais aller à …
  je vais encore regarder …

Big events

This event/This type of event …

  attracts tourists
  encourages participation in sport
  gives young people role models
  allows people to have a good time
  unites people
Last year/Last summer …
  I went to a festival/to the World Cup
  I saw (the Tour de France)

It's …
  an event that is known throughout the world
  the biggest (theatre) festival in the world
There is a magical atmosphere!
It takes place (in Nice/in February).
Next summer/Next year …
  I am going to go back there
  I am going to go to …
  I am going to watch … again

Les mots essentiels

selon
grave
actuellement
à l'avenir
ceci dit
cependant
à part tout cela
en ce qui concerne …

d'ailleurs
partout
nombreux/nombreuses
d'un côté
d'un autre côté
le pour
le contre

High-frequency words

according to
serious
currently
in future (from now on)
having said that
however
apart from all of that
as far as … is concerned

besides/what's more
everywhere, all over
numerous
on the one hand
on the other hand
the pros
the cons

1 parler *Refresh your memory!* **In pairs. Look at the adjectives on pages 26 and 27 and play 'personality ping-pong'. One person says a positive adjective, the other says a negative one. Keep going for as long as possible!**

Example:
● *Amusant.*
■ *Têtu.*

> For an extra challenge, look at the pages for one minute, then close the book and play the game from memory.

2 écouter *Refresh your memory!* **Listen. Copy and complete the grid in English. (1–3)**

	Who is he/she talking about?	What does he/she look like?	What is his/her personality like?	Do they get on? Why (not)?
1	half-sister/stepsister	green eyes, ...		

3 écrire *Refresh your memory!* **Copy out and complete the following dialogue, using logic and your own ideas. Look back at pages 14–15 for help, if necessary.**

● *Tu veux aller à la piscine?*
■ *Ça dépend. Tu veux y aller* **1** [____]*?*
● *Cet* **2** [____]*-midi.*
■ *Oui, je veux bien. On y va comment?*
● *On y va en* **3** [____]*.*
■ *On se* **4** [____] *où?*
● *Devant* **5** [____]*.*
■ *On se retrouve à* **6** [____] *heure?*
● *À* **7** [____] *heures trente. D'accord?*
■ *D'accord, à plus* **8** [____]*!*

4 écouter **Écoute. Luc parle de sa famille et de ses amis. Comment sont-ils? Choisis entre optimiste, paresseux, gentil et drôle. Chacun des mots peut être utilisé plusieurs fois.**

Exemple: Son père est *gentil*.

(a) Son petit frère, Simon, est [____].
(b) Son grand frère, Matthieu, est [____].
(c) Karim est [____].
(d) David n'est pas [____].
(e) Raphaël est [____].

> Don't expect to hear all of the underlined adjectives in the audio.
> • In tasks like this, you often have to pick out synonyms (words or phrases that mean the same thing as words used in the questions). For example, can you think of any adjectives that have a similar meaning to *gentil*?
> • You may also hear antonyms (words that mean the opposite of words used in the question) used with a negative, e.g. *Il n'est jamais pessimiste.*

5 Read this abridged extract from *Ah, la famille!* by Moka. Céline is writing her family tree for her school homework.

> Il y a, d'abord, une petite case où il y a écrit: MOI. Et, au-dessus, deux autres cases: PAPA et MAMAN.
>
> – Qu'est-ce que je mets dans la case PAPA?
>
> – Ben, tu mets François, répond Maman.
>
> – Et pourquoi ça? demande Papa.
>
> – Parce que c'est son père, dit Maman.
>
> C'est un peu compliqué, parfois, d'avoir deux papas. Mon vrai papa, il est parti, il y a longtemps. Je ne le vois jamais. Maman s'est mariée avec Nicolas qui est mon deuxième papa. Il fait très bien l'affaire.

Answer the following questions <u>in English</u>. You do not need to write in full sentences.

(a) What does Céline's mother tell her to put in the box marked 'Dad'?

(b) How does Céline describe having two fathers?

(c) How often does Céline see her real father?

(d) Who does Céline think is doing a good job?

> ⭐ When you read a French text with dialogue in it, what each person says will usually begin with a dash, like this: –. Also look for words like *dit* (says), *demande* (asks) and *répond* (answers/ replies) to help you to work out who says what.

6 parler Prepare and perform this role play.

Topic: Cultural life

You are planning to go to the cinema with your French friend. The teacher will play the role of your French friend and will speak first.

You must address your friend as *tu*.

You will talk to the teacher using the five prompts below.

Where you see – **?** – you must ask a question.

Where you see – **!** – you must respond to something you have not prepared.

> **Tu vas au cinéma avec ton ami(e) français(e). Tu parles avec ton ami(e).**
>
> **1** Cinéma – quand
>
> **2** Films – préférence
>
> **3 !**
>
> **4** Rendez-vous – location et heure
>
> **5 ?** Activité – après

7 Traduis les phrases suivantes **en français**.

(a) My friend Thomas is tall.

(b) He has brown hair.

(c) At the weekend we go to the cinema.

(d) I like playing football but I don't like swimming.

(e) Last night I watched TV, but I prefer going out because it's more interesting.

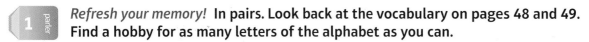

1 *parler*   *Refresh your memory!* **In pairs. Look back at the vocabulary on pages 48 and 49. Find a hobby for as many letters of the alphabet as you can.**

Example: **a** – accordéon, jouer de l'accordéon; **b** – blog, écrire un blog …

2 *écrire*   *Refresh your memory!* **Copy and complete the sentence below, changing the underlined words to give your opinion of different types of television programmes. How many different sentences can you come up with?**

> J'<u>aime</u> les <u>documentaires</u> parce qu'<u>ils</u> sont <u>amusants</u>.

3 *écouter*   *Refresh your memory!* **Listen. Copy and complete the grid in English. (1–4)**

	hobby	why he/she enjoys it	how often he/she does it	other details
1	cinema	She forgets her worries when she watches a good film.		

4 *lire*   **Translate this passage into English.**

> Hier, je suis sortie pour voir trois chanteurs belges en concert. D'habitude, j'écoute de la musique sur mon portable mais quand on voit un groupe en concert, c'est plus passionnant. Ce soir, on va télécharger toute leur musique!

5 *écouter*   **Écoute. Nola parle de ses loisirs. Complète les phrases en choisissant un mot ou des mots dans la case. Il y a des mots que tu n'utiliseras pas.**

> jouer au rugby   tard   à l'arrière de la salle   en semaine
> ~~la lecture~~   tôt   ennuyeuse   le week-end   la photographie
> intéressante   faire du footing   près de l'écran

Exemple: Nola préfère <u>la lecture</u>.

(a) Comme sport, elle aime   .
(b) Elle pense que la télé n'est pas   .
(c) Elle regarde des films   .
(d) Au cinéma, elle préfère être   .
(e) Elle rentre à la maison   .

6 *lire* Read the article and answer the questions in English.

Vous faites des recherches pour vos devoirs? Vous voulez rester en contact avec vos copains? Il y a quelque chose que vous voulez acheter? Alors, grâce à Internet, on peut faire tout ça sans lever les yeux du portable! Pourtant, il est aussi important d'éviter les dangers en ligne.

«Je réfléchis avant de partager mes photos car tout ce qu'on poste en ligne peut y rester pour toujours!» dit César, 16 ans

«J'aime bien tchatter en ligne avec mes amis mais je ne donne jamais de détails personnels aux inconnus.» dit Assia, 15 ans

(a) What can you do easily thanks to the internet? Name <u>one</u> thing.
(b) Why does César think about it before sharing photos online?
(c) What does Assia do to stay safe online?

7 *écrire* Look at the task card and do this extended writing task.

Le sport

Un site français pour les jeunes cherche ton opinion sur le sport.

Écris à ce site Internet.

Tu **dois** faire référence aux points suivants:
• tes sports préférés
• pourquoi on fait du sport
• une visite récente à un événement sportif
• tes projets sportifs pour le week-end prochain.

Écris 80–90 mots environ **en français**.

• Read each bullet point carefully so that you know which tense to use for each one.
• Try to use lots of variety in your language, e.g. an example of *on peut* plus the infinitive, comparatives, different opinion phrases, negatives. Look back at the Answer boosters on the writing exam preparation pages to help you.
• Don't forget to give opinions and back them up with reasons.

1 parler **Refresh your memory!** In pairs. Look at the food vocabulary on pages 70 and 71 for <u>5 minutes</u> only. Then give the French for as many of the following as you can.

- fruit and vegetables
- things you can eat or drink for breakfast
- things you had for lunch or dinner yesterday

Example: des pommes

2 écouter **Refresh your memory!** Listen and decide which of the topics below each person is talking about. Write the correct letter. There is one letter too many. (1–4)

A clothes   **B** Christmas   **C** morning routine

D a birthday   **E** a wedding

3 écrire **Refresh your memory!** Copy and complete the following sentences, using your own ideas. Look back at Module 3 for help and ideas.

1 D'habitude, je porte .... mais demain, je vais mettre .... parce que ....
2 Les jours d'école, je dois .... car .... Mais le week-end, je peux ....
3 Une de mes fêtes préférées, c'est .... parce que ....
4 Normalement, pour fêter mon anniversaire, ... Mais l'année dernière, ...

4 écouter **Your French friend is telling you what her friends Mathis, Amina and Zoé like doing on New Year's Eve. Listen and write down the correct letter for each person.**

A	go out for a meal
B	stay at home
C	go out to a night club
D	cook a meal
E	go to a friend's house
F	take photos
G	watch fireworks

1 Mathis   2 Amina   3 Zoé

Remember, the task asks you what they <u>like</u> doing on New Year's Eve, so listen carefully for any negatives and ignore those activities, as they are probably distractors. And listen out for *au lieu de* (instead of), which also tells you that what follows is something they <u>don't</u> do and is therefore a distractor.

5 écrire **Traduis les phrases suivantes en français.**

(a) I go to school by bus.
(b) For dinner I have chicken and chips.
(c) Usually I wear black trousers and trainers.
(d) On Sunday evening I have to do my homework.
(e) At my cousin's wedding we danced and ate cake.

6 lire Lisez cet extrait de blog. Un père parle de sa fille.

> Ma fille, Elsa, va au lycée et je suis très content d'elle parce qu'elle travaille bien et parce que ses notes sont bonnes. Elle a cours tous les jours sauf le dimanche et ce jour-là, elle doit faire ses devoirs. Alors malheureusement, elle ne peut pas souvent sortir avec ses amies.
>
> Elle doit se lever très tôt pour prendre le car de ramassage scolaire. Donc elle m'a demandé de lui acheter un scooter pour son anniversaire. Bien sûr, ça coûte assez cher mais je veux faire ça pour elle, pour l'aider un peu. Elle le mérite.

Écrivez la bonne lettre pour compléter chaque phrase.

1 Selon son père, Elsa …
   A n'est pas heureuse.
   B n'a pas de bonnes notes.
   C fait de bons progrès scolaires.
   D ne travaille pas assez.

2 Elsa doit aller au lycée …
   A tous les jours.
   B six jours par semaine.
   C cinq jours par semaine.
   D quatre jours par semaine.

3 Elle n'a pas …
   A beaucoup d'amies.
   B assez de temps libre.
   C beaucoup de devoirs.
   D de temps pour travailler.

4 Actuellement, elle va au lycée …
   A à pied.
   B en scooter.
   C en car.
   D dans la voiture de son père.

5 Son père pense qu'Elsa mérite d'avoir …
   A un scooter.
   B une fête d'anniversaire.
   C plus d'argent.
   D des vacances.

> With multiple-choice tasks in French, it's important to read for fine detail in both the text <u>and</u> the questions and answer options. Look carefully in the questions and answer options for synonyms or paraphrasing of words or phrases in the text.

7 parler Prepare and perform this picture-based discussion.

Topic: Daily life

Regarde la photo et prépare des réponses sur les points suivants:
- la description de la photo
- ton opinion sur les repas en famille
- un repas récent que tu as pris à la maison
- comment tu voudrais fêter ton prochain anniversaire
- ta fête préférée et pourquoi.

> Remember, one of the bullets will always ask about something in the past and one will ask about something in the future. Which bullets are they in this task? Which tenses do you need to use to answer them?

1 *parler* *Refresh your memory!* With a partner, check the spelling of the French for the following words on pages 90 and 91. Then challenge each other to a 'spelling bee'.

Example:
- 'Castle'.
- ■ *Château: C-H-A circumflex-T-E-A-U.*

forest   river   boat   countryside

quiet   suburbs   swimming pool

castle   sun/sunshine   traffic

> ⭐ Pay attention to French accents. They are part of accuracy!
>
> acute accent: *é*
> grave accent: *à, è, ù*
> circumflex: *â, ê, î, ô*
> cedilla: *ç*

2 *écouter* *Refresh your memory!* Listen. Copy and complete the grid in English. (1–5)

	where he/she lives	positive (P) or negative (N) opinion?	reason
1			

3 *écrire* *Refresh your memory!* Copy and complete the following sentences, using the French equivalents of the words from exercise 1.

1 J'habite dans un petit village à la _____ et c'est trop _____.
2 Dans ma ville, il y a un vieux _____ historique mais il n'y a plus de _____.
3 Dans la _____ où j'habite, il y a trop de _____ et c'est dangereux.
4 S'il y a du _____ demain, on va faire une randonnée dans la _____.
5 Je voudrais louer un _____ pour faire une promenade sur la _____.

4 *écrire* Look at the task card and do this picture-based writing task.

Les échanges scolaires

Tu participes à un échange scolaire en France. Tu partages cette photo sur Instagram avec tes amis.

Écris une description de la photo **et** exprime ton opinion sur les randonnées à la campagne.

Écris 20–30 mots environ **en français**.

5 *lire* Translate this passage into English.

Mon village est un peu trop tranquille mais il est très joli. J'aime habiter ici parce qu'en été, il y a beaucoup de choses à faire. Hier, il a fait chaud donc je suis allé à la pêche avec mon meilleur copain. Demain, s'il fait beau, on fera une randonnée à vélo à la campagne. Ce sera génial!

6 Your French friend Amélie has made a podcast about where she used to live when she was younger. What does she talk about? Listen and write down the letters of the <u>three</u> correct statements.

A what her house was like
B what the weather used to be like
C what she used to do in the holidays
D what sports she used to do
E what food she used to like eating
F who she used to go to the cinema with
G what her friends were like

> ⭐ In the recording, the speaker contrasts how things used to be (using the imperfect tense) with how things are now (using the present tense.) The statements in English, above, are all about the <u>past</u>. So as you listen, try to eliminate all the things she refers to in the <u>present tense</u>. Concentrate on the difference in sound between verbs in the present (e.g. *j'habite, je vais, il fait*) and the imperfect (e.g. *j'habit**ais**, j'all**ais**, il fais**ait***). Also listen for time clues such as *maintenant* (now).

7 Read this abridged extract from the story 'Voyager sur un planisphère' in the book *C'est toujours bien* by Philippe Delerm. The writer, a schoolboy, is fascinated by an object in his classroom.

> Le planisphère est accroché au mur de la classe, à gauche du tableau. C'est une carte qui paraît immense, parce qu'elle représente le monde entier. Les lacs et les rivières sont bleu pâle, et les océans plus pâles encore. Les montagnes sont jaune moutarde, les déserts jaune citron. En vert, ça doit être les forêts, mais les plaines aussi – il n'y a quand même pas toutes ces forêts en France!

Write the letter of the correct phrase to finish each sentence.

1 The planisphere is hanging to the left of the …
 A wall.
 B blackboard.
 C door.
 D window.

2 It is a map that shows …
 A France.
 B Europe.
 C the whole world.
 D the planets.

3 On the planisphere, the colour blue represents …
 A water.
 B sky.
 C snow.
 D ice.

4 Yellow is the colour of the deserts and the …
 A towns.
 B mountains.
 C countryside.
 D beaches.

5 The forests and plains are …
 A the same colour.
 B different colours.
 C not in France.
 D not shown on the map.

> ⭐ If you don't know what a planisphere is, use the text and questions to work it out. The answer options will also help you understand the word *accroché*, but you don't need to understand every word in the text to choose the correct answers.

1 *parler*

Refresh your memory! **In pairs. Look at the restaurant vocabulary on page 111. Then take turns to say the French for items of food and drink that you might order in a restaurant. Say as many as you can remember in 60 seconds.**

2 *écrire*

Refresh your memory! **Copy out this sentence, replacing the underlined words with suitable replacements. How many different sentences can you write?**

> Je voyage toujours <u>en voiture</u> parce que c'est <u>plus</u> <u>confortable</u> que voyager <u>à moto</u>.

3 *écouter*

Refresh your memory! **Listen and answer the questions <u>in English</u>.**

(1) How many guests does the woman want to book a room for?
(2) How long does she want to stay for?
(3) How does she want to pay?
(4) Where is her room?
(5) What question does the woman ask?

4 *parler*

Refresh your memory! **In threes. Look back at the holiday disaster vocabulary on page 111. Take turns to say a different holiday disaster, and repeat the disasters that the others have already said.**

Example:
● J'ai perdu mes photos.
■ J'ai perdu mes photos et j'ai été malade.
◆ J'ai perdu mes photos, j'ai été malade et il a plu tous les jours.

5 *écrire*

Traduis les phrases suivantes en français.

a   The food is delicious.
b   In the mountains we go skiing.
c   During the holidays I play cards.
d   At the hotel there is a swimming pool and a games area.
e   In August I went to the seaside with my family.

6 *écouter*

Your exchange partner Kévin is talking about his family holidays. What does he say? Listen and write the letter of the correct ending for each sentence.

Example: Kévin's family stays … C.

A   in a youth hostel.   **B**   on a campsite.   **C**   in a hotel.   **D**   in a rented holiday cottage.

1 He finds the accommodation …	**2** They go on holiday for …	**3** The disadvantage is …
A big.	**A** two weeks.	**A** the restaurant food.
B clean.	**B** one week.	**B** the internet access.
C quiet.	**C** five days.	**C** the parking.
D comfortable.	**D** five weeks.	**D** the hotel staff.

7 lire   **Lis ces descriptions sur un site de tourisme.**

Bordeaux

Visitez la ville la plus élégante du monde! Promenez-vous dans les rues pour découvrir les magnifiques monuments. Découvrez aussi la superbe gastronomie locale en visitant un des restaurants de la ville.

Marseille

À Marseille, vous profiterez du climat méditerranéen et agréable. Ici, il fait presque toujours beau! Alors, venez passer une journée à la plage!

Menton

Découvrez une ville chargée d'histoire! Cette ville est célèbre pour son architecture médiévale et ses beaux jardins. On dit que c'est la perle de la France!

Dinard

À Dinard, il y a un grand choix d'activités pour toute la famille. Faites des promenades à vélo, faites de la voile, jouez au golf ou au tennis! Vous n'allez pas vous ennuyer ici!

Quelle est la ville correcte? Choisissez entre <u>Bordeaux</u>, <u>Marseille</u>, <u>Menton</u> et <u>Dinard</u>. Chacun des mots peut être utilisé plusieurs fois.

(a) Les touristes qui s'intéressent aux plantes peuvent aller à ⬚ .
(b) Si vous cherchez le soleil, ⬚ est pour vous.
(c) Pour admirer les bâtiments anciens, allez à ⬚ .
(d) Si vous aimez les vacances actives, il faut visiter ⬚ .
(e) Si vous aimez bien manger, visitez ⬚ .

8 parler   **Prepare and perform this picture-based discussion.**

Topic: Holidays

Regarde la photo et prépare des réponses sur les points suivants:
- la description de la photo
- ce que tu voudrais faire pendant tes vacances d'été
- ton opinion sur le camping
- une activité sportive que tu as faite en vacances
- où tu vas en vacances, d'habitude.

⭐ To talk about what you would like to do in the summer holidays use *Je voudrais* … or *J'aimerais* … plus an infinitive, e.g.

Je voudrais jouer …   I would like to play …
J'aimerais aller …   I would like to go …

1 *parler*

Refresh your memory! **In pairs. Look at the school subjects on page 130. Make a list of all the subjects you can study in your school and give your opinion of each one.**

Example:
- ● *L'histoire … Tu aimes l'histoire?*
- ■ *Oui, je trouve ça intéressant. Et toi?*
- ● *Moi, je trouve ça ennuyeux.*

2 *écrire*

Refresh your memory! **What's your school like? Copy out the text and fill in the gaps.**

Les cours commencent à ▢▢▢▢▢ et finissent à ▢▢▢▢▢.
Il y a ▢▢▢▢▢ cours par jour.
Il y a ▢▢▢▢▢ élèves et ▢▢▢▢▢ professeurs.
J'étudie ▢▢▢▢▢.
Ma matière préférée, c'est ▢▢▢▢▢ car ▢▢▢▢▢.
Je pense que mon école est ▢▢▢▢▢.

3 *écouter*

Refresh your memory! **Listen to Antoine and answer the following questions in English.**

1 What is there in his school?
2 What <u>two</u> things does he say you are not allowed to do at his school?
3 What subjects does he like and why?
4 What did he used to do at primary school?
5 What school activity does he do now?

4 *lire*

Translate this passage into English.

> Ma journée scolaire commence à huit heures et quart. Ma matière préférée, c'est l'EPS parce que je suis fort en sport. J'aime mes profs car ils ne sont pas trop sévères. La semaine dernière, j'ai participé à une sortie scolaire dans un musée. On s'est bien amusés!

5 *écrire*

Look at the task card and do this short writing task.

La vie scolaire

Votre école organise un échange scolaire et vous voulez recevoir un étudiant français chez vous. Vous écrivez un e-mail au professeur de l'école française.

Écrivez un e-mail avec les informations suivantes:
- vos matières préférées
- une règle de votre école
- l'uniforme scolaire
- vos projets pour l'année prochaine.

Écrivez 40–50 mots environ **en français**.

⭐ • Firstly, work out what information you need to give for each bullet point.
- Then aim to write one or two sentences for each point.
- Note that you will have to refer to the future for the final bullet point. Use *je vais* plus an infinitive.
- Remember to write what you know – you don't have to tell the truth if you aren't confident writing about it in French.
- Check your work when you've finished.

6 écouter

Écoute. Thomas parle de ses profs. Comment sont-ils? Choisis entre <u>impatient</u>, <u>sévère</u>, <u>compréhensif</u> et <u>drôle</u>. Chacun des mots peut être utilisé plusieurs fois.

Exemple: Le prof de maths est impatient.

(a) Le prof de chimie est ⬜.
(b) Le prof d'anglais est très ⬜.
(c) Le prof d'histoire est trop ⬜.
(d) Le prof de musique n'est pas toujours ⬜.
(e) Le prof de biologie n'est pas ⬜.

> ⭐ Thomas talks about things that the teachers do. You need to then match these things to the adjective that best describes each teacher. For example, when talking about the chemistry teacher, Thomas says *il nous faire rire*, which means 'he makes us laugh'. Which adjective best describes this teacher?

 7 lire

Read the opinions about school activities on a website.

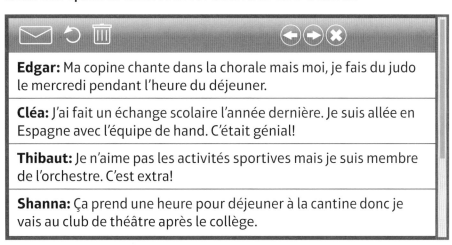

Edgar: Ma copine chante dans la chorale mais moi, je fais du judo le mercredi pendant l'heure du déjeuner.

Cléa: J'ai fait un échange scolaire l'année dernière. Je suis allée en Espagne avec l'équipe de hand. C'était génial!

Thibaut: Je n'aime pas les activités sportives mais je suis membre de l'orchestre. C'est extra!

Shanna: Ça prend une heure pour déjeuner à la cantine donc je vais au club de théâtre après le collège.

Who says what about school activities? Write <u>Edgar</u>, <u>Cléa</u>, <u>Thibaut</u> or <u>Shanna</u>. You can use each person more than once.

(a) ⬜ goes to drama club.
(b) ⬜ goes to a club at lunchtime.
(c) ⬜'s activity has taken him/her abroad.
(d) ⬜ goes to a music activity.
(e) ⬜ is not keen on sports.
(f) ⬜ does a martial art.

1 parler

Refresh your memory! **In pairs. Look at the job nouns on page 150. Then close the book and play 'jobs ping-pong'. One person says the masculine form, the other says the feminine. Keep going for as long as possible.**

Example:
● *Coiffeur.*
■ *Coiffeuse.*

2 lire

Refresh your memory! **Match up the sentence halves. Then translate them into English.**

1	L'année prochaine, je vais …	A	je ne veux pas avoir d'enfants.
2	Ensuite, je voudrais aller à l'université …	B	journaliste ou photographe.
3	Puis je vais prendre une année sabbatique …	C	pour étudier les médias.
4	J'aimerais aussi faire du …	D	bénévolat en Afrique.
5	Un jour, je voudrais travailler comme …	E	continuer mes études au lycée.
6	Plus tard, j'espère me marier mais …	F	et faire le tour du monde.

3 écouter

Refresh your memory! **Listen to Camille and answer the following questions in English.**

1 What are her plans for next year?
2 What does she want to do when she finishes school?
3 What would she like to do after that?
4 What job does she hope to have one day?
5 What plans does she have for her personal life?

4 écrire

Refresh your memory! **Write about your own future plans. Adapt the sentences in exercise 2.**

5 écouter

Alexia, one of the students from your Belgian exchange school, has recorded a message about what she wants to do in the future. What does she say she wants to do? Listen and write the letters of the three correct statements.

A	go to university
B	travel to other countries
C	work in an office
D	earn lots of money
E	work outdoors
F	stay single
G	get married

☆ In this task you need to distinguish between Alexia's plans and anything she says about other people. Also listen carefully for negatives – you only have to identify what she **does** want to do, so ignore the things she says she doesn't want to do.

6 lire **Lis cet e-mail de Matthias.**

Objet: Mon avenir

J'ai expliqué à mes parents que je ne veux pas aller à l'université et ils sont furieux. Ils disent que je dois aller à la fac l'année prochaine pour étudier le droit. Ce qui compte pour moi, c'est de faire quelque chose pour aider les autres. Alors j'ai décidé de prendre une année sabbatique et de faire du bénévolat dans un autre pays. C'est l'Amérique du Sud qui m'intéresse le plus et je voudrais travailler avec des adolescents. Après une année là-bas, je vais retourner en France et essayer de trouver un poste à plein temps dans une organisation caritative.

À bientôt,
Matthias

le droit *law*

Complète chaque phrase en utilisant un mot de la case. Attention! Il y a des mots que tu n'utiliseras pas.

six	jeunes	amis	douze	en France	~~parents~~	ses études
	gentils	à l'étranger	animaux	fâchés	son travail	

Exemple: Matthias a parlé de son avenir avec ses <u>parents</u>.

(a) Matthias ne veut pas continuer _____.
(b) Les parents de Matthias sont _____.
(c) Matthias veut faire du travail bénévole _____.
(d) Il voudrait travailler avec des _____.
(e) Il retournera en France _____ mois plus tard.

> Use grammar clues to help you in tasks like this. For example, for question (b), you will need an adjective, and for question (e), you will need a number. Which answer options are possible for each gap?

7 parler **Prepare and perform this role play.**

Topic: Ambitions

You are talking to your French friend about work and future plans. The teacher will play the role of your friend and will speak first.

You must address your friend as *tu*.

You will talk to the teacher using the five prompts below.

• Where you see – **?** – you must ask a question.

• Where you see – **!** – you must respond to something you have not prepared.

Tu parles du travail et des projets d'avenir avec ton ami(e) français(e).
1 Gagner de l'argent – activité
2 Apprentissage – ton opinion
3 !
4 Métier plus tard
5 ? Travail à l'étranger – opinion

1 *parler*

Refresh your memory! **In pairs. Look at the map of France on page 154. Take turns to make up weather predictions in French for the eight towns marked on the map.**

Example: À Lille, il fera froid et il y aura des averses. Le temps sera nuageux.

2 *écrire*

Refresh your memory! **Look back at the different things you can do to protect the environment on page 170. Complete this sentence with as many ideas as you can.**

> Pour sauver notre planète, on peut …

3 *écouter*

Refresh your memory! **Listen to Zahira. Put the English sentences below into the order in which she says them.**

A The biggest environmental problem is climate change.
B This type of event allows people to have a good time.
C I like meeting new people.
D What concerns me is the environment.
E I talked about the importance of protecting the environment.
F I worked on the Greenpeace stall at a music festival.

4 *écouter*

You hear this report about Aminata and her father, who is a cocoa farmer. Listen and answer the following questions in English.

(a) Where does Aminata live?
(b) When did her dad join a cooperative?
(c) What did this lead to?
(d) How does Aminata benefit now?

⭐ Read the questions carefully before you start to listen and try to predict the language you might hear.

5 *écrire*

Traduis les phrases suivantes en français.

(a) It's the biggest festival in France.
(b) This event attracts tourists.
(c) Last summer I watched the World Cup on television.
(d) One day I'm going to go to the Nice carnival.
(e) It's going to be fun.

6 lire   **Lis cet article.**

L'année dernière, j'ai participé à un projet de conservation. J'ai dû beaucoup travailler mais c'était à la fois divertissant et satisfaisant. Je me suis faite beaucoup de nouveaux amis, donc j'étais très contente.

On a créé un jardin de nature sauvage dans une école primaire. Pendant une journée entière, j'ai réparé des barrières. C'était un peu ennuyeux; je préférais planter des fleurs.

Dans le futur, j'aimerais travailler comme jardinière car on ne fait jamais la même chose. Le problème, c'est qu'on doit travailler dehors même quand il pleut, ce que je n'aime pas!

Chloé

Écrivez la bonne lettre pour compléter chaque phrase.

1 Pour Chloé, le travail bénévole a été une expérience …
 A enrichissante.
 B difficile.
 C horrible.
 D facile.

2 Chloé …
 A n'aime pas rencontrer de nouvelles personnes.
 B déteste rencontrer de nouvelles personnes.
 C aime rencontrer de nouvelles personnes.
 D a peur de rencontrer de nouvelles personnes.

3 Planter des fleurs était …
 A moins intéressant que réparer des barrières.
 B plus difficile que réparer des barrières.
 C plus ennuyeux que réparer des barrières.
 D plus intéressant que réparer des barrières.

4 Elle voudrait être jardinière parce que c'est un travail …
 A facile.
 B varié.
 C stressant.
 D bien payé.

5 Dans le futur, elle ne voudrait pas …
 A faire de jardinage.
 B travailler à l'extérieur quand il fait mauvais.
 C travailler seule.
 D travailler.

> ⭐ Read the answer options carefully, especially for question 3. Translate each of these comparative phrases into English so that you are clear about what they mean – it would be very easy to mix some of them up!

7 écrire   **Look at the task card and do this extended writing task.**

L'environnement et les problèmes sociaux

Un site français cherche ton opinion sur les problèmes environnementaux et sociaux. Écris à ce site Internet.

Tu **dois** faire référence aux points suivants:
• un problème qui te préoccupe
• comment tu as aidé des autres récemment
• pourquoi il faut protéger la planète
• tes projets pour protéger l'environnement dans le futur.

Écris 80–90 mots environ **en français**.

General conversation questions

Module 1

Theme: Identity and culture (who am I?)

1. Quelle est ta personnalité?
2. Qu'est-ce que tu fais avec tes amis?
3. C'est quoi un bon ami, pour toi?
4. Décris ta famille.
5. Tu t'entends bien avec ta famille? Pourquoi?/ Pourquoi pas?
6. Qu'est-ce que tu vas faire ce week-end avec ta famille/tes amis?
7. Qu'est-ce que tu as fait samedi dernier?
8. Qui est ton modèle? Pourquoi?

Module 2

Theme: Identity and culture (daily life; cultural life)

1. Qu'est-ce que tu aimes faire pendant ton temps libre?
2. Qu'est-ce que tu aimes comme sport?
3. Que fais-tu sur ton portable ou ta tablette?
4. Quel est ton avis sur Internet?
5. Qu'est-ce que tu aimes lire?
6. Qu'est-ce que tu aimes comme musique?
7. Qu'est-ce que tu vas regarder à la télé ce soir?
8. Qu'est-ce que tu as fait le week-end dernier avec tes amis?

Module 3

Theme: Identity and culture (daily life; cultural life)

1. Qu'est-ce que tu manges le soir?
2. Qu'est-ce que tu portes normalement le week-end?
3. Quelle est ta routine les jours d'école?
4. Tu préfères acheter tes vêtements en ligne ou dans un magasin?
5. Est-ce que tu fêtes Noël chez toi?
6. Quelle est ta fête préférée? Pourquoi?
7. Comment est-ce que tu vas fêter le Nouvel An cette année?
8. Comment as-tu fêté ton dernier anniversaire?

Module 4

Theme: Local area, holiday and travel (town, region and country; travel and tourist transactions)

1. Où habites-tu?
2. Qu'est-ce qu'on peut faire dans ta ville/ ton village?
3. Ta région est comment?
4. Le climat est comment?
5. Qu'est-ce que tu as fait récemment dans ta région?
6. Qu'est-ce que tu vas faire ce week-end, s'il fait beau? Et s'il fait mauvais?
7. Quels sont les points positifs et les points négatifs de ta ville/ton village?
8. Où aimerais-tu habiter dans le futur?

Module 5

Theme: Local area, holiday and travel
(holidays; travel and tourist transactions)

1   Où vas-tu en vacances, d'habitude?
    C'est comment?

2   Où loges-tu?

3   Quel est ton moyen de transport préféré?
    Pourquoi?

4   Que fais-tu quand tu es en vacances?

5   Parle-moi de la dernière fois où tu as mangé
    au restaurant.

6   Qu'est-ce que tu as fait pendant tes vacances
    l'année dernière?

7   Parle-moi d'un problème que tu as eu pendant
    des vacances.

8   Qu'est-ce que tu vas faire pendant les vacances
    l'année prochaine?

Module 6

Theme: School
(what school is like; school activities)

1   Quelles matières aimes-tu et quelles matières
    n'aimes-tu pas?

2   Comment est ton collège?

3   Parle-moi de ta journée scolaire.

4   Parle-moi du règlement de ton collège.

5   Qu'est-ce que tu penses de l'uniforme scolaire?

6   Es-tu membre d'un club au collège?

7   Parle-moi d'une sortie scolaire récente.

8   Qu'est-ce que tu vas faire après tes examens
    de GCSE?

Module 7

Theme: Future aspirations, study and work
(work; ambitions; using languages beyond
the classroom)

1   Tu voudrais travailler dans quel secteur?

2   À part le travail, qu'est-ce que tu voudrais faire
    plus tard dans la vie?

3   Est-ce que tu voudrais te marier un jour?

4   Voudrais-tu prendre une année sabbatique?
    Pourquoi/Pourquoi pas?

5   Est-ce que tu vas aller à l'université? Pourquoi/
    Pourquoi pas?

6   Qu'est-ce que tu fais pour aider à la maison?

7   Que fais-tu pour gagner de l'argent?

8   As-tu fait un stage?

Module 8

Theme: International and global dimension
(bringing the world together; environmental
issues)

1   Quel est le plus grand problème pour la
    planète, à ton avis? Pourquoi?

2   Qu'est-ce qu'on peut faire pour protéger
    l'environnement?

3   Qu'est-ce que tu vas faire à l'avenir pour
    protéger l'environnement?

4   Tu achètes des produits issus du commerce
    équitable?

5   Que fais-tu pour aider les autres?

6   Qu'est-ce que tu aimerais faire comme
    bénévolat dans le futur? Pourquoi?

7   Tu es déjà allé(e) à un festival de musique ou à
    un concert?

8   Quels sont les avantages des grands
    événements?

1 lire   Read the descriptions and match each one to the correct picture.

 **a**
 **b**
 **c**
 **d**

1 L'anniversaire de Wendie Margotte est le 27 décembre. Elle habite avec ses parents et son frère. Wendie porte des lunettes et elle a les cheveux blonds et bouclés. Elle est sportive mais au collège, elle n'a pas beaucoup d'amis car elle est assez agaçante. Dans le futur, elle va voyager.

2 Hugo Renard a deux frères et une sœur. Ils habitent avec leur mère car leur père est décédé. Hugo est né le 21 juin. Il est travailleur mais il est parfois têtu et il se dispute souvent avec ses professeurs. Il est petit et il a les cheveux bruns et les yeux bleus. Plus tard, il va habiter à Paris.

3 Amel Achour a l'air timide mais elle est très intelligente. Son anniversaire est le 4 mars. Elle est enfant unique et elle habite avec son père et sa belle-mère, mais elle ne s'entend pas bien avec son père. Elle est grande et elle a les cheveux noirs et les yeux marron. Dans le futur, elle va être professeur de maths.

4 Nicolas Charpentier, qui est né le 20 avril, est patient et a un grand sens de l'humour. Il va aller à l'université plus tard. Il est de taille moyenne et il a les cheveux courts et roux. Nicolas n'a pas de frère mais il a une sœur qui s'appelle Marianne. Leurs parents sont en Afrique. Pour le moment, ils habitent avec leur tante. Nicolas n'est pas content car sa tante est sévère.

2 lire   Copy and complete the profile for each person from exercise 1 in French.

3 écrire   Complete the profile from exercise 2 for yourself.

4 écrire   Use these profiles to write a description for each person, similar to those in exercise 1.

Nom:		Prénom:
Anniversaire:		
Famille:		
Description physique:		
Personnalité:		
Problème:		
Projet d'avenir:		

1

Nom: Roussel	Prénom: Yanis
Anniversaire: le 12 février	
Famille: mère, beau-père, 1 sœur, 1 frère	
Description physique: cheveux noirs, grand, mince	
Personnalité: bête, arrogant	
Problème: ne s'entend pas avec son beau-père	
Projet d'avenir: être footballeur professionnel	

2

Nom: Sanchez	Prénom: Ambre
Anniversaire: le 5 mai	
Famille: mère, père, 2 frères	
Description physique: cheveux bruns/longs, petite, lunettes	
Personnalité: forte, indépendante	
Problème: se dispute avec ses parents	
Projet d'avenir: habiter au Canada	

1 *lire* **Read the article and match each paragraph to one of the titles below.**

a Ed cares about his fans

c Ed leaves everything behind to try his luck in London

b His career takes off

d Ed writes and composes his own material

Ed Sheeran casse la baraque!

Le chanteur le plus écouté en streaming en 2014 a l'avenir devant lui.

1 Toujours habillé comme s'il sortait du lit et loin des stars préfabriquées, Ed compose et écrit lui-même ses chansons. Il emmène ses fans dans son univers folk et hip-hop, romantique et sensible.

2 À onze ans, Ed prend sa guitare et il écrit ses premiers textes. En 2008, il décide de quitter ses parents et d'abandonner ses études pour tenter sa chance à Londres. Il joue dans les bars et il dort sur les canapés de ses copains ou dans la rue. C'est difficile!

3 Ed poste des chansons sur Internet et ensuite, il enregistre deux albums. Avec ses talents de compositeur, il devient le chouchou des stars: Taylor Swift l'invite sur sa tournée et la superstar Pharrell Williams participe à son dernier album!

4 Ed Sheeran reste simple, dans sa vie quotidienne comme dans ses chansons. Il parle à ses 12 millions de followers sur Twitter tous les jours et prend le temps de rencontrer ses fans, les «Sheerios», après chaque concert. Il a tout pour faire une longue carrière!

2 *lire* **Complete these sentences in English.**

1 Ed Sheeran takes his fans into his universe of romantic and sensitive … and …
2 He starts to play guitar at the age of …
3 Ed posts songs on the internet and then …
4 Ed's approach to life is …
5 After each concert he …

3 *lire* **Find the second half of each sentence.**

1 Je fais du roller depuis …
2 J'aime beaucoup ça car c'est …
3 Ma sœur …
4 Elle fait ce sport …
5 Mes parents …
6 On aime beaucoup …

a drôle.
b fait de l'escalade.
c depuis un an.
d quatre ans.
e faire du sport.
f jouent au tennis deux fois par semaine.

4 *écrire* **Write a paragraph about the sports that you and the other members of your family do.**

Say:
• what sport you play and how long you have been playing it
• what your brother or sister does and how long he/she has been doing it
• what your parents do.

1 lire Maxime is coming to stay and his mum sends you a text about what he eats and doesn't eat. Read the text, then copy and complete the grid.

> Maxime mange du jambon et du saucisson. Il ne mange pas de carottes ou de chou-fleur mais de temps en temps, il mange des petits pois. Il ne mange pas de fruits sauf des pommes et des fraises. Il ne peut pas manger de fromage ou de champignons parce qu'il est allergique.

🙂	🙁
e, ...	i, ...

⭐ Remember, words like *sauf* (except) can completely change the meaning of a sentence.

2 écrire Maxime's sister, Marie, is coming, too! Adapt the text from exercise 1, using the details in the box.

Example: Marie mange **du** pain et **de la** … Elle ne mange pas **de** …

> 🙂 bread, ice cream
> 🙁 yoghurt, salad (occasionally eats tomatoes)
> fruit, except peaches and bananas
> allergic to fish and chicken

⭐ After *ne … pas*, remember that *du, de la, des* (etc.) change to **de**.

3 lire Read the text and write down the missing festivals, in French, from the box below.

LES FÊTES EN FRANCE

le jour férié   public holiday

janvier

1er janvier: le jour de l'An (jour férié)
6 janvier: 1 _____. On mange la galette des Rois!

février

2 février: 2 _____. C'est la fête des crêpes!
14 février: 3 _____. Tu es romantique? C'est la fête de l'amour!

mars ou avril

4 _____ (jour férié). On mange des œufs en chocolat! Miam-miam!

mai

5 _____. On offre un cadeau à sa mère.

juillet

14 juillet: 6 _____ (jour férié). Vive la France!

décembre

25 décembre: 7 _____ (jour férié). Joyeux Noël!
31 décembre: 8 _____. On fête la fin de l'année!

> la Chandeleur   la fête nationale   Pâques   la Saint-Sylvestre
> la Saint-Valentin   le jour de Noël   la fête des Mères   la fête des Rois

1 lire **Read the web page. Which of the places in bold would you recommend to each of the six speakers?**

Example: **1** les Alpes

PROVENCE.COM vous invite à visiter la **Provence**

La Provence est une région superbe pour le tourisme: nous avons le meilleur climat, les plus jolis villages, le plus beau paysage et les plus belles plages!

- On peut visiter le vieux port de **Marseille** ou le vignoble de **Bandol**.
- On peut se baigner ou se détendre au bord de la mer sur **la Côte d'Azur**.
- On peut monter dans **les Alpes** pour faire de l'escalade ou des sports d'hiver.
- On peut visiter **les gorges du Verdon** pour admirer le panorama ou pour participer à toutes sortes d'activités: du rafting, du saut à l'élastique ou des randonnées à pied.

le saut à l'élastique bungee jumping

1 I love skiing and rock climbing!

2 I like swimming in the sea.

3 I want to see grapes growing and taste some wine.

4 I'm into extreme sports!

5 I love boats and old towns.

6 I want to do some hiking and take some amazing photos.

You'll need to recommend one of the places twice.

2 lire **Translate the first paragraph of the web page into English (from *La Provence est …* to *les plus belles plages!*).**

3 écrire **Write a description of the town in the picture by taking each sentence opening from the first box, below, and completing it with an ending from the second box.**

Example: Ma ville n'est jamais propre. Il y a toujours …

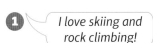
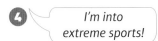

Ma ville n'est jamais …
Il y a toujours …
De plus, il y a trop de …
Il n'y a pas grand-chose …
Il n'y a plus de …
Il n'y a rien pour …

les jeunes!
à faire.
bruit à cause de la boîte de nuit.
cinéma, plus de bowling et plus de centre de loisirs.
des déchets par terre.
propre.

4 écrire **Write a short paragraph about the problems in your town, village or district.**

Example: Dans mon quartier, il y a trop de circulation mais il n'y a pas de …

Include opinions:

C'est assez ennuyeux.   It's quite boring.
C'est complètement nul. It's completely rubbish.
C'est vraiment triste.   It's really sad.

1 lire At the hotel reception. Put the lines of the dialogue into the correct order.

a Avec ma carte bancaire. Le petit-déjeuner est inclus?

b Bonjour, madame. Nous voulons une chambre, s'il vous plaît.

c D'accord. Pour combien de nuits, monsieur?

d Une chambre pour deux personnes avec une salle de bains et un grand lit.

e Pour quatre nuits.

f Pour quatre nuits ... oui, nous avons une chambre. Vous voulez payer comment?

g Parfait. Merci, madame.

i Bonjour, monsieur. Quelle sorte de chambre voulez-vous?

h Oui, le petit-déjeuner est inclus et il est servi entre 7h30 et 9h30 au restaurant.

2 lire Lucas is talking about his holidays. Match the questions and answers.

1 Où vas-tu en vacances?
2 Comment voyages-tu?
3 Quel temps fait-il?
4 Que fais-tu quand tu es en vacances?
5 As-tu eu un problème pendant tes vacances?
6 Qu'est-ce que tu vas faire la prochaine fois?

a La prochaine fois, je vais mettre de la crème solaire.
b D'habitude, quand je suis en vacances, je me lève tard et je vais à la plage tous les jours.
c Un jour, j'ai pris un coup de soleil. J'ai dû aller chez le médecin. Quelle horreur!
d Tous les ans, je vais en vacances en Espagne avec ma famille.
e Il fait toujours très chaud. Le soleil brille. J'adore ce climat.
f On voyage toujours en avion parce que c'est plus rapide.

3 écrire How were your holidays? Answer the questions in exercise 2 for yourself.

1 *lire* Read these texts. Copy and complete the table. Is each person positive (write 'P'), negative (write 'N') or both positive and negative (write 'PN') about each of these aspects of their school?

Ayoub   **Lise**   **Maïssa**   **Dorian**

	les bâtiments	les matières	les professeurs	les règles	la vie extra-scolaire
Ayoub	N	P			

Les salles de classe dans mon école sont vieilles et démodées mais j'adore toutes mes matières, surtout les maths. Mes profs sont sévères mais justes. Par contre, il ne faut pas sortir de l'école sans autorisation, je trouve ça ridicule. Dans mon collège, il y a beaucoup de clubs sportifs et de sorties scolaires, ce qui est super. **Ayoub**

Mon collège est grand et propre. Nous avons une belle piscine et un gymnase bien aménagé mais je trouve mes matières ennuyeuses et les profs nous donnent trop de devoirs. En plus, il est interdit de porter des bijoux, c'est trop strict! Le mois dernier, j'ai fait un échange en Angleterre et je me suis fait plein de nouveaux amis. Ça, c'était chouette! **Lise**

Mon collège me plaît car les salles de classe et les labos sont modernes et propres. J'aime tous les cours sauf l'EPS mais la prof de sport est très marrante. Les profs ne sont jamais impatients. Il faut être à l'heure, ce que je trouve raisonnable. Mais il n'y a pas de clubs ni de sorties scolaires, c'est dommage! **Maïssa**

Mon école primaire était super. À mon collège, il y a des graffitis sur tous les murs. C'est horrible. J'aime toutes mes matières, même si je suis faible en maths. Les professeurs sont gentils et ne donnent pas trop de devoirs. Le règlement est juste. On faisait des sorties scolaires dans mon école primaire mais au collège, il n'y a pas d'activités. C'est décevant. **Dorian**

2 *lire* Read the texts again and answer these questions.

1 Qui a fait une sortie scolaire récemment?
2 Qui n'aime pas le sport?
3 Qui ne peut pas quitter son école sans autorisation?
4 Qui a préféré son école primaire?
5 Qui n'est pas fort(e) en maths?
6 Qui n'a jamais participé à une sortie scolaire?
7 Qui préfère les maths?
8 Qui a trop de devoirs?

3 *écrire* Imagine that you are *Paul Positif*. Write a paragraph about your school, giving your opinion on the categories in the table in exercise 1. Then repeat the activity for *Nina Négative*.

4 *écrire* Write a paragraph giving your own opinion on these aspects of school.

1 lire Read the texts. Copy and complete the form in English for each person.

Maëlle, hôtesse de l'air

Je travaille depuis trois ans comme hôtesse de l'air. C'est un métier parfait pour moi parce que j'adore voyager et parce que j'aime le contact avec les gens. Cependant, c'est assez fatigant car les horaires sont souvent longs. Avant, j'ai travaillé dans un bureau. Ce n'était pas très bien payé et c'était monotone.

Current job:	
Length of time in job:	
Good points about job:	
Bad points:	
Previous job:	
Why he/she didn't like that job:	

Kader, chef de cuisine

Je travaille depuis un an comme chef de cuisine dans un grand hôtel. J'adore mon métier parce que c'est créatif et parce que mes collègues sont très sympa. Le seul problème, c'est que je dois travailler tard le soir! Avant, j'ai travaillé comme serveur dans un restaurant. C'était stressant et mon patron n'était pas très gentil.

> Remember, you use *depuis* + the **present tense** to say how long you <u>have been doing</u> something:
>
> **Je travaille depuis** *cinq ans comme professeur.*
> **I have been working** as a teacher for five years.

2 écrire Write a text <u>in French</u> about either Samuel or Alima, using the details below. Adapt the texts from exercise 1.

	Samuel	**Alima**
Current job:	mechanic	hairdresser
Length of time in job:	2 years	4 years
Good points about job:	loves cars	contact with customers
Bad points:	not very well paid	has to work on Saturdays
Previous job:	electrician	sales assistant
Why he/she didn't like that job:	boss was too strict	tiring and boring

3 lire Read the text about what to wear for a job interview and answer the questions in English.

Les femmes

Si vous portez du blanc et du noir, ajoutez une touche d'originalité avec une chemise de couleur ou des petits bijoux.

Ne mettez pas trop de parfum ou trop de maquillage.

Les hommes

Portez un costume bleu marine ou gris foncé avec une chemise blanche et une cravate qui va bien avec votre costume.

Mettez des chaussettes de la même couleur que votre costume et des chaussures noires.

Par contre, ne portez pas de costume noir (c'est seulement pour les enterrements!).

1 If a woman wears black and white, what should she add for originality? (Name <u>one</u> thing.)

2 What should women not put on too much of? (Name <u>two</u> things.)

3 What item of clothing should a man make sure goes well with his suit?

4 What colour should a man's socks be?

5 What colour of suit should a man <u>not</u> wear?

1 lire Read this text and put the pictures in the correct order.

Rosemarie Tessier est avocate à Lyon.

Il y a un certain temps, Rosemarie a décidé de changer sa manière de consommer. Maintenant, elle ne fait plus ses courses dans les supermarchés. Elle a mis sa voiture au garage et elle utilise un vélo électrique. De plus, elle prend les transports en commun.

Elle achète aussi des produits de saison et des produits locaux qui n'ont pas fait des milliers de kilomètres pour arriver dans son assiette. Dans le futur, elle va consommer de l'électricité verte et elle va manger moins de viande.

2 écrire Translate these sentences into French. Use the text in exercise 1 and the vocabulary on page 170 for help.

1 Raoul is a baker in Épinal.
2 A while ago he decided to change the way in which he consumes.
3 Now he buys clothes that are made in France.
4 What's more, he separates his rubbish.
5 He also uses public transport.
6 In the future, he is going to install solar panels.

3 lire Read this text. Correct the mistake in each English sentence.

Être ville hôte pour les Jeux olympiques: le pour et le contre!

L'organisation de chaque festival ou événement sportif a beaucoup de conséquences pour la ville hôte et pour ses habitants.

D'un côté, pour les Jeux olympiques, il faut construire des stades et des maisons pour les athlètes. Ça crée du travail. En plus, les J.O. attirent des visiteurs. Les hôtels et les restaurants en profitent.

D'un autre côté, les habitants de la ville ne sont pas contents parce que les prix augmentent. En plus, dans certains pays, les ouvriers sont exploités et maltraités. C'est scandaleux!

Il y a du pour et du contre, c'est sûr!

Guillaume Dupont

1 M. Dupont thinks that there are very few consequences when a sporting event comes to town.
2 On the one hand, when a town hosts the Olympics, many people lose their jobs.
3 The Olympics put tourists off coming.
4 On the other hand, the local inhabitants are happy about the change in prices.
5 Workers are always valued and treated appropriately.

le pour the pros
le contre the cons

Grammaire
Nouns and articles

What are articles?

Articles are the little words that come before nouns, e.g. 'the', 'a', 'some'.

When do I use them and why are they important?

In French, nouns are almost always used with an article in front of them. So every time you speak or write, you need to use articles. If you learn a new noun with its article, you will also learn whether it is masculine or feminine.

Things to look out for

Sometimes you need to use an article in French where there is none in English. For example,
– when you are talking about likes/dislikes: *J'aime **les** bananes.* I like bananas.
– when you are talking about what you eat/drink: *Je mange **du** pain.* I eat bread.

How do they work?

● The article used depends on whether the noun is masculine, feminine or plural. Here are the articles:

	masculine nouns	feminine nouns	plural nouns
the	*le*	*la*	*les*
a	*un*	*une*	–
some	*du*	*de la*	*des*

● If a noun begins with a vowel or *h*, *le* and *la* shorten to *l'*, and the word for 'some' is *de l'*.
  L'hôtel est grand. The hotel is big.
  *Je bois **de l'**eau.* I drink some water.

● After *pas*, you use *de*.
  *Je n'ai pas **de** stylo.* I haven't got a pen.

Prêts?

1 Choose the correct article to complete each French sentence.

  1 The book is interesting. *Le / Un / Du livre est intéressant.*
  2 I have the books. *J'ai le / la / les livres.*
  3 It's a mistake. *C'est la / une / des erreur.*
  4 There are some mistakes. *Il y a la / une / des erreurs.*
  5 The mistake is important. *La / L' / Une erreur est importante.*
  6 I love French. *J'adore le / les / un français.*
  7 He hates spiders. *Il déteste le / des / les araignées.*
  8 She is drinking tea. *Elle boit du / les / de l' thé.*
  9 Do you like maths? *Tu aimes le / des / les maths?*
  10 I haven't got a sister. *Je n'ai pas les / une / de sœur.*

Partez!

2 Write these in French. The noun you need is *gâteau* (m) (plural *gâteaux*).

  1 a cake
  2 the cake
  3 the cakes
  4 some cakes
  5 some cake
  6 I love cakes.
  7 I am eating cake.
  8 I haven't got any cake!

Prepositions

What are these and when do I use them?

Prepositions are small words like 'in', 'after' and 'with'. They tell you where things are (e.g. '**on** the table', '**in** Ipswich') or give you some extra information (e.g. '**with** the man', '**after** the film', '**at** nine o'clock').

Why are they important?

Prepositions help you give details and link elements of your sentences together.

Things to look out for

Many prepositions are easy to use. Others, like *à* and prepositions that include *de*, need more care.

How do they work?

● These prepositions just slot into your sentence before a noun:

dans	in	*sur*	on	*contre*	against	*avant*	before
devant	in front of	*sous*	under	*avec*	with	*après*	after
derrière	behind	*vers*	towards	*sans*	without	*pendant*	during
entre	between	*pour*	for	*chez*	at …'s house	*depuis*	since

● The preposition *à* means 'at' or 'to'. With the name of a town, it can also mean 'in'. Be careful when *à* comes before *le* or *les*:

$à + le \rightarrow au$ *Je vais **au** parc.* I go **to the** park.

$à + les \rightarrow aux$ *Je suis **aux** magasins.* I am **at the** shops.

● Some prepositions consist of more than one word:

à côté de	*près de*	*en face de*	*à cause de*	*au lieu de*
next to	near	opposite	because of	instead of

Be careful when these prepositions come before *le* or *les*:

$de + le \rightarrow du$ *Il est **en face du** restaurant.* It's **opposite the** restaurant.

$de + les \rightarrow des$ *C'est **à cause des** enfants.* It's **because of** the children.

À vos marques …

1 Alex has lost his keys. Where has he looked for them? Write the six places in English.

> J'ai cherché mes clefs derrière la télé, sur la table et dans le garage.
> J'ai cherché aussi sous le lit, devant la porte et entre les livres.

Prêts?

2 Complete each sentence with suitable prepositions from the ones listed above.

1 J'habite ▒▒▒▒ un appartement ▒▒▒▒ ma famille.
2 L'hôtel est ▒▒▒▒ cinéma et ▒▒▒▒ McDonald's.
3 ▒▒▒▒ Noël, j'achète des cadeaux ▒▒▒▒ ma famille.
4 ▒▒▒▒ les vacances, je vais ▒▒▒▒ la mer.

5 Ce soir, elle va ▒▒▒▒ sa grand-mère ▒▒▒▒ le collège.
6 Greenpeace est ▒▒▒▒ la nature et ▒▒▒▒ la déforestation.

Partez!

3 Translate these into French.

1 at the cinema
2 next to the cinema
3 at the shops
4 near the shops
5 to the cinema
6 instead of the cinema
7 to the shops
8 because of the shops

What are these?

Regular verbs are verbs that follow the same pattern. In French, there are three types of regular verb: -er verbs (the biggest group), -ir verbs and -re verbs.

When do I use them?

You use the present tense of regular verbs to talk about what <u>usually</u> happens or what is happening <u>now</u>.

Why are they important?

Verbs are crucial: every sentence contains a verb! The -er verbs are the most common kind. When new verbs are invented, they are usually regular -er verbs, e.g. *googler* (to google), *youtuber* (to watch videos on YouTube).

Things to look out for

In French, there is only one present tense. So a verb like *je joue* can mean 'I play' or 'I am playing'. If you make this present tense verb negative – i.e. *je ne joue pas* – it can mean 'I don't play' or 'I am not playing'.

How do they work?

- When you look up a verb, you find the original, unchanged form which is called the **infinitive**. Regular verbs have infinitives that end in **-er**, **-ir** or **-re**. To use the verb in the present tense:
  1 Remove the -er, -ir or -re from the end of the infinitive.
  2 Add the correct ending. The ending agrees with the subject of the verb.

- Here are the subject pronouns:

je	I	shortens to *j'* before a vowel or *h*
tu	you	used for a young person, friend or family member
il	he/it	
elle	she/it	
on	one/you/we	often used in French instead of *nous*
nous	we	
vous	you	used for more than one person or someone you don't know very well
ils	they	used for masculine nouns or a mixed group
elles	they	used for feminine nouns

- Here are the verb endings. The verb ending for *il*, *elle* and *on* is always the same. The ending for *ils* and *elles* is always the same, too.

-er verbs e.g. *parler* (to speak)	**-ir** verbs e.g. *finir* (to finish)	**-re** verbs e.g. *attendre* (to wait for)
je parl**e** tu parl**es** il/elle/on parl**e** nous parl**ons** vous parl**ez** ils/elles parl**ent**	je fin**is** tu fin**is** il/elle/on fin**it** nous fin**issons** vous fin**issez** ils/elles fin**issent**	j'attend**s** tu attend**s** il/elle/on attend (no ending) nous attend**ons** vous attend**ez** ils/elles attend**ent**

- **Reflexive verbs** are verbs that have an extra reflexive pronoun in front of the verb. The verb itself might be regular or irregular, and is conjugated as usual. The reflexive pronoun agrees with the subject of the verb.
  e.g. **se** *disputer* (to argue):

je **me** *dispute*	*nous* **nous** *disputons*
tu **te** *disputes*	*vous* **vous** *disputez*
il/elle/on **se** *dispute*	*ils/elles* **se** *disputent*

  NB *me*, *te* and *se* shorten to *m'*, *t'* and *s'* before a vowel or *h* e.g. *Je* **m'***appelle Yannick.*

À vos marques …

1 Change the ending on each *-er* verb to agree with the pronoun. Translate your answers into English.

Example: il (*parler*) → il parl**e** – he speaks/he is speaking

1 je (*parler*)	**2** tu (*aimer*)	**3** on (*youtuber*)	**4** vous (*visiter*)	**5** il (*adorer*)
6 elles (*habiter*)	**7** nous (*regretter*)	**8** elle (*admirer*)	**9** je (*danser*)	**10** ils (*assassiner*)

Prêts?

2 Complete each sentence with the correct form of the verb in brackets.

1 Elle _____ avec son papa. (*parler*)
2 Je _____ mes devoirs. (*finir*)
3 Nous _____ notre amie. (*attendre*)
4 Nous _____ au foot ce soir. (*jouer*)
5 Ils _____ en France. (*habiter*)

6 _____ -tu le golf? (*aimer*)
7 Elle _____ très vite. (*grandir*)
8 Il _____ son professeur. (*entendre*)
9 Est-ce que vous _____ le président? (*admirer*)
10 Elles _____ la musique pop. (*adorer*)

3 Choose the correct reflexive pronoun. Then match each sentence with its English meaning.

1 Je me / te / se lève.
2 Elle me / te / se repose.
3 On me / te / se lave.
4 Nous nous / vous / s' entendons bien.
5 Elles s' / nous / vous amusent.
6 Tu te / se / vous douches.
7 Il me / te / se couche.
8 Vous se / nous / vous levez à quelle heure?

a We get washed.
b They enjoy themselves.
c She rests.
d He goes to bed.
e You have a shower.
f I get up.
g We get on well.
h What time do you get up?

Partez!

4 Copy and complete the article by changing the verbs in brackets into the correct form.

Quand Annie et ses amies (*quitter*) l'école, elles (*attendre*) le bus pendant un quart d'heure. Le voyage à la maison (*durer*) 50 minutes.

Annie (*se doucher*) et puis elle (*manger*) avec sa famille. Ils (*dîner*) à 20h parce que ses parents (*rentrer*) à 19h.

Après, Annie (*monter*) dans sa chambre où elle (*travailler*) un peu. Ses parents (*se coucher*) vers minuit.

«Je (*se coucher*) tôt», (*expliquer*) Annie, «parce que je (*se réveiller*) à 6h du matin. Mes copains et moi, nous (*se coucher*) tous de bonne heure car les cours (*commencer*) à 8h.»

What are these and when do I use them?

Lots of verbs don't follow the rules that apply to regular verbs: they are therefore called irregular verbs. You use the present tense of these verbs to talk about what is happening now, or to talk about what usually happens.

Why are they important?

The two most frequently used verbs in French – *être* (to be) and *avoir* (to have) – are both irregular. Many irregular verbs are ones you need to use all the time when you are talking or writing, like *aller* (to go) and *faire* (to do/make).

Things to look out for

Even though these verbs are irregular, there are patterns to look out for, e.g. the *nous* form almost always end in *-ons*, the *vous* form in *-ez*. You need to know the key irregular verbs by heart. You can find other irregular verbs in the verb tables on pages 223–224.

How do they work?

- To form irregular verbs in the present tense, you use the part of the verb that agrees with the subject or subject pronoun. The most common irregular verbs are:

être (to be)	**avoir** (to have)	**aller** (to go)	**faire** (to do/make)
je suis (I am)	*j'ai* (I have)	*je vais* (I go)	*je fais* (I do/make)
tu es	*tu as*	*tu vas*	*tu fais*
il/elle/on est	*il/elle/on a*	*il/elle/on va*	*il/elle/on fait*
nous sommes	*nous avons*	*nous allons*	*nous faisons*
vous êtes	*vous avez*	*vous allez*	*vous faites*
ils/elles sont	*ils/elles ont*	*ils/elles vont*	*ils/elles font*

- Examples of other common irregular verbs are:

boire (to drink)	*je bois*	*tu bois*	*il boit*	*nous buvons*	*vous buvez*	*ils boivent*
savoir (to know)	*je sais*	*tu sais*	*il sait*	*nous savons*	*vous savez*	*ils savent*
voir (to see)	*je vois*	*tu vois*	*il voit*	*nous voyons*	*vous voyez*	*ils voient*
lire (to read)	*je lis*	*tu lis*	*il lit*	*nous lisons*	*vous lisez*	*ils lisent*
prendre (to take)	*je prends*	*tu prends*	*il prend*	*nous prenons*	*vous prenez*	*ils prennent*

Depuis

You use *depuis* to say for how long you have been doing something. It is used with the present tense of regular or irregular verbs in French.

*Je **vais** aux scouts **depuis** six mois.* I **have been going** to Scouts **for** six months.

À vos marques ...

1 Choose the suitable ending for each sentence, then translate the sentences into English.

   1 J'ai un frère / intelligent.
   2 Je suis certain / une voiture.
   3 Je fais un gâteau / à Paris.
   4 Je vais stupide / à Londres.
   5 Tu es les yeux bleus / cool.
   6 On va au parc / mes parents.
   7 Êtes-vous les maths / américain?
   8 Elle a les yeux verts / petite.
   9 Nous sommes surpris / du karaté.
   10 Il font au parc / leurs devoirs.

Prêts?

2 Translate each set of verbs into French.

avoir	*être*	*aller*	*faire*
1 we have	**1** he is	**1** she goes	**1** she makes
2 they have	**2** you are (*formal*)	**2** they are going	**2** he does
3 I have	**3** my brothers are	**3** I am going	**3** we do
4 my family has	**4** we are	**4** you go (*formal*)	**4** you are making (*friend*)
5 you have (*friend*)	**5** I am	**5** we are going	**5** I am making

Partez!

3 Choose the correct form of the verb to complete each sentence. Then translate the sentences into English.

   1 Vous avez / a / ont une nouvelle voiture.
   2 Nous sait / savont / savons pourquoi!
   3 Maman lire / lis / lit le journal.
   4 Les garçons prend / prenons / prennent le bus.
   5 Vous boire / boit / buvez de l'alcool?
   6 On voit / voie / vois la différence entre les deux équipes.
   7 Tu savoir / sait / sais comment faire un gâteau.
   8 Elles voit / voient / voyez le problème.
   9 Le bus est / es / être à 16h.
   10 Mes parents lire / lisent / lisez mes e-mails.

4 Translate these sentences into English.

   1 Je vais au club de danse depuis huit mois.
   2 Je fais du karaté depuis trois ans.
   3 Je suis divorcé depuis six semaines.
   4 J'ai un chien depuis deux mois.
   5 Je lis *Le Monde* depuis cinq ans.
   6 Je bois du vin depuis l'âge de 18 ans.

> Remember that although these sentences use the present tense in French, you will have to translate them with 'have been', 'have been doing', etc.

Why is this important?

To make friends and get along with people, you need to be able to ask them about themselves – and understand questions they ask you! You also need to ask questions in formal situations, like at the tourist office or in a shop.

Things to look out for

- Some questions contain a question word like 'why' or 'how'. Other questions have no question word: 'Do you live in Britain?' 'Is there a shop near here?'

- There are three different ways of asking questions in French. Some ways are easier than others: you should use the ones you feel comfortable with, but be able to recognise them all.

How do they work?

Questions <u>without</u> question words

- To form such a question, you can:

  1 Make a statement but raise the tone of your voice at the end/add a question mark:
  Tu vas souvent au cinéma? ⤴

  2 Put *est-ce que* at the start of a sentence: *Est-ce que tu vas souvent au cinéma?*

  3 Invert the subject and verb: *Vas-tu souvent au cinéma?*

Questions <u>with</u> question words

- To form such a question, you can:

  1 Put the question word at the end and raise the tone of your voice/add a question mark:
  Tu habites où? ⤴

  2 Put the question word at the start and add *est-ce que*: *Où est-ce que tu habites?*

  3 Invert the subject and verb after the question word: *Où habites-tu?*

- The key question words are:

  comment? how?   *où?* where?   *qui?* who?   *combien (de)?* how many/how much?
  pourquoi? why?   *que?* what?   *quand?* when?   à *quelle heure?* at what time?

- *Quel* means 'what' or 'which', and works like an adjective:

	masculine	feminine
singular	quel	quelle
plural	quels	quelles

Quel hôtel? Which hotel?
Quelles filles? Which girls?

À vos marques ...

1 Copy each question and underline the question word. Then match it with a suitable answer.

1 Où vas-tu?
2 Qui est malade?
3 À quelle heure arrives-tu?
4 Tu vas à Londres quand?
5 C'est combien?
6 Quelle voiture préfères-tu?
7 Comment voyages-tu?

a Mohammed.
b Lundi.
c La Ferrari.
d À 18h30.
e En Afrique.
f En train.
g 180 euros.

Prêts?

2 Complete each question with a question word that makes sense.

1 Le train arrive   ?
2   est absent?
3   habitez-vous?
4 Le pantalon, c'est   ?
5   est-ce que nous voyageons?
6   est-ce que tu es furieux?
7 Le film finit   ?
8   est-ce qu'on se retrouve?
9   fais-tu demain?
10   t'appelles-tu?

3 Complete each sentence with the correct form of *quel*.

1   est la date?
2 Tu préfères   garçons?
3   matières aimes-tu?
4   est ton livre préféré?
5   professeur as-tu?
6   est la capitale du Portugal?

Partez!

4 Use each prompt to write a question in French.

Ask a friend if he/she:
1 likes fast food
2 is going to the beach
3 lives in a big house
4 has a brother

Ask:
5 where the cinema is
6 when the film finishes
7 how much it costs
8 which bus goes to the cinema

What are these and when do I use them?

The key negative used in French is *ne … pas*. It is used when you want to say what <u>isn't</u> the case or <u>didn't</u> happen. Other negative expressions are used to say things like 'nothing', 'never' and 'no longer'.

Why are they important?

You need to be able to say that you <u>don't</u> like something or that you <u>didn't</u> do something. You also need to spot negatives when you are reading or listening to French: you don't want to confuse 'I love you' with 'I don't love you any more', for example!

Things to look out for

In English, negative sentences include words like 'don't', 'haven't' or 'didn't'. But these sorts of word don't exist in French. Instead, you need to spot that these are examples of negative verbs, and use *ne … pas* to translate what you want to say into French.

How does *ne … pas* work?

- Put *ne … pas* around the verb to make it negative.
  *Elle **ne** travaille **pas** le samedi.* She doesn't work on Saturdays.
  Note that *ne* shortens to *n'* before a vowel or *h*.
  *Nous **n'**allons pas à Paris.* We are not going to Paris.

- After *pas*, the article used is *de* instead of *un* or *une*. *le/la/les* do not change.
  *Je n'ai pas **de** vélo.* I don't have a bicycle. *Je n'aime pas **le** rap.* I don't like rap music.

- In the perfect tense, *ne … pas* forms a sandwich around the auxiliary verb.
  *Je **ne** suis **pas** allée à Édimbourg.* I didn't go to Edinburgh.

- These negative expressions work in the same way as *ne … pas*:
  ne … jamais (never)   *ne … rien* (nothing)   *ne … plus* (no longer)
  *Je **ne** fume **plus**.* I no longer smoke./I don't smoke any more.
  *Il **n'a jamais** visité Londres.* He has never visited London.

À vos marques …

1 Translate these sentences into English.

1 Je n'aime pas les maths.
2 Je ne fais pas de karaté.
3 Je ne bois pas d'alcool.
4 Je n'ai pas d'enfants.

5 Je n'habite plus en France.
6 Je ne mange rien à midi.
7 Je n'ai plus d'argent!
8 Je ne vais jamais au théâtre.

Prêts?

2 Put the words in each sentence in the right order. Then translate each sentence into English.

1 au je ne pas joue rugby
2 elle va ne Bordeaux pas à
3 chien nous n' pas avons de
4 ne famille la regarde ma pas télé

5 ne elles sont contentes jamais
6 ne rien vois je
7 plus fume elle ne
8 je ce ne rien fais soir

Partez!

3 Translate these sentences into French.

1 I don't play tennis.
2 I don't have a book.
3 I am not working.

4 I don't play football any more.
5 I am not eating anything.
6 I never eat bananas.

The near future tense

What is this and when do I use it?

You use the near future tense to talk about what <u>is going to</u> happen in the future.

Why is it important?

You need to be able to understand when people talk about their future plans. You also need to be able to say what you are going to do in the future.

Things to look out for

There are two French future tenses: the 'near future' is the easier one. It uses the verb *aller*, which makes it easy to translate because we use the verb 'to go' in the same way in English.

*Je **vais** faire un gâteau.* I **am going to** make a cake.

How does it work?

● You use the correct part of *aller* + an infinitive.

● Here is a reminder of the verb *aller*:

je vais	*nous allons*
tu vas	*vous allez*
il/elle/on va	*ils/elles vont*

*Nous **allons** téléphoner.* We **are going to** phone.

À vos marques ...

1 Put the words in each sentence in the right order. Then translate each sentence into English.

1 je Paris visiter vais

2 lundi elle arriver va

3 va un Maxime magazine lire

4 allons nous tennis au jouer

5 tu écrire vas e-mail un

6 finir ils leurs vont devoirs

7 un mes regarder vont film parents

8 on maison une va acheter

Prêts?

2 Fill in the gaps with the correct part of *aller*.

Demain, il **1** _____ faire beau. Anna **2** _____ faire du vélo avec Marc. Ils **3** _____ manger une glace. «Je **4** _____ choisir une glace à la vanille et nous **5** _____ manger nos glaces sur la plage», dit Anna. Ils **6** _____ rentrer à 16h car le soir, Marc **7** _____ sortir en boîte et Anna **8** _____ aller chez une copine.

Partez!

3 Copy and complete each sentence with the correct part of *aller* and the French infinitive.

Example: Aurélie et Matthieu _____ _____ au restaurant. (*to eat*)

　　　　 Aurélie et Matthieu <u>vont</u> <u>manger</u> au restaurant.

1 Elle _____ _____ la télé. (*to watch*)

2 Mes copains _____ _____ une pizza. (*to make*)

3 Ma famille _____ _____ un film. (*to see*)

4 Nous _____ _____ nos devoirs. (*to finish*)

5 Je _____ _____ à la piscine. (*to go*)

6 Vous _____ _____ furieux! (*to be*)

7 On _____ _____ une belle surprise! (*to have*)

8 Tu _____ _____ à la cantine. (*to eat*)

The perfect tense with *avoir*

What is this and when do I use it?

The perfect tense is used to talk about an event or action that happened in the past. 'In the past' doesn't just mean in the 19th century or 30 years ago: it means yesterday, earlier on today or a minute ago!

Why is it important?

Talking about what has already happened is something we do all the time in everyday speech. Being able to use different tenses is vital, and the perfect tense is the key past tense you need to know.

Things to look out for

● The perfect tense of French verbs has two parts: the auxiliary verb + the past participle. What is one verb in English (e.g. 'we <u>walked</u>') has two parts in French (*nous **avons marché***). Make sure you never miss out the auxiliary verb!

● The perfect tense has two meanings in English: *il **a joué** pour Arsenal* can mean 'he <u>played</u>' for Arsenal' or 'he <u>has played</u>' for Arsenal'.

How does it work?

● To form the perfect tense of most verbs, you need to take <u>two</u> steps.

Step 1: Use the correct **part of *avoir*** (the auxiliary verb). Here is a reminder of the verb *avoir*:

j'ai	*nous avons*
tu as	*vous avez*
il/elle/on a	*ils/elles ont*

Step 2: Add the **past participle**.
To form the past participle of a regular verb:

-er verbs e.g. *changer* (to change)	remove -er and add **é**	chang**é**
-ir verbs e.g. *finir* (to finish)	remove -ir and add **i**	fin**i**
-re verbs e.g. *entendre* (to hear)	remove -re and add **u**	entend**u**

● Irregular verbs have irregular past participles. Here are some common examples:

infinitive	past participle	infinitive	past participle
boire (to drink)	**bu**	*dire* (to say)	**dit**
voir (to see)	**vu**	*mettre* (to put)	**mis**
lire (to read)	**lu**	*prendre* (to take)	**pris**
croire (to believe)	**cru**	*être* (to be)	**été**
avoir (to have)	**eu**	*faire* (to do)	**fait**

Examples

● To translate 'she visited' ...
Step 1: use the correct part of *avoir* → elle **a**
Step 2: add the past participle of *visiter* → **visité**
} So 'she visited' is **elle a visité**.

● To translate 'we saw' ...
Step 1: use the correct part of *avoir* → nous **avons**
Step 2: add the past participle of *voir* → **vu**
} So 'we saw' is **nous avons vu**.

● To translate 'I took' ...
Step 1: use the correct part of *avoir* → j'**ai**
Step 2: add the past participle of *prendre* → **pris**
} So 'I took' is **j'ai pris**.

1 Pick out the <u>eight</u> perfect tense verbs from the verbs below. Then translate them into English.

elle a mangé	j'aime	ils ont répondu	nous avons détesté
je préfère	j'ai aimé	il va travailler	on finit
ils répondent	tu vas admirer	tu as admiré	il a travaillé
on a fini	elle mange	j'ai préféré	nous détestons

2 Translate these irregular perfect tense verbs into English.

1 j'ai fait
2 on a vu
3 vous avez bu
4 elles ont eu
5 nous avons lu

6 tu as mis
7 mes parents ont dit
8 Pippa a pris
9 Bill et Ben ont été
10 j'ai cru

3 Use two steps to put the infinitives of these regular verbs into the perfect tense, using the pronoun given.

Example: je (*manger*) → j'ai mangé

1 je (*parler*)
2 vous (*grandir*)
3 ils (*googler*)
4 il (*entendre*)
5 tu (*attendre*)

6 nous (*oublier*)
7 mes parents (*apprécier*)
8 on (*écouter*)
9 je (*saisir*)
10 ma copine (*copier*)

4 Maria has translated some sentences into French but has made a verb error in each one. Rewrite each sentence, correcting the verb error. Explain in English what her mistake is.

Example: I saw the programme. *Je vu l'émission.*
        J'ai vu l'émission. – She missed out the part of *avoir*.

1 I watched TV. *Je regardé la télé.*
2 She visited Paris. *Elle a visite Paris.*
3 We played football. *Nous avons jouer au foot.*
4 I finished my work. *Je finis mon travail.*
5 We liked the show. *Nous avons aime le spectacle.*
6 I drank a cola. *J'ai boire un coca.*
7 We saw a film. *Nous vu un film.*
8 They believed the story. *Ils avons cru l'histoire.*
9 You made a cake. *Tu fais un gâteau.*
10 She read a book. *Elle a lit un livre.*

5 Translate these sentences into French.

1 I ate a pizza.
2 We have finished!
3 My parents waited three hours.
4 He saw my friends in town.
5 I took the bus at five o'clock.

6 She played football yesterday.
7 You (*friend*) took my car.
8 He has seen the film.
9 Manon and Emma visited London.
10 You (*plural*) made a mistake!

The perfect tense with *être*

What is this and when do I use it?
When you are talking about events in the past, you need to use the perfect tense. But some verbs don't use *avoir* as the auxiliary verb: instead, they use the verb *être*.

Why is it important?
The auxiliary verb *être* is used with some vital verbs; you need to use the perfect tense with *être* to say things like 'I went', 'we stayed' or 'he has died'. The verb *aller* (to go) is probably the most important verb that uses *être*.

Things to look out for
- All reflexive verbs use *être* as the auxiliary verb in the perfect tense.
- There are only a further 13 verbs that form their perfect tense with *être*. If you learn these, then you know that all other verbs go with *avoir*. You might find that a mnemonic like MRS VAN DER TRAMP helps you remember these 13 verbs plus reflexives.
- Compounds of these verbs also take *être*, so look out for one of these 13 verbs with an added prefix. For example, *venir* (to come) has *être* as its auxiliary verb, and so do **re**venir (to come back) and **de**venir (to become). Also look out for *entrer* (to come in) and **r**entrer (to go home).
- For *être* verbs in the perfect tense, the past participle agrees with the subject of the verb. Watch out for this if you are a girl writing about yourself:
  'I went' is *je suis allé* if you are a boy, but *je suis allée* if you are a girl.

How does it work?
- To form the perfect tense of one of these 13 verbs, you need to take <u>three</u> steps.

  Step 1: Use the correct **part of *être*** (the auxiliary verb). Here is a reminder of the verb *être*:

je suis	*nous sommes*
tu es	*vous êtes*
il/elle/on est	*ils/elles sont*

  Step 2: Add the **past participle**. Here are the 13 verbs that have the auxiliary *être* with their past participles:

verb	past participle	verb	past participle
aller (to go)	*allé*	*entrer* (to enter/come in)	*entré*
venir (to come)	*venu*	*sortir* (to go out)	*sorti*
arriver (to arrive)	*arrivé*	*naître* (to be born)	*né*
partir (to leave)	*parti*	*mourir* (to die)	*mort*
monter (to go up, get in)	*monté*	*rester* (to stay)	*resté*
descendre (to go down, get out)	*descendu*	*tomber* (to fall)	*tombé*
		retourner (to go back/return)	*retourné*

  Step 3: Add an ending to the past participle if the subject of the verb is feminine or plural:

masculine	feminine: add *-e*	masc plural: add *-s*	fem plural: add *-es*
il est parti (he left)	*elle est partie* (she left)	*ils sont partis* (they left)	*elles sont parties* (they left)

- For reflexive verbs in the perfect tense, put the auxiliary verb *être* after the reflexive pronoun:
  *Je **me suis** couché(e).* I went to bed.
- With negatives, *ne … pas* goes around the auxiliary verb (in this case, *être*):
  *Je **ne** suis **pas** resté(e).* I <u>didn't</u> stay.

À vos marques ...

1 Translate these verbs into English.

  1 je suis arrivé
  2 je suis resté
  3 je suis retourné
  4 je suis parti
  5 je suis né
  6 nous sommes allés
  7 elle est morte
  8 ils sont montés
  9 tu es tombé
10 il est venu

Prêts?

2 Translate these into French. Remember to add -*e* to the past participle if you are a girl.

  1 I went
  2 I arrived
  3 I have fallen
  4 I went up
  5 I came
  6 I stayed
  7 I have left
  8 I returned
  9 I went out
10 I came down

Partez!

3 Put the verb in brackets in the perfect tense. Then translate each sentence into English.

  1 Je (*rester*) à la maison.
  2 Vous (*arriver*) en retard.
  3 Prince George (*naître*) à Londres.
  4 Nous (*retourner*) au musée.
  5 Les filles (*aller*) au cinéma.
  6 Il (*venir*) à la plage avec nous.
  7 Elle (*partir*) après moi.
  8 On (*se disputer*) à cause de toi.
  9 Tu (*se coucher*) à quelle heure?
10 Nous (*s'amuser*) hier!

4 Write out the story, changing the English verbs into French.

Hier soir, _____ (*I went out*). _____ (*I left*) à 19h30 et _____ (*I arrived*) en ville à 20h. J'ai retrouvé mon cousin à l'arrêt de bus et _____ (*we entered*) dans un café pour boire un coca. Puis _____ (*we went*) au cinéma. Après, _____ (*we returned*) au café. Mon cousin _____ (*enjoyed himself*) et _____ (*I enjoyed myself*) moi aussi.

Modal verbs, *il faut* and other verbs with the infinitive

What are modal verbs?

The three key modal verbs are **pouvoir** (to be able to), **devoir** (to have to) and **vouloir** (to want to). They are often used with another verb after them.

Why are they important?

Modal verbs are extremely useful and come up in conversation all the time. Modals are often used when asking questions or making polite requests.

Tu veux venir au cinéma? Do you want to come to the cinema?

Pouvez-vous répéter, s'il vous plaît? Can you repeat that, please?

Things to look out for

The English translation of the infinitive *pouvoir* is 'to be able to'. But *je peux* can be translated as 'I can'. Similarly, *devoir* means 'to have to', but you can translate *je dois* as 'I must'.

What is *il faut*?

The expression *il faut* means 'it is necessary to' or 'you have to'.

How do modal verbs and *il faut* work?

- Modal verbs and *il faut* are almost always followed by the infinitive.
  *Je dois **travailler**.* I must work.

- Here is the present tense of these three modal verbs and *il faut*:

pouvoir (to be able to)	*devoir* (to have to)	*vouloir* (to want to)	*il faut* (it is necessary to)
je peux (I can) *tu peux* *il/elle/on peut* *nous pouvons* *vous pouvez* *ils/elles peuvent*	*je dois* (I must) *tu dois* *il/elle/on doit* *nous devons* *vous devez* *ils/elles doivent*	*je veux* *tu veux* *il/elle/on veut* *nous voulons* *vous voulez* *ils/elles veulent*	*il faut*

- To make a modal verb negative, put *ne … pas* around the modal.
  *Je **ne** veux **pas** aller à Paris.* I don't want to go to Paris.

Other verbs with the infinitive

Opinion verbs

Opinion verbs like *aimer* (to like), *adorer* (to love), *préférer* (to prefer), *détester* (to hate) and *espérer* (to hope) are also followed by the infinitive.

On adore danser. We love dancing.

Je voudrais and j'aimerais

Je voudrais and *j'aimerais* are examples of the conditional and they both mean 'I would like'. When you use them with another verb, the other verb is in the infinitive.

*Je **voudrais être** agent de police.* I **would like to be** a police officer.

*J'**aimerais danser**.* I **would like to dance**.

Verbs followed by à + the infinitive

Some verbs are followed by *à* + the infinitive. These include:

commencer à	*aider à*	*réussir à*	*apprendre à*
to begin to	to help to	to succeed in	to learn to

*Il commence **à** pleuvoir.* It's starting to rain.

Verbs followed by de + the infinitive

Some verbs are followed by *de* + the infinitive. These include:

décider de	essayer de	choisir de	oublier de
to decide to	to try to	to choose to	to forget to

*On a décidé **de** faire un pique-nique.* We decided to have a picnic.

À vos marques …

1 Choose the correct verb from the box to complete the translation of each sentence in brackets.

> voulons   dois   devez   veux   peux   doit   peuvent   voulez

1 Je ___ attendre ici.   (*I must wait here.*)
2 Je ___ aller en ville.   (*I want to go to town.*)
3 Je ___ sortir ce soir.   (*I can go out tonight.*)
4 Il ___ être fatigué.   (*He must be tired.*)

5 Nous ___ chanter.   (*We want to sing.*)
6 ___-vous danser?   (*Do you want to dance?*)
7 Vous ___ l'accepter.   (*You must accept it.*)
8 Ils ___ venir aussi.   (*They can come too.*)

Prêts?

2 Rearrange the words to make correct sentences. Then translate each sentence into English.

1 elle ce peut soir sortir
2 nous aider nos devons parents
3 aller tu veux au avec cinéma ? moi
4 visiter peut des on historiques monuments

5 il l'uniforme porter faut
6 la voir pouvez Eiffel tour vous
7 dois je devoirs mes faire
8 classe boire il ne pas faut en

3 Maria has written some sentences in French but has made a mistake in each one. Rewrite each sentence, correcting her mistake. Explain in English what her mistake is.

Example: *Il faut reste à la maison.*
　　　　*Il faut **rester** à la maison.* – She didn't use the infinitive.

1 Il faut arrive à 8h.
2 Je peut venir au concert avec toi.
3 On doit ne fumer pas au collège.
4 Tu veux parle sur Skype ce soir?

5 Nous pouvez aider le prof.
6 Les enfants doit apprendre le latin.
7 Il faut ne arriver pas en retard.
8 Antoine et Annie peuvent travaillent ce samedi.

Partez!

4 Translate these sentences into French.

Example: They don't want to take the bus. → Ils ne veulent pas prendre le bus.

1 I can take the bus.
2 We must take the bus.
3 She wants to take the bus.
4 My friends want to take the bus.

5 Alex can take the bus.
6 I don't want to take the bus.
7 We can't take the bus.
8 I would like to take the bus.

5 Translate this story into English.

Hier, ma famille a décidé de faire un pique-nique au bord de la mer. J'adore aller à la mer. J'ai essayé de contacter mon cousin mais il n'a pas répondu au téléphone. J'ai aidé mon père à préparer les sandwichs mais à 11h, il a commencé à pleuvoir. On a choisi de rester à la maison. Je préfère rester à l'intérieur quand il pleut mais j'aimerais aller à la mer aujourd'hui.

Adjectives

What are they and why are they important?
Adjectives are describing words like 'green' or 'interesting'. Use them to give descriptions and opinions.

Things to look out for
● In English, adjectives don't change: 'green' is always just 'green'. In French, most adjectives change their spelling depending on the noun they are describing. So if you are saying something is 'green' in French, you might need to use *vert*, *verte*, *verts* or *vertes*. This is called 'adjectival agreement'.
● But most French adjectives come <u>after</u> the noun (e.g. *le ballon* **rouge**).

How do they work?
● To make an adjective agree with a noun, change the ending of the adjective according to the gender of the noun, and whether the noun is singular or plural.

masculine	feminine	masc plural	fem plural
un vase noir	*une table noir**e***	*des vases noir**s***	*des tables noir**es***

● Many adjectives are irregular and follow a different pattern. Here are some examples:

ends in …	masc	fem	ends in …	masc	fem
-eux	*heureux*	*heur**euse***	**-os**	*gros*	*gr**osse***
-eur	*travailleur*	*travaill**euse***	**-on**	*bon*	*b**onne***
-anc	*blanc*	*bl**anche***	**-il**	*gentil*	*gent**ille***
-f	*actif*	*acti**ve***	**-ien**	*italien*	*ital**ienne***

● Some adjectives never change, e.g. *sympa, cool, super, marron*.
● Most adjectives come <u>after</u> the noun. However, these common adjectives come <u>before</u> the noun:
   grand (big)   *petit* (small)   *nouveau* (new)   *vieux* (old)   *beau* (beautiful)
   joli (pretty)   *jeune* (young)   *bon* (good)   *mauvais* (bad)   *haut* (high)
   e.g. *un* **bon** *étudiant*.

À vos marques …

1 Choose the correct form of the adjective to complete each sentence.

1 Mon frère est grand / grande.
2 Ma sœur est joli / jolie.
3 Mes frères sont absent / absents.
4 Mes sœurs sont amusants / amusantes.
5 Nous sommes contente / contents.
6 J'ai les cheveux blond / blonds.

Prêts?

2 Copy out the text, changing the adjectives in the description so that they agree.

Ma prof (*préféré*) s'appelle Madame Black. Elle est (*amusant*) mais parfois (*sévère*): quand les élèves sont (*méchant*), elle devient (*furieux*). Mais en général, elle est (*compréhensif*) et (*aimable*). Ma copine Anna n'est pas très (*travailleur*) et de temps en temps, elle est (*agaçant*) mais elle est (*gentil*).

Partez!

3 Translate each sentence into French. Make sure the adjectives are in the right place and agree.

1 I live in a small house. (*maison, f*)
2 I have a green car. (*voiture, f*)
3 I have a big black cat. (*chat, m*)
4 I don't like old, boring films. (*films, mpl*)

The comparative and superlative of adjectives L'indispensable!

What are these and when are they used?
The comparative form of adjectives is used to compare things, e.g. 'x is <u>smaller than</u> y'. The superlative is used to say something is 'the small<u>est</u>', '<u>most</u> popular', '<u>best</u>', etc.

Why are they important?
Comparatives and superlatives make descriptions more detailed and interesting.

Things to look out for
When you are using the comparative or superlative forms of adjectives, you need to make the adjective agree with the noun as usual.

How do comparatives work?
- Use *plus … que* (more … than) around the adjective.
  L'anglais est **plus utile que** *les maths.* English is <u>more useful than</u> maths.
  La France est **plus grande que** *l'Italie.* France is <u>bigger than</u> Italy.
- Just like in English ('good' → 'better'), *bon* is irregular: the comparative of *bon* (good) is *meilleur* (better).
- *Moins … que* means less … than.
  Il est **moins fort que** *moi.* He is <u>less strong than</u> me/<u>not as strong as</u> me.
- *Aussi … que* means just as … as.
  Elle est **aussi grande que** *moi.* She is <u>just as tall as</u> me.

How do superlatives work?
- Use *le/la/les plus* (the most …) + the adjective.
  la ville **la plus importante** the <u>most important</u> town   *le garçon* **le plus bête** the <u>silliest</u> boy
- *Le/la/les* agrees with the noun.
  les animaux **les plus rapides** the <u>fastest</u> animals
- If an adjective normally comes <u>before</u> the noun, the superlative also comes first.
  le plus grand *problème* the <u>biggest</u> problem
- To say 'the best', use *le/la/les meilleur(e)(s)*
  C'est **la meilleure** *chanson.* It's the <u>best</u> song.

À vos marques …

1 Translate these sentences into English, and note if they are true or false.

1 La France est plus grande que l'Irlande.
2 Les serpents sont plus dangereux que les chats.
3 Prince William est plus riche que moi.
4 Les carottes sont meilleures que les bonbons.
5 Londres est moins grand que Manchester.
6 Bart Simpson est aussi intelligent que Lisa.

Prêts?

2 Complete each sentence with *plus*, *moins* or *aussi*, according to your own opinion.

1 Le français est _____ intéressant que les maths.
2 Ma maison est _____ grande qu'un palais.
3 Je suis _____ intelligent(e) qu'Einstein.
4 La France est _____ petite que la Russie.
5 Les cours sont _____ ennuyeux que les vacances.
6 Les éléphants sont _____ beaux que les girafes.

Partez!

3 Write <u>six</u> sentences comparing yourself to people in your class. Start each one with *Je suis …* (I am …).

Example: Je suis moins travailleuse que Megan.

Possessive adjectives

What are these, when are they used and why are they important?

Possessive adjectives are words like 'my', 'your' and 'his'. They are used to say who things belong to.

Things to look out for

● In English, there is only one word for 'my': '<u>my</u> brother', '<u>my</u> sister', '<u>my</u> parents'. In French, there are three different words for 'my': **mon** *frère*, **ma** *sœur*, **mes** *parents*. The possessive adjective needs to agree with the noun it comes before.

● Another thing to watch out for is that, in English, we use the words 'his' and 'her'. In French, there is one set of words which can mean <u>either</u> 'his' <u>or</u> 'her'.
Il aime **son** *père.* He loves **his** father.   *Elle aime* **son** *père.* She loves **her** father.

How do they work?

● Here are the possessive adjectives:

	masculine	feminine	plural
my	*mon*	*ma*	*mes*
your (friend)	*ton*	*ta*	*tes*
his/her/one's	*son*	*sa*	*ses*
our	*notre*		*nos*
your (formal)	*votre*		*vos*
their	*leur*		*leurs*

   mon *papa* my dad   **ma** *maman* my mum   **mes** *parents* my parents

● Before a singular noun starting with a vowel or *h*, you always use *mon/ton/son*, even if the noun is feminine:
mon amie my friend   *son école* his school

1 Translate these into English. Sometimes you will need to give two possible translations.

  1 mon sac
  2 sa famille
  3 votre difficulté
  4 tes opinions
  5 mes copains
  6 leur collège
  7 son appartement
  8 nos professeurs

2 Replace the English possessive with the correct French word.

  1 (*my*) maman
  2 (*your*) (*friend*) parents
  3 (*his*) grand-père
  4 (*her*) grand-père

  5 (*our*)-Dame de Paris
  6 (*your*) (*plural*) professeurs
  7 (*their*) problème
  8 (*my*) armoire

Grammaire
The imperfect tense

What is this and when do I use it?
The imperfect tense is used to talk about what happened in the past over a period of time, rather than just one single event. You use it to describe what was happening at a given time or what used to happen.

Why is it important?
The imperfect tense is used in key phrases like 'it was' or 'there were', as well as for describing what the weather was like. You also need to understand people talking about how things used to be when they were younger, for example.

Things to look out for
A verb in the imperfect tense can be translated in different ways. For example, *elle **regardait** la télé* can mean 'she used to watch TV' or 'she was watching TV'.

How does it work?
- Here are the key imperfect verbs you need to know:

avoir	*J'**avais** un chien.* I **used to have** a dog.	*Il y **avait** un problème.* There **was** a problem.
être	*J'**étais** timide.* I **was** shy.	*C'**était** super!* It **was** great!
faire	*Je **faisais** un gâteau.* I **was making** a cake.	*Il **faisait** beau.* The weather **was** lovely.

- The imperfect tense is formed by taking the *nous* form of the present tense verb, removing the *-ons* ending, and adding the correct imperfect ending. For *être*, endings are added to *ét-*.

The imperfect endings are:

*je dans**ais***	*nous dans**ions***
*tu dans**ais***	*vous dans**iez***
*il/elle/on dans**ait***	*ils/elles dans**aient***

Prêts?

1 Choose a suitable ending for each sentence. Then translate each sentence into English.

1 J'avais intelligent / un journal / Paris.
2 J'étais intelligent / une table / Manchester.
3 Je faisais beau / mes devoirs / arriver.
4 Elle avait les yeux bleus / petite / boire.
5 C'était les yeux bleus / monter / super!
6 Il faisait froid / me / pleut.
7 Il y avait poli / les cheveux bruns / un concert.
8 C'était impossible / sortir / vais.

Partez!

2 Translate these sentences into French using the imperfect tense.

1 It was interesting.
2 There was a restaurant.
3 It was hot.
4 I was in the garden.
5 I had two friends.
6 We used to have a cat.
7 He used to be a teacher.
8 My mum was nine years old.

The (simple) future tense

What is this and when do I use it?
This tense is used to talk about what <u>will</u> happen in the future.

Why is it important?
The near future (*aller* + infinitive) is an easier way for you to talk about the future, but you will hear and see this future tense as well.

Things to look out for
In English, we use the word 'will' to indicate the future, e.g. 'I will go to university'. But there is no French word for 'will': instead, you need to recognise a future tense verb from the future stem and a special set of endings.

How does it work?
The future tense is formed with the future stem of the verb + the future tense endings.

future tense stem		future tense endings
-er/-ir verbs	the infinitive	*je travailler**ai*** (I will work)
-re verbs	the infinitive without the final -e	*tu travailler**as*** (you will work) *il/elle/on travailler**a*** (he/she/we will work)
avoir	aur-	*nous travailler**ons*** (we will work)
être	ser-	*vous travailler**ez*** (you will work)
aller	ir-	*ils/elles travailler**ont*** (they will work)
faire	fer-	

Prêts?

1 What will things be like for Sofia in 10 years' time? Translate what she says into English.

  1 J'aurai trois enfants.
  2 Je serai agent de police.
  3 J'habiterai à Londres.
  4 Je ferai beaucoup de sport.
  5 J'irai à la salle de sport régulièrement.
  6 On sera riche.
  7 On aura une grande maison.
  8 Mon compagnon travaillera pour Renault.

Partez!

2 Translate this article about the future into English.

Dans le futur, il y aura beaucoup de robots. Ces robots parleront et penseront comme nous, les humains. Un robot type sera très pratique: il aidera à faire le ménage, préparera nos repas et s'occupera de nos enfants. Le robot fera les devoirs et rangera la chambre des enfants. Mais il ne nous aimera pas!

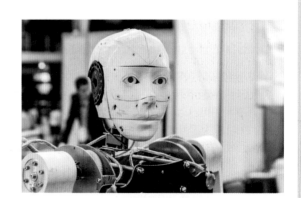

What are object pronouns and when are they used?

A direct object pronoun replaces a noun in a sentence, e.g. 'She loves **him**.' 'I watch **them**.'
Indirect object pronouns do the same job, but mean '**to** him', '**to** them', etc., e.g. 'I gave the book **to** her.'

Things to look out for

Object pronouns are very common, but they are quite tricky in French. In English, they come after the verb, e.g. 'I hate **it**.' In French, they come before the verb, e.g. *Je **le** déteste*. When you are translating, you need to be aware that the words *le/la/les* might need to be translated as pronouns.

How do they work?

- The direct object pronouns are:

  me (me)   *te* (you)   *le* (him/it)   *la* (her/it)   *nous* (us)   *vous* (you)   *les* (them)

- The indirect object pronouns are the same as the direct object pronouns, except for:

  lui (to him/to her/to it) and *leur* (to them).

- Both direct and indirect object pronouns come before the verb.

  *Je **le** vois.* I see **him**.   *Je **leur** ai donné 10€.* I gave 10€ **to them**.

What are *y* and *en* and how do they work?

- *Y* means 'there', e.g. *Il **y** va souvent.* He goes **there** often.

- *En* means 'some', 'of it' or 'of them', e.g. *J'**en** ai mangé hier.* I ate **some** yesterday.

- If a sentence contains more than one of these pronouns, they go in this order:

  me/te/nous/vous   *le/la/les*   *lui/leur*   *y*   *en*
  *Marie **les lui** donne.* Marie gives **them to him/her**.

Prêts?

1 Translate these sentences into English.

  1 Je la déteste.
  2 Je ne l'aime pas.
  3 Je les ai.
  4 Je lui parle en français.
  5 Je leur ai donné le livre.
  6 J'y suis allé hier.
  7 J'en ai bu ce matin.
  8 Je la leur offre.

Partez!

2 Put the words in the correct order to translate each English sentence.

  1 je déteste les (*I hate them.*)
  2 ? aimes tu l' (*Do you like it?*)
  3 le elle regarde (*She watches him.*)
  4 avons nous l' (*We have it.*)
  5 lui je devoirs donne les (*I give the homework to her.*)
  6 je parlé leur ai (*I spoke to them.*)
  7 ai hier j' vu en (*I saw some yesterday.*)
  8 y j' demain vais (*I am going there tomorrow.*)

Relative pronouns

What are these, when are they used and why are they important?
These are words like 'who' and 'which'. They refer back to a noun and help you extend your sentences. You need to be able to use *qui* and recognise *que*.

Things to look out for
In English, we can miss the relative pronoun out if we want to, e.g. 'the book I read yesterday' or 'the book **that** I read yesterday'.
In French, you must include the relative pronoun, e.g. *le livre* **que** *j'ai lu hier.*

How do they work?
● *Qui* is used to say 'who', 'which' or 'that' when 'who', 'which' or 'that' is the **subject** of the verb.
  Bruno est un homme **qui** *est très courageux.* Bruno is a man **who** is very brave.

● *Que* is used to say 'who', 'which' or 'that' when 'who', 'which' or 'that' is the **object** of the verb in the clause.
  L'homme **que** *j'ai vu s'appelle Bruno.* The man **who/whom** I saw is called Bruno.

Demonstrative adjectives and pronouns

What are these and when are they used?
Demonstrative <u>adjectives</u> are the words *ce, cet, cette, ces* followed by a noun. They mean 'this', 'that', 'these' or 'those'. The demonstrative <u>pronouns</u> you need to know are *cela* and *ça*, which both mean 'that'.

Why are they important?
Demonstrative adjectives are used in some very common expressions like *ce soir* (this evening/tonight).
The word *ça* is also very handy, as it is an easy way to replace a noun, e.g. *J'aime* ça! I like that!

How do they work?
The demonstrative adjective has to agree with the noun it comes before:

masculine	feminine	plural	masc and begins with vowel or *h*
ce bungalow (**this/that** bungalow)	*cette* maison (**this/that** house)	*ces* maisons (**these/those** houses)	*cet* appartement (**this/that** flat)

The pronouns *cela* and *ça* are easy to use and are interchangeable.
Tu as vu **ça**? Did you see that?   **Cela** *m'énerve!* That gets on my nerves!

Prêts?

1 Translate each sentence into English.

  1 Ma sœur, qui s'appelle Annette, est à l'université.
  2 Le livre que je préfère s'appelle *Studio*.
  3 La voiture qui est la plus pratique, c'est une Renault.
  4 La voiture que je veux, c'est une Porsche.
  5 Où est la fille qui était ici?
  6 Où est le garçon que j'ai vu hier?

Partez!

2 Fill in each gap with *ce/cette/ces/cet* or the pronoun *ça*.

  1 J'aime ⬜ photos.
  2 ⬜ animal est un puma.
  3 Tu aimes ⬜ baskets?
  4 Elle préfère ⬜ maison.
  5 Je n'aime pas ⬜ !
  6 ⬜ soir, je vais sortir.
  7 ⬜ biscuits sont délicieux.
  8 Tu vas accepter ⬜ ?

The pluperfect tense

What is this and how does it work?

The pluperfect tense is used to talk about what <u>had</u> happened in the past. It is formed of two parts: the imperfect form of *avoir* or *être* + the past participle.

*j'**avais** vu* I **had** seen   *j'**étais** parti* I **had** left

en + *the present participle*

How does this work?

The present participle ends in '-ing' in English, e.g. 'entering' and in *-ant* in French, e.g. *entrant*. *En* + the present participle can mean <u>while doing</u> something, <u>on doing</u> something or <u>by doing</u> something.

*Je cours **en écoutant** de la musique.* I run **while listening** to music.
***En entrant** dans la salle, j'ai vu Luc.* **On entering** the room, I saw Luc.
*J'ai résolu le problème **en parlant** au prof.* I solved the problem **by speaking** to the teacher.

The passive voice

What is this?

When *être* is used with a past participle, it could be an example of the passive voice.
e.g. *Le livre **est** écrit par mon prof.* The book **is written** by my teacher.

The imperative

What is this and how does it work?

The imperative is used to tell people to do things. This is how it is formed:

	-er verbs	**-ir/-re verbs and most irregulars**	**avoir**	**être**	**reflexives**
tu form	*mang**e**!*	*finis!/attends!/viens!*	*aie!*	*sois!*	*calme-toi!*
vous form	*mangez!*	*finissez!/attendez!/venez!*	*ayez!*	*soyez!*	*calmez-vous!*

Prêts?

1 Translate into English what <u>had</u> happened when Éric came home last night.

1 Son père avait fait un gâteau.
2 Sa sœur était tombée dans l'escalier.
3 Sa grand-mère avait perdu ses lunettes.
4 Le chien avait mangé une chaussette.

Partez!

2 Translate the part of each sentence in bold into English.

1 En travaillant, elle aura de bons résultats.
2 Je fais mes devoirs **en regardant la télé**.
3 En mangeant des légumes, j'ai plus d'énergie.
4 En ouvrant la porte, j'ai vu mon cousin australien.

3 Translate these sentences into English.

1 La lettre est écrite par ma mère.
2 Les animaux ne sont pas admis.
3 Mon gâteau est ruiné!
4 L'émission est regardée par des millions de téléspectateurs.
5 Cet uniforme est porté par les pilotes.
6 L'idée est proposée par le Premier ministre.

4 You have been left a list of things to do while your mum is out. Write in English what she tells you to do.

Va à la boulangerie et achète deux baguettes; prépare la soupe; aide ta sœur avec ses devoirs de maths; range ta chambre; fais tes devoirs; sois gentil avec ta sœur!

Useful verb tables

Regular verbs

Learn the patterns and you can use any regular verb!

INFINITIVE	PRESENT TENSE (stem + present tense endings)	PERFECT TENSE (auxiliary + past participle)	NEAR FUTURE TENSE (verb *aller* + infinitive)
regarder to watch	je regard**e** tu regard**es** il regard**e** nous regard**ons** vous regard**ez** ils regard**ent**	j'ai regard**é** tu as regardé il a regardé nous avons regardé vous avez regardé ils ont regardé	je **vais** regarder tu **vas** regarder il **va** regarder nous **allons** regarder vous **allez** regarder ils **vont** regarder
finir to finish	je fin**is** tu fin**is** il fin**it** nous fin**issons** vous fin**issez** ils fin**issent**	j'ai fin**i** tu as fini il a fini nous avons fini vous avez fini ils ont fini	je vais finir tu vas finir il va finir nous allons finir vous allez finir ils vont finir
attendre to wait	j'attend**s** tu attend**s** il attend nous attend**ons** vous attend**ez** ils attend**ent**	j'ai attend**u** tu as attendu il a attendu nous avons attendu vous avez attendu ils ont attendu	je vais attendre tu vas attendre il va attendre nous allons attendre vous allez attendre ils vont attendre
se **coucher** to go to bed	je **me** couche tu **te** couches il **se** couche nous **nous** couchons vous **vous** couchez ils **se** couchent	je me suis couché(e) tu t'es couché(e) il s'est couché nous nous sommes couché(e)s vous vous êtes couché(e)(s) ils se sont couchés	je vais me coucher tu vas te coucher il va se coucher nous allons nous coucher vous allez vous coucher ils vont se coucher

Key irregular verbs

INFINITIVE	PRESENT TENSE (watch out for the change of stems)	PERFECT TENSE (auxiliary + past participle)	NEAR FUTURE TENSE (verb *aller* + infinitive)
avoir to have	j'**ai** tu **as** il **a** nous **avons** vous **avez** ils **ont**	j'ai **eu** tu as eu il a eu nous avons eu vous avez eu ils ont eu	je vais avoir tu vas avoir il va avoir nous allons avoir vous allez avoir ils vont avoir
être to be	je **suis** tu **es** il **est** nous **sommes** vous **êtes** ils **sont**	j'ai **été** tu as été il a été nous avons été vous avez été ils ont été	je vais être tu vas être il va être nous allons être vous allez être ils vont être
faire to do/make	je **fais** tu **fais** il **fait** nous **faisons** vous **faites** ils **font**	j'ai **fait** tu as fait il a fait nous avons fait vous avez fait ils ont fait	je vais faire tu vas faire il va faire nous allons faire vous allez faire ils vont faire
aller to go	je **vais** tu **vas** il **va** nous **allons** vous **allez** ils **vont**	je **suis** allé(e) tu **es** allé(e) il **est** allé nous **sommes** allé(e)s vous **êtes** allé(e)(s) ils **sont** allés	je vais aller tu vas aller il va aller nous allons aller vous allez aller ils vont aller

The following key irregular verbs are known as 'modal' verbs.

INFINITIVE	PRESENT TENSE (watch out for the change of stems)	PERFECT TENSE (auxiliary + past participle)	NEAR FUTURE TENSE (verb *aller* + infinitive)
vouloir to want (to)	je **veux** tu **veux** il **veut** nous **voulons** vous **voulez** ils **veulent**	j'ai **voulu** tu as voulu il a voulu nous avons voulu vous avez voulu ils ont voulu	je vais vouloir tu vas vouloir il va vouloir nous allons vouloir vous allez vouloir ils vont vouloir
pouvoir can/to be able to	je **peux** tu **peux** il **peut** nous **pouvons** vous **pouvez** ils **peuvent**	j'ai **pu** tu as pu il a pu nous avons pu vous avez pu ils ont pu	je vais pouvoir tu vas pouvoir il va pouvoir nous allons pouvoir vous allez pouvoir ils vont pouvoir
devoir must/ to have to	je **dois** tu **dois** il **doit** nous **devons** vous **devez** ils **doivent**	j'ai **dû** tu as dû il a dû nous avons dû vous avez dû ils ont dû	je vais devoir tu vas devoir il va devoir nous allons devoir vous allez devoir ils vont devoir

Useful verb tables

Other useful irregular verbs

INFINITIVE	PRESENT TENSE (watch out for the change of stems)	PERFECT TENSE (auxiliary + past participle)	NEAR FUTURE TENSE (verb *aller* + infinitive)
boire to drink	je **bois** tu **bois** il **boit** nous **buvons** vous **buvez** ils **boivent**	j'ai **bu** tu as bu il a bu nous avons bu vous avez bu ils ont bu	je vais boire tu vas boire il va boire nous allons boire vous allez boire ils vont boire
écrire to write	j'**écris** tu **écris** il **écrit** nous **écrivons** vous **écrivez** ils **écrivent**	j'ai **écrit** tu as écrit il a écrit nous avons écrit vous avez écrit ils ont écrit	je vais écrire tu vas écrire il va écrire nous allons écrire vous allez écrire ils vont écrire
lire to read	je **lis** tu **lis** il **lit** nous **lisons** vous **lisez** ils **lisent**	j'ai **lu** tu as lu il a lu nous avons lu vous avez lu ils ont lu	je vais lire tu vas lire il va lire nous allons lire vous allez lire ils vont lire
mettre to put	je **mets** tu **mets** il **met** nous **mettons** vous **mettez** ils **mettent**	j'ai **mis** tu as mis il a mis nous avons mis vous avez mis ils ont mis	je vais mettre tu vas mettre il va mettre nous allons mettre vous allez mettre ils vont mettre
prendre to take	je **prends** tu **prends** il **prend** nous **prenons** vous **prenez** ils **prennent**	j'ai **pris** tu as pris il a pris nous avons pris vous avez pris ils ont pris	je vais prendre tu vas prendre il va prendre nous allons prendre vous allez prendre ils vont prendre
savoir to know	je **sais** tu **sais** il **sait** nous **savons** vous **savez** ils **savent**	j'ai **su** tu as su il a su nous avons su vous avez su ils ont su	je vais savoir tu vas savoir il va savoir nous allons savoir vous allez savoir ils vont savoir
voir to see	je **vois** tu **vois** il **voit** nous **voyons** vous **voyez** ils **voient**	j'ai **vu** tu as vu il a vu nous avons vu vous avez vu ils ont vu	je vais voir tu vas voir il va voir nous allons voir vous allez voir ils vont voir